상담행정의 이론과 실제

Theory
& Practice
of
Counseling
Administration

머리말

21세기 들어서면서 상담은 사람들에게 익숙하게 자리 잡아 가고 있는 삶의 학문이 되고 있다. 과학문명은 인간의 삶의 편리함을 주고 있는 반면에 정신적·정서적으로 부정적인 영향을 주고 있는 것이 사실이다. 급속도로 변화하고 있는 매스 미디어와 인터넷 문화는 인성에게까지 악영향을 주고 있어 가정과 학교, 그리고 사회문제가 다양하게 발생하고 있다. 따라서 그 어느 때보다도 전문상담사의 역할이 요구 되고 있다.

정신건강을 위해서 상담은 이제 선택이 아니라 필수가 되었다. 서점가에는 상담관련 책들이 무수히 쏟아져 나오고 있다. 대부분의 대학과 대학원은 상담관련 전공을 개설하고 전문상담사를 양성하고 있다. 국가관련기관 역시 전문상담사들의 서비스를 요구하고 있는 실정이다. 따라서 상담은 이제 체계화되고 전문화된 시스템 구조가 필요하다. 다양한 상담이론과 상담기법들이 현장에서 효율적으로 적용되고 활성화되려면 행정력이 있어야 한다.

상담에 있어서 행정은 상담과정을 효율적으로 진행하는 것과 내담자들에게 좋은 서비스를 제공하는데 있어서 중요하다. 본서는 초보 상담자들이 상담을 처음 공부할 때부터 정보들을 습득할 수 있도록 상세한 안내서이다. 전문상담사들이 상담소를 개설하려고 할 때에 인테리어를 비롯하여 상담행정 서식과 상담관련 국가사업 정책 관련 정보를 제공하였다.

전문상담사들이 효과적인 상담을 위해서 반드시 습득해야 하는 부분이 상담행정이라는 논리를 가지고 집필하였다. 본서는 상담행정의 물적, 재정적 지원에 대한 정보제공으로 상담소 운영을 하는데 있어서 매우 주요 정보 제공까지 수록하였다. 또한 전문상담사들이 손쉽게 국가 정책 사업들에 대해 참여할 수 있도록 다양한 부분들에 대한 정보와 안내를 제공하려고 노력하였다. 또한 상담자 육성정책과 상담관련 법률에 대한 정보제공으로 전문상담자들의 취업 관련 정보를 주고자 하였다. 상담을 전공하려는 분들은 물론 현재 상담사로서 활동하고 있는 분들에게도 좋은 지침서가 될 것을 염원하고 2년 여간 성실하게 집필하였다.

학교와 상담관련 기관에서 전문상담사들을 양성하면서 아쉬웠던 것 중에 하나가 상담관련 행정에 대해서 체계적으로 가르치지 못했다는 점이다. 그 이유 중 하나가 그동안 상담행정 관련 서적이 없었기 때문이었다. 따라서 우리들은 같은 마음을 가지고 강의를 위해서 연구했던 자료들을 한 곳에 모아 본서를 집필하게 되었다.

본서는 총8장으로 상담행정의 이해(1장), 상담관련 국가정책사업(2장), 상담행정의 물적·재정적 지원(3장), 상담정책 집행과정의 실제(4장), 상담자육성 정책(5장), 상담관련 법률의 이해(6장), 상담윤리(7장), 상담행정의 발전과제(8장)로 구성되어 있다. 본서는 각장마다 이론과 실제에 내용을 담고 있어 상담사들이 실제적으로 활용할 수 있도록 최선을 다해 집필하였다. 아무쪼록 오늘 이 시간에도 상담현장에서 국민들의 정신건강을 돕기 위해 애쓰고 있는 전문상담사들에 노고에 감사하며, 본서가 전문사담사로서 훈련받는데 있어 효율적인 정보와 안내서가 되기를 바란다.

2014년 2월

국민의 행복한 삶을 염원하는 집필진 일동

목 차

1장 상담행정의 이해

2장 상담관련 국가정책 사업

3장 상담행정의 물적·재정적 지원

4장 상담정책 집행과정의 실제

표 목차

그림 목차

상담행정의 이해

제1장

1장 상담행정의 이해

　　상담자의 주 업무는 무엇일까? 이 질문에 대해 대부분은 효과적 상담 수행, 내담자의 돌봄과 상담 활성화 등이라고 대답한다. 그러나 실제 상담자들의 일상을 들여다보면, 상담자의 주요 업무는 행정임을 부인할 수 없다. 상담자의 주 업무를 분석해보면 <표1>에서 보듯이 행정이 최대 50% 가까이 차지함을 알 수 있다.

<표1> 전문상담교사 직무 활동 비율표

직무 활동	내　용	비　율
개인상담	주당 2~4사례, 사례당 5~6회기	15~20%
집단상담	주당 1~3집단, 회당 40~50분	20~40%
심리평가	주당 10건 이상, 사례 당 30분 이내	20%
자 문	30분 이내의 교사/부모 대상 자문 활동	20%
교육 및 연수	연 3회 이내의 연수 교육 참여	5~10%
행정 업무	상담환경, 홍보, 사례관리, 사업평가, 네트워크 등	25~50%

　　자료 : 이기학 외(2008), 전문상담교사 운영 및 활동 매뉴얼, 교육부.

　　상담자의 주 업무는 상담이라고 규정하는 근본적 속성 때문에 상담자는 상담을 활성화 해 가는데에는 인식상의 문제, 절차상의 문제, 그리고 외부 네트워크 형성의 문제, 업무 영역의 문제, 전문성의 문제 등에 시달리게 된다.

　　첫 번째로 인식상의 문제이다. 상담자들은 학교에 다닐 때부터 내담자의 중요성과 내담자를 위한 활동이 상담이라는 인식을 형성하기 때문에 실제 상담 현장에서 일을 할 때, 행정적 절차나 공문 작성, 성과 보고, 및 주변 게이트 키퍼와의 네트워크 형성 등에는 무관심한 경우가 많다. 이 경우, 상담을 아무리 잘한다고 하더라도, 자신의 가치와 내담자의 중요성을 모르는 주변사람과 조직에 대한 원망을 갖게 되는 경우가 많다. 나아가 주변 사람들의 협력을 구하지 못하여 홀로 "내담자만 바라보고 사는 상담자"가 되거나, 관계자들의 협조를 전혀 이끌어 내지 못하는 경우도 많다.

두 번째는 절차상의 문제가 있다. 상담하는 것만이 상담자의 활동이라고 생각하면 상담 정책이 어떻게 형성되며, 이 과정에 자신이 어떻게 기여할 수 있으며, 예산 확보와 집행을 어떻게 할 것인지, 자신이 상담센터를 운영한다면 무엇을 준비해야 하는지 등에 대해 완전히 문외한으로 출발하게 되는 경우가 많다. 결국 상담센터를 개원하는 경우 어떤 식으로 시작해야 할 것인지에 대해 준비가 되어 있지 않을 때도 있고, 개원을 한다고 하더라도 제대로 운영을 하지 못할 때도 많다. 나아가 기관에 소속된 경우, 자신은 열심히 일한다고 생각함에도 불구하고 조직의 운영에는 전혀 기여하지 못하는 경우도 발생한다.

세 번째는 네트워크 형성의 문제이다. 상담이 활성화되기 위해서는 상담 철학과 상담 정책이 있어야 한다. 이것이 없는 경우 상담자들은 타 기관이나 부서 혹은 단체와 어떤 형태로 협조를 하고 의뢰하는지 상호 업무 협약을 할 수 있는지에 대해서 판단할 준거가 없게 된다. 예를 들어, Wee 센터에서 청소년상담복지센터와 협력하여 효과적인 상담서비스를 제공하고자 기획할 때 상담행정이 없는 경우 어떤 업무에 사각지대가 있는지, 업무 중복 영역은 무엇인지를 파악할 수 없기 때문에 형식상의 업무 협약 체결로 끝나기가 쉽다. 결국 외부기관과의 협력을 통하여 한 차원 높은 상담 서비스를 제공하여 상담을 활성화한다거나 발전시켜 나가는 데에는 도움을 주지 못할 수 있다.

네 번째는 상담 업무 영역의 문제이다. 상담 행정이 없는 경우 상담의 업무 영역이 무엇인지 그 영역과 내용에 대한 규정을 설정할 수 없다. 즉, 연간 계획이나 직무에 따른 업무 수행이 아니라 필요하면 무엇이든 해야 한다는 "허드렛 일꾼"이나 모든 일을 잘해야 하는 "슈퍼맨"이 되어야 하는 경우가 발생한다. 왜냐하면, 고유 업무 영역이 무엇인지를 규정해 주는 상담 행정이 없기 때문이다.

마지막으로 전문성의 문제가 있다. 상담자들이 상담행정을 모르거나 관심을 기울이지 않을 경우 어떤 역량을 갖춘 사람이 상담자가 되어야 하며 상담 서비스를 통하여 달성해야 할 성취 기준의 설정, 기준에 따른 정책 달성 정도 평가 및 검증 등에 대하여 관여할 수가 없다. 이 경우에는 상담과 관련 없는 유사한 형태의 서비스를 제공하고 이를 상담이라고 간주하거나 효과적이었다고 주장해도 이에 대응할 아무런 도구가 없게 된다.

이상으로 상담에서 행정이 중요한 이유를 살펴보았다. 행정은 원래 "ad(to)+minister(serve)"로 어원적으로 봉사라는 말에서 나왔다(전용환, 2004). 이에 따르면 행정은 지원활동 혹은 봉사활동이다. 따라서 상담행정은 단순히 상담 외에 부가되는 어떤 업무가 아니다. 행정을 위한 행정이거나 행정을 위한 상담이 아니라는 것이다. 오히려 상담행정은 상담의 목표 수행이 가능하도록 지원하는 제반 활동 혹은 봉사활동을 포함하는 행위라고 할 수 있다. 이제는 상담학에 행정의 개념을 도입하여 상담을 절차적으로, 법적으로, 재정적으로 지원하며, 그리고 효과적 상담과 성과를 창출할 수 있는 시스템과 지원활동에 관심을 쏟을 때이다.

1. 상담행정의 개념

상담행정이란 아직 생소한 개념이다. 상담학의 정체성(identity)을 정립하는데 상당한 시간이 걸렸듯이 상담행정의 정체성을 정립하는 일은 쉽지 않은 일이다. 상담행정이란 상담에 관한 행정일 수도 있고, 상담을 위한 행정일 수도 있다. 이는 어떤 관점을 취하느냐에 따라 다양하게 달라질 수 있을 것이다. 나아가 어떤 상담 이론이나 목표 및 가치를 지향하느냐에 따라 서로 다른 상담행정 역량이 요구될 것이며, 개별 상담사가 근무하는 환경에 따라 상담행정의 개념적 정의와 요구 역량이 달라질 것이다.

이에 유관 학문의 정의를 먼저 고찰해 보고, 이를 토대로 상담행정의 정의를 도출해 보고자 한다. 상담행정과 관련하여 가장 밀접한 행정학 분야는 교육행정과 복지행정이 있다. 이는 상담과 마찬가지로 인간을 대상으로, 서비스를 제공하며, 성장과 발전에 관심이 있다는 점에서 가장 밀접하게 살펴볼 수 있는 학문 분야이다. 먼저 교육행정의 의미를 살펴보면 다음과 같다.

교육행정은 사회적 공공적 활동으로서 교육에 관하여 그 목표달성을 위한 협동적·조직적 단체행동을 조성하는 작용이다. 즉 교육행정이란 교육활동의 목표를 설정하고, 그 목표달성에 필요한 인적(人的)·물적(物的) 조건을 정비·확립하고 목표달성을 위한 활동을 지도·감독하는 것을 말한다. 교육행정이란 개념은 광의적으로 학교나 지방공공단체나 국가를 막론하고 광범하게 쓸 수 있으나, 협의적으로 국가의 통치 작용과 관련시켜서 국가나 지방공공단체에 한하여 사용하고, 학교를 단위로 하는 학교행정 또는 학교관리와 구별하는 경우도 있다. 따라서 협의의 교육행정은 국가 등의 기관이 교육활동에 대한 목표설정과 이를 달성하기 위한 관리 및 평가를 포함하는 일련의 행위를 말한다(네이버인터넷검색, 위키백과사전, 2013년 5월13일).

사회복지행정에 대한 정의는 일반적으로 다음과 같이 제시되고 있다. 사회복지 행정의 개념은 협의의 개념과 광의의 개념으로 나누어 볼 수 있다. 먼저 협의의 관점으로 사회복지행정이란 요보호대상자를 주요 고객으로 하는 사회복지시설의 행정이라는 입장이다. 요보호대상 자에 대한 행정은 시설보호와 거택보호로 구분되는데 일반적으로 시 설보호가 주된 내용을 이루고 있다(네이버인터넷검색, 위키백과사전, 2013년 4월15일).

두 번째로 광의의 개념의 사회복지란 개인이나 집단을 행복하게 살 수 있도록 인간생활의 사회관계에서 나타난 사회문제에 대응하여 사회적 시책이다. 또한 제도의 조직적 체계라는 개념에 입각하여 사회 복지행정이란 이러한 사회복지의 목표를 달성하기 위하여 사회복지정 책의 형성 및 구체화를 위한 행동이라는 개념이다.

이상에서 살펴본 바에 따르면, 교육행정 혹은 복지행정 등은 각 전 문영역에 대한 목표를 달성하기 위한 제반 행정 요소를 내포하는 것 을 알 수 있다. 따라서 상담행정의 개념 또한 상담과 행정이라고 하는 두 관점에서 살펴보고 이를 토대로 접합 개념을 도출해야 할 것이다.

상담은 다양한 이론적 정의가 있지만, 공통적인 요인을 찾는다면 인간을 대상으로 하며, 심리적 및 인간적 지식을 바탕으로 전문적 조 력을 제공하는 학문이라고 규정할 수 있다. 인간을 대상으로 한다는 것은 상담 서비스 제공의 수혜자가 사회 구성원이며, 개인적 목적과 사회적 목적을 구현하기 위한 활동임을 의미한다. 심리적 및 인간적 지식을 바탕으로 한다는 것은 상담 서비스의 주된 초점이 물리적 서 비스나 혜택을 제공하는 것이 아니라 심리적 성장이나 성숙을 촉진함 에 있다는 의미이다.

한편, 행정의 사전적 의미는 "법 아래에서 국가 목적을 실현하기 위 해 행하는 능동적이고 적극적인 활동(Daum 국어사전)[1]"이다. 국가적 차원에서는 법에 따라 이루어지는 국가 통치 활동으로, 정부의 정책과 계획을 실현하는 모든 정무(政務)를 포함하는 개념이다. 그러나 보다

---

1) http://dic.daum.net/word/view.do?wordid=kkw000289154&q=%ED%96%89%EC%A0%95.

광의적이고 일반적인 의미의 행정은 조직적 협동행위 또는 공동목표를 달성하기 위한 협동적 단체행동으로 정의한다(한공우,임창원, 2008). 이들에 의하면 행정이란 "경영관리라는 말과 동일시되며 공공행정·기업행정·학교행정·병원행정 등에 적용되고 모든 종류의 조직에서 공동목표를 달성하기 위한 협동적 단체행위를 이룩하게 하는 작용"이 된다.

상담행정은 아직 선행연구나 저술이 없는 상태이고, 아직 역사적으로도 구체적으로 개념화된 서술이 없다고 할 수 있다. 이에 교육행정의 개념을 살펴보고, 상담의 특성을 반영하여 정의를 내려 볼 수 있다(김종철,2002). 한공우 등은 김종철의 글을 인용하여 광의의 교육행정을 다음과 같이 제시하고 있다.

> "광의의 교육행정은 사회적•공공적•조직적 활동으로서의 교육을 대상으로 교육목표의 설정, 목표달성을 위한 인적•물적•기타 지원조건의 정비 확립, 목표달성을 위한 계획과 결정, 집행과 지도, 통제와 평가 등을 포함하는 일련의 봉사활동을 말하며 교육조직체 내에서의 집단적 협동행위를 위하여 효과적으로 지원하는 것을 본질로 하는 작용이다"

이를 상담에 적용해 보면 다음과 같이 정의할 수 있다. 상담행정은 책무성 있는 상담서비스를 제공하기 위한 사회적·공공적·조직적 활동으로, 여기에는 상담목표, 인적 물적 조건의 구비, 계획과 집행 및 평가 등을 포함하는 일련의 활동을 말한다. 이 요소를 부연 설명하면 다음과 같다.

첫째, 상담행정이 사회적이라고 하는 것은 상담의 목적·조직·내용·방법 등이 사회적으로 규정되며 사회적 현상과 밀접한 관계를 가지고 있다는 것이다. 예를 들어 상담의 목적이 개인의 자아실현을 위한 것이라고 하더라도 이는 사회적으로 타인의 권리나 권한 등을 침해하지 않는 범위 내에서 이루어져야 한다는 것이다. 따라서 상담행정은 사회적 활동이라는 특성을 지니게 된다.

둘째, 상담행정이 공공적이라 함은 상담서비스가 공적인 이슈가 되고 이에 따라 다수가 서비스 혜택을 누릴 수 있도록 해야 한다는 의미이다. 이를 위하여 상담시설을 구축하고 확충하며 상담 내용 및 프로그램을 다양화하고 서비스를 제공하는 상담사의 충원 및 전문화를 추진하고 상담재원의 안정적 확보 및 지원 등에 노력을 기울여야 한다는 것이다.

셋째, 상담행정이 조직적이라 함은 상담서비스가 개인적 혹은 임의적으로 제공되는 것이 아니라 상담계획과 시스템에 따라서 제공되어야 함을 의미한다. 여기에는 상담자의 직제 및 위상, 복무 윤리, 서비스 제공의 한계에 대한 이해, 상담서비스에 대한 평가 등을 포함한다.

2. 상담행정의 원리

상담의 분야가 다양해지고, 제공하는 서비스의 형태가 복잡해짐에 따라 상담에 대한 요구 또한 변화하고 있다. 상담행정은 변화하는 요구에 대응할 수 있어야 한다. 이를 위해서는 상담 서비스를 계획하고, 배치하며, 평가하는 등의 활동을 조정할 수 있는 기본 원리가 필요하다고 하겠다.

상담행정의 원리를 살펴보기 위해 먼저 교육행정의 원리[2]를 살펴보면 정태범은 목표차원의 원리와 실천차원의 원리로 나누고, 전자에

---

2) 정태범(1998), 교육행정학. 양서원, 15-17의 자료를 활용하여 수정하였음.

민주성의 원리, 타당성의 원리를, 후자에는 자율성과 효율성의 원리를 제시하고 있다. 그의 원리를 상담에 응용하면 다음과 같이 제시할 수 있다.

첫째, 민주성의 원리로 상담 정책의 수립은 모든 계층의 다양한 의견들이 적절하게 반영되어야 함을 의미한다. 예를 들어 교육부에서 Wee 센터를 설치하는 경우 상이한 지역의 교육적 현황, 교육공동체의 요구, 우선순위의 결정 등에 대하여 다양한 의견들이 표현되고 그 결과가 정책에 공정하게 반영될 수 있도록 해야 한다. 이와 같이 상담행정은 민주성의 원리 하에 운영되어야 한다.

둘째, 타당성의 원리는 상담 정책과 목표를 달성하기 위해서 다양한 요인들이 적절히 작용할 수 있도록 조정 및 통합해야 한다는 것이다. 예를 들어 상담 서비스를 제공하는 경우 적절한 규모의 상담실 확보, 전문성을 갖춘 상담사 채용 등을 통하여 효율적인 상담활동이 가능하도록 해야 한다는 것이다.

셋째, 자율성의 원리는 상담 혹은 상담서비스 관련 기관 및 단체들이 자율적으로 활동할 수 있도록 행정이 이루어져야 한다는 것이다. 즉, 상담 관련 기관 및 단체는 각자 고유한 상담 문화와 역량을 가지고 있을 수 있다. 따라서 이들이 그 역량을 최대한 발휘할 수 있도록 일정한 범위 내에서는 독자적으로 업무를 수행할 수 있어야 한다.

넷째, 효율성의 원리는 상담의 투입 변인 대비 산출의 효과를 최대화하는 것을 의미한다. 이는 인적, 물적은 물론이고 재정 및 시간 변인 등을 포함하는 것으로 불필요하거나 과다하게 이들 자원을 소비해서는 안 된다는 것이다. 상담이 공공적 특성을 지닌다면 보다 효율적 행정을 통하여 더 많은 사람에게 서비스 혜택이 돌아가도록 해야 할 것이다.

이상에서 상담행정의 원리로 민주성, 타당성, 자율성, 효율성을 살펴보았다. 결국 상담행정의 기본 원리는 민주적으로 절차를 거쳐 상담의 정책 및 목표를 설정하고, 이를 적절하게 달성할 수 있도록 자원 및 조건을 확보하고 자율적 업무 수행을 통하여 상담 서비스 수혜자들의 성장과 발달을 지원하는 것이라고 할 수 있다.

3. 상담행정의 기능

상담행정의 기능은 무엇인가에 대한 질문은 상담행정을 통해서 무엇을 할 수 있느냐에 대한 질문과 동일하다고 할 수 있다. 정태범(1998)[3]은 로아들 캠벨이 제시한 행정의 기능을 바탕으로 교육정책의 기능은 교육정책 실현기능, 교육과정 편성기능, 교육조건 정비기능, 교육활동 추진기능, 교육성과 확인기능으로 제시하고 있다. 이를 상담에 적용하면 상담정책을 현실에서 어떻게 구현할 것인가를 다루는 상담정책실현 기능, 내담자의 성장을 지원하기 위한 교육과정 개발 등을 포함한 상담 교육과정 편성기능, 실질적인 상담이 효과적으로 실현될 수 있도록 지원하는 상담조건 정비기능, 실제 상당활동을 촉진하는 상담활동 추진기능, 상담 책무성을 확인하는 상담성과 확인기능, 상담에 대한 국민의 인식 등을 다루는 상담홍보 기능 등으로 구분할 수 있다. 이러한 기능을 구체적으로 살펴보면 다음과 같다.

1) 상담정책 실현기능

상담행정은 국가나 관련기관 차원에서 실시하는 상담정책을 실현하는 기능을 가지고 있다. 즉 상담정책은 상담행정의 목표와 방향, 기

---

3) 정태범(교육행정학-기초와 발전, 양서원, 1998, 19-22)

본 가치를 제공하고 상담행정은 상담정책 수립에 필요한 정보를 제공하고 전문적 지식과 경험을 바탕으로 자문 및 조언을 한다. 따라서 상담행정은 상담정책 실현기능을 하게 된다.

2) 상담 교육과정 편성기능

상담 교육과정 편성기능은 상담에 대한 시대적 사회적 국가적 요구나 상담의 발전방향 및 정책을 토대로 내담자의 발달과 성숙을 촉진할 수 있도록 교육과정을 편성하는 것을 말한다. 이를 바탕으로 상담자의 전문 능력을 육성하고 내담자의 혜택이 최대화될 수 있도록 운영계획을 수립하게 된다.

3) 상담조건 정비기능

상담활동이 효율적으로 진행되기 위해서는 이를 뒷받침하는 인적 및 물적 조건이 구비되어야 한다. 그렇지 않다면 상담 활동은 원하는 수준의 목적을 달성하는데 어려움을 겪을 수 있다. 따라서 상담조건 정비기능은 상담활동을 효과적·효율적으로 수행할 수 있도록 필요한 인적·물적·재정적 자원을 확보하는 것뿐만 아니라, 확보된 자원을 유기적으로 배치·활용하는 것을 포함한다.

4) 상담활동 추진기능

이는 상담활동이 계획대로 추진되고 있는지를 살펴보는 것으로, 정책에서 계획된 대로 상담이 진행되고 있는지, 상담자가 효과적으로 상담관계를 형성하는지, 적절한 상담기법과 전략 및 도구를 사용하고 있는지, 상담사들이 윤리적으로 행동하고 있는지를 살피는 등의 활동을 포함한다.

　상담행정기관은 행정 내부의 상담활동도 하지만, 실제 상담이 제대로 진행되고 있는가를 살펴서 감독 및 통제하는 기능도 수행하게 된다. 또한 개별기관이나 사례에 대한 컨설팅과 수퍼비전 등이 포함된다.

5) 상담성과 확인기능

　상담활동의 결과는 상담 평가를 통해서 그 성과를 알 수 있다. 이는 상담정책의 달성 정도라고 하는 거시적 성과뿐만 아니라 개별 내담자들의 성장과 발달, 문제해결의 정도와 역량 강화 정도 등을 포함하게 된다.

6) 홍보의 기능

　상담자의 권익을 보호받기 위한 홍보기능이 있어야 한다. 상담자가 어떻게 전문적인 서비스를 국민에게 하고 있는지와 할 수 있는지에 대한 홍보의 기능이 필요하다. 상담의 홍보의 기능은 상담에 대한 긍정적인 효과를 기대 할 수 있게 된다. 또한 상담자는 자신의 전문기술이 홍보되는 만큼 자신의 전문성에 대한 역량강화에 심혈을 기울이게 된다.

4. 상담정책 수립 및 결정 과정

　상담정책 형성이란 어떤 사회 문제가 정부의 관심을 받아 정책의 제로 등장하게 될 때까지의 일련의 과정을 말한다. 정책결정이란 공적인 것으로 부각된 사회적 문제의 일반적 방향(정책)을 정하는 것이다. 정책결정 과정이란 어떤 정책의제의 제기에서부터 형성, 채택, 집행, 평가를 거쳐 정책이 종결될 때까지 일어나는 일련의 과정을 말한다(정태범, 1999). 이를 표로 제시하면 다음과 같다.

<표2> 정책결정과정

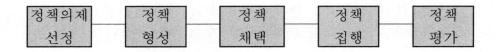

다음에서는 상담정책의 형성과 결정과정에 대한 모형을 각 단계별로 구체적으로 살펴보고자 한다. 특히 예시를 통하여 각 단계의 특성을 이해할 수 있도록 할 것이다. 여기서는 학교→교육청→지역사회의 긴밀한 협력으로 위기상황에 노출된 학생에 대한 다중의 촘촘하고 종합적인 안전망을 구축·운영함으로써 학교부적응 학생 해소 및 인적자원의 유실을 방지하는 것을 목적으로 추진하고 있는 Wee 프로젝트 사업 추진과정에 대한 정책분석을 사례로 하여 제시하고자 한다.

1) 상담정책의 의제 형성 단계

상담과 관련된 문제가 이슈화 되어 정부의 관심을 받아 의제로 등장하게 될 때까지의 과정을 상담정책 의제 형성 과정이라고 말한다. 정태범(1999)은 Cobb 등의 정책의제 형성이론과 안해균 등의 교육정책 의제 형성과정을 기반으로 교육정책의 의제형성과정을 다음과 같이 제시하고 있다.

<표3> 교육정책 의제형성과정

문제제기 — 구체화 — 확 산 — 조직화

　이러한 절차는 상담정책에도 적용할 수 있는 바, 상담정책 의제 형성 과정을 단계별로 설명하면 다음과 같다.

　① 문제제기(issue)

　상담영역에서 나타나는 모든 문제가 정책의 의제로 되는 것은 아니다. 그러나 어떤 문제이든 일단 언어적으로 표현하여 문제화하는 일이 필요하다. "위기학생이 증가하고 있는데, 이를 돌볼 전문기관이 없다." "자격증을 갖춘 상담자가 필요하다." "상담사의 신분이 불안하다" 등은 모두 문제제기에 속하는 것이다. 문제의 제기는 정부의 내부 또는 외부에서 할 수 있다.

　② 구체화(specification)

　일단 제기된 상담문제는 여러 가지 이해관계를 가진 당사자들의 관여를 통해 보다 구체적으로 논제화 하는 것이 필요하다. 예를 들어 위기 학생을 돌 볼 수 있는 전문기관이 없다는 문제제기의 경우, 전문기관의 부재에 따라 여러 기관이 비효율적으로 사업을 떠맡거나 통합되지 않은 서비스를 제공한다는 문제가 구체적으로 들어날 수 있다.
　다른 문제를 예로 들어 보면, "상담이 인기가 있다"라는 이유로 무자격자에게 상담사 자격을 남발하고 있다는 문제가 제기되었다고 가정하자. 이때 나타날 수 있는 문제는 전문적으로 활동하는 상담기관에의 부정적 평가, 유사기관들의 편승, 상담 전문가 자격기준에 대한 논란, 적절한 상담사 육성 과정 이슈 등이 나타나게 된다. 이 경우에 상담 전문가 및 대학 관계자, 상담전공자, 이해 관계자 등은 토론회나 좌담회 등을 통하여 상담자 자격 기준과 관련한 핵심문제가 무엇인지, 왜 상담 전문성이 확보되어야 하는가에 대한 논의와 어떤 신규 규정이나 제도가 필요한지를 명확히 해야 될 필요가 있다.

③ 확산(issue fighting)

대중매체를 통해서 더 많은 관련 집단들이 관여하게 되어 논제가 공공의제로 발전하게 된다. 언론의 기사화, 신문 지상 및 방송에의 노출, 각종 학회지나 전문지의 기고, 논평 및 담화문의 발표 등의 방법을 통하여 더 많은 집단이 관심을 가지고 참여하도록 해야 한다. 이 단계를 확산이라고 한다.

④ 조직화(agenda)

상담정책의제가 되기 위해서는 관심 있는 사람들의 입장을 대변해 줄 수 있는 조직이 필요하다. 이런 조직의 활동을 통해 공공의제가 정부 내로 진입하게 되면 정부의 상담정책의제로 형성된다. 예를 들어 범죄에 대한 심리적인 처치들, 트라우마가 있는 조직에의 개입 등을 위해서 상담관련 전문 학회 및 협회 등이 모여서 국회에 제안을 하고 국회 내에 뜻을 같이하는 국회의원들과 연구포럼을 형성한다. 이 연구포럼에서 공동대표를 두고 이들이 정부와의 정책형성 과정에 대표로 활동하도록 지원할 수 있다. 지역 단위에서 활동하는 경우에는 지역의 유관단체와 협력관계를 형성하고 대표단을 선출하여 공동의 목소리

(agenda)를 지방자치단체(지자체 및 교육청 등), 의회에 전달하여 정책
화할 수 있다.

이상에서 제시한 상담정책 의제 형성단계를 교육부의 Wee프로젝트
와 관련하여 살펴보면 다음과 같다.

상담정책 의제 형성 단계

○ 문제제기

2004년 당시, 학생들의 학교 부적응 문제와 다양한 사회적 범죄
에 노출되어 상담이나 전문적 돌봄이 필요하다는 문제가 다양한
각도로 제기되었다. 예를 들어, 증가하고 있는 학교폭력 문제로 인
하여 이를 다룰 인적 자원의 필요성과 법률 제정 등이 요구되었다.
학교부적응 학생들은 적절한 돌봄을 받지 못하고 학업 중단에 이
르러 범죄자로 전락하는 경우도 속출되고 있었다. 이들을 위한 전
문적 지원에 대한 관심이 높아졌다.

○ 구체화

정부의 다양한 노력에도 불구하고 2007년에는 위기학생이 증가
하고 있다는 문제가 제기되었다. 학생들이 학교에 적응을 하지 못
하고, 돌봄도 받지 못하는 상태에 놓여 있다는 문제가 제기되었다.
그러나 그때까지는 지원시스템에 대한 관심이 높지 않았다. 다양한
교육 사업에 밀려서 우선순위에 포함되지 않았고, 결과적으로 정책
의제로 선택되지 못하였다. 그 가운데 2008년에는 대구에서 초등
학생 집단 성폭력 사건이 발생하였다. 학생들이 심각한 위기상황에
노출되었다는 인식은 언론을 통하여 급격히 확산되었다. 대구 여성
의 전화 등 20여개 단체가 모여 대책위를 구성하여 사안을 공론화
하고 대책마련을 요구하였다.

○ 확산

이에 따라 학부모단체는 학부모단체대로, 국회는 국회대로 학생 위기 대응 전략에 대한 요구가 거세어졌고, 각 단체별로 대응방안을 제시하기에 이르렀다. 이런 논의들은 언론의 관심과 시민단체의 홍보 등을 통하여 전국적으로 알려졌다. 특히, 정치권은 집단 성폭력 사건에 대해 경찰의 철저한 진상규명과 대책마련을 요구하고 당 차원의 조사위를 만들어 활동하였다.

○ 조직화

이러한 문제를 해결하기 위하여 교육부에서는 각 시도별 생활지도 담당 장학과 및 장학사, 생활지도 부장 및 상담교사가 모여서 2008년도 생활지도 정책 수립회의를 하게 되었다. 여기서 "위기학생지원시스템"이 필요하다는 문제제기와 해결방안을 교육부에 제시하였다.

학생들의 위기에 선제적으로 대응하고, 이들을 전문적으로 지원하고 상담할 수 있는 기관이 필요하다는 인식이 교육부에 확산되었다. 본 사안을 해결하기 위해 Wee 프로젝트 사업이 제기되었다.

2) 상담정책 형성 단계

정책형성은 하나의 독자적인 정책으로 만들어지는 과정이다. 이는 제기된 문제에 대한 대안을 형성하는 것으로서 문제해결을 위한 대안을 어떻게 개발하며, 누가 참여할 것인가 등을 검토하는 과정이다. 예를 들어 학교폭력의 경우 교육부에서 각 분야의 전문가들을 초빙하고 이들을 대상으로 학교폭력대책위원회를 구성한 다음 학교폭력에 대한 장·단기적 대책을 마련하고 실행을 누가할 것인지에 대해서 논의하는 것이다. 이상에서 논의한 바를 Wee프로젝트와 관련하여 살펴보면 다음과 같다.

상담정책 형성 단계

학교-교육청-지역사회와 유관부처가 연계하여 체계적·전문적 예방과 지원을 실시하여 위기학생을 지원하는 "학생안전관리통합시스템(돌봄학생통합지원센터)"이 대통령 공약사업으로 제시되었다. 이에 따라 교육부에서는 2008년 4월 동 사업을 국정과제로 선정하고 대통령에게 업무보고를 하였다. 이를 위하여 학생안전관리통합시스템(돌봄학생통합지원센터) 30개소를 시범 운영하고 학교 내 대안교실(친한친구 교실)을 200교 운영하는 계획을 수립하였다.

아울러 2008년 5월 2일 대구 초등학생 집단 성폭력 사건 등과 관련하여 각급학교 성폭력 예방교육과 예방 시설 등을 강화하는 내용의 종합대책을 마련하여 국회 상임위에 보고하였다. 학교폭력이나 성폭력 등에 연루된 '학교 부적응' 학생을 대상으로 진단-상담-치료 3단계 서비스를 원스톱 제공하는 '돌봄학생통합지원센터'를 운영하여 비행 학생 문제를 해결하겠다고 하였다.

교육부는 안전한 교육 환경 조성 방안으로 '학교안전통합시스템'을 국정과제로 선정하여 청와대(청와대 교육문화수석실)와 협의('08.5~6)를 통해 정책연구자 선정 및 향후 추진 방향 등을 협의하였다. Wee 프로젝트 모형 개발 정책연구와 시·도교육청 생활지도담당 장학관 연찬회('08.6.19~20), 관련 학계, 현장전문가, 시민단체, 교육청, 교과부 등 관련 전문가 집중회의('08.8.14~15)에서 당초 추진하고자 한 통합시스템이 교육청으로 한정되어 위기학생을 위한 학교안전망으로는 한계가 있다는 점이 나타났다. 이러한 문제를 해결하기 위해 단위학교→교육청→지역사회를 연결하는 안전망 구축의 필요성과 청소년의 심리 및 발달단계에 맞게 문화와 감성 등을 접목한 Wee 프로젝트 모형을 제안하였다.

또한, 2008년 9월 다중의 학교 안전망 구축으로 위기 학생을 보호하기 위한 내용을 생활공감정책으로 선정하였다. 학교 내에는 부적응 학생을 위한 맞춤형 대안교실(친한 친구 교실)을 대폭 확대('07년, 192개교→'08년, 500개교)하고, 학교에서 선도·치유하기 어려운 위기 학생들을 위해 교육청 차원에서는 '학생생활지원센터'가 운영하는 등 위기학생 선도를 위한 다중의 학교안전망 구축 계획을 발표하여 정책채택 의지를 공고화하였다.

3) 상담정책 채택 단계

상담정책 채택 단계에서는 정부가 상담 정책 목표를 달성하기 위하여 제기된 정책대안 중에서 하나를 의식적으로 선택하는 과정이라고 할 수 있다. 이것은 위기학생 지원을 위해 다양하게 제시된 대안을 공식적으로 채택하며, 어떤 내용으로 지원할 것인지를 결정하는 단계이다.

앞에서 언급한 학교폭력을 예로 들면, 학교폭력 근절을 위하여 필요한 조치로 학부모 교육, 학생자치 교육, 경쟁적 학교문화 변화, 또래관계의 변화, 인성교육, 상호 대인관계 향상 훈련, 교사의 학생 지도역량 강화, 교·사범대의 교과과정 변화 등이 다양한 대안으로 나타날 수 있다. 이 때 정책 채택이라는 것은 이런 대안들 가운데 시급하고 필요로 하며 효과적이라고 생각되는 대안을 의도적으로 선택하는 것이다. 가령, 교사의 생활지도 역량이 가장 중요하다고 판단되면 "초중등교원의 상담역량 강화를 위한 대책"이 정책으로 채택될 것이다. 이상에서 논의한 바를 Wee프로젝트와 관련하여 살펴보면 다음과 같다.

상담정책 채택 단계

위기학생에 대한 지원을 위한 정책이 국정과제 선정, 정책연구, 학교현장 의견 수렴, 생활 공감 정책 등으로 구체화되자 교과부에서는 2008년 9월 24일 보도 자료를 배포하여 정책을 공식화하였다. 국정과제 「학교안전통합시스템」을 위기학생 예방 및 선도를 위한 다중의 학교안전망 구축사업「Wee Project」로 명명하고 정서불안, 폭력, 학교부적응, 경제적 빈곤 등 위기 학생에 대한 촘촘한 2단계 safe-net 구축 사업을 말한다. 이를 구체적으로 살펴보면 다음과 같다.

먼저 주위산만, 대인관계 미숙, 미디어 중독, 학습흥미 상실 등 학교생활에 적응하지 못하는 학생들에게 별도의 프로그램을 제공해 주는 학교 내 친한친구 교실(Wee Class)을 현재 200개 학교에서 530개 학교로 대폭 확대·운영하고(08년 하반기 330개교 추가), 향후 매년 500개교씩 확대하여 2012년까지는 전국 모든 중·고교의 50%까지 확대하려고 하였다. 특히, 학교당 2,500만원(운영비 500만원 포함)을 지원하여 학생들이 친근하게 다가가 상담할 수 있는 학생공감형 학생상담실로 정비하여, 학생 공감 상담실에서 상담활동과 대안교육활동을 함께 병행하도록 하였다. 이를 위해 전문상담교사 배치 공립교(351개교), 학교상담망 정책연구학교(47개교), 친한친구 교실 시범운영 학교(200개교) 등을 중심으로 원하는 학교부터 시범적으로 운영하도록 하였다.

교육청 차원의 '학생생활지원단(Wee support Group)'은 단위학교에서 선도·치유하기 어려운 위기 학생들을 전문상담교사, 사회복지사, 임상심리사, 정신과의사 등 전문인력이 한 그룹이 되어 진단-상담-치료를 원스톱으로 하며, 전국 31개 지역교육청에서 시범적으로 운영하도록 하였다. 이를 위해 시도교육청의 추천을 받아 전국 31개 지역교육청을 선정하여 교육청당 3억원 내외의 예산을 지원, 시범운영하고, 보완할 점이나 향후 확대규모 등을 면밀히 분석한 후 2009년부터 본격적으로 추진한다고 하였다.

교육부에서는 향후 Wee Project는 위기 학생을 주된 대상으로, 일반학생을 보조대상으로, 학교·교육청·지역사회가 연계되어 다중의 안전망(2단계 safe-net)을 구축·운영함으로써 학교부적응 학생들의 학교적응 지원은 물론 저출산 시대 인적자원 유실 방지에도 크게 이바지할 수 있을 것으로 기대하였다.

4) 상담정책 집행 단계

정책 집행 단계에서는 이미 결정된 정책을 실행에 옮겨서 정책의 효과를 거두는 의도된 활동을 말한다. 정책 집행을 위한 기본계획을 수립하고, 필요한 예산, 인력, 시설 등과 같은 자원을 공식적으로 확보하여 정책 목표를 달성하는 일련의 과정이다.

학교폭력 예방을 위한 교사 상담역량 강화 대책의 경우, 각 시도교육청과 협의하여 특교 등 예산을 확보하여 기본계획을 시달하면 각 기관에서는 구체적인 연수계획을 수립하여 실행하는 단계이다. 이상에서 논의한 바를 Wee프로젝트와 관련하여 살펴보면 다음과 같다.

상담정책 집행 단계

2009년 9월 교과부의 정책발표에 따라 Wee 프로젝트는 위기학생에 대한 다중적인 지원망으로 설계되어 본격적으로 추진되었다. 당초 180개 교육지원청('12년 177개)에 1억씩 지원하기로 계획한 사업명을 '학교안전통합시스템(Wee 프로젝트)'으로 변경하여, 단위학교에 학생 공감 Wee 클래스를 330개(330개×25백만원=8,250만원), Wee센터 시범운영을 31개(30개×3억원=90억, 1개×3억원=3억(국고), 연수 평가비 7.5억원을 배정하게 되었다. 정책연구 결과를 반영한 Wee 센터 모델을 '08년 9월에 제시하고 10월 사업비를 배부하였으며 천안교육청을 선도 교육청으로 31개 시범교육청을 선정 운영하여 수시 평가와 심층 분석으로 성과를 검증하였다.

동 사업의 효과적인 추진을 위하여 홍보 및 종사자에 대한 연수를 실시하였다. Wee 프로젝트를 집중 홍보하기 위하여 '08. 12월부터 '09년 2월까지 전국단위 라디오(캠페인 송), 온라인(뮤직비디오) 홍보를 하였고 시·도교육청 홈페이지를 통한 홍보도 병행하였다. Wee 프로젝트 종사자에 대한 전문성 신장을 위하여 '09년 1월에 전국단위 센터 종사자 연수(3박 4일)와 권역별 클래스 담당자 연수(1박 2일)를 실시하였다. 2008년 말에 구축을 시작한 Wee 센터가 '09년부터 본격적으로 운영을 하였다.

그러나 학습부진 및 교사·교우 관계 등에 따른 학교 부적응 등으로 매년 7만여명의 학업중단 청소년이 발생하였다. 학업중단 청소년들의 교육기회를 제공하기 위한 대안교육기관이 부족하다는 문제도 제기되었다. 이러한 문제를 해결하기 위해 교육부에서는 학교 내

예방을 강화하기 위해 단위학교의 전문적인 지도·상담역량 강화, 학업중단 청소년 예방 및 지원시스템 구축·운영, 대안학교 확대 및 대안교육에 대한 지원강화 등을 추진할 계획을 '09년 6월 23일 국무회의시 대통령에게 보고하였다. 기존의 2차 안전망을 3차 안전망으로 확대하여 위기학생들에게 다양한 상담과 교육 서비스를 제공하도록 하였다. 단위학교의 부적응학생 조기발견을 위한 1차 안전망인 Wee클래스를 전체 학생 수 500명 이상인 학교(5,775개교)의 약 50%를 '11년에 설치하도록 하였다. 교육청 단위의 전문상담 서비스를 제공하는 2차 안전망인 Wee센터를 학생부적응 학생수와 지역실정을 감안, 시급히 필요한 지역부터 설치하여 점진적으로 확대하도록 하였으며, 장기적인 치료가 필요한 학생을 위한 3차 안전망인 기숙형 장기 위탁교육센터(Wee 스쿨, 3개월 이상) 운영을 처음으로 도입하였다. 충남·충북교육청 주관하에 2개 기관을 시범운영('10)후 점진적으로 확대하려고 하였다.

또한 '09년 11월 3일 양적 확대를 심층 자문하여 질적 내실화를 기하기 위해 전국을 6개 권역으로 구분하여 학계, 교원, 언론인 등 45명으로 구성된 자문단 발대식과 더불어 11월 3일부터 12월 30일까지 128개 기관(센터 80개, 클래스 48개)에 대해 컨설팅을 실시하였다. 또한, '09년 7월 국민일보사와의 업무협약을 체결하여 "교육, 희망을 말하다!" 공동캠페인을 전개하여 대국민 홍보를 시작하여 공동캠페인으로 형성된 위기학생에 대한 지원의 사회적 분위기를 확장하였다.

날로 심화되는 학교폭력 문제가 학교의 문제를 넘어서 사회와 국가의 문제로 부각되면서 2012년 2월 6일 발표된 학교폭력근절 종합대책의 일환으로 Wee 센터가 학교폭력 원스톱지원센터로 지정됨에 따라 Wee 프로젝트의 역할과 기능이 강조되었다. 동 대책에 따라 Wee 센터는 지역 내 청소년상담복지센터를 비롯한 유관기관과 연계하여 학교폭력 피해학생 상담·치료 지원과 가해학생·학부모 상담 및 특별교육 실시를 전담하여 실시하는 등, 학교폭력 근절을 위한 중추적 역할과 기능을 수행하게 되었다. 또한, 위기요인이 잠재된 학생을 조기 발굴하기 위하여 실시하는 정서·행동특성검사와 관련하여서는 Wee 클래스와 Wee 센터에서는 지원이 필요한 학생들에게 맞춤형 상담·치유를 받을 수 있도록 전문기관에 연계체제를 구축하고, 지원인력도 보강함으로써 Wee 프로젝트의 예방적 기능을 한층 강화하였다.

<표4> 연도별 Wee프로젝트 구축현황 (단위 : 개, 누적치)

구 분	'08	'09	'10	'11	'12
Wee클래스 (단위학교)	530	1,530	2,530	3,170	4,744
Wee센터 (지역교육청)	31	80	110	126	137
Wee스쿨 (시·도교육청)	-	-	3	4	4

5) 상담정책 평가 단계

상담정책 평가 단계는 사전에 설정된 준거에 따라 정책의 집행정도 혹은 결과를 파악하는 것이다. 예를 들어 '정책의 목표가 얼마나 잘 충족되었는가?' '정책의 변경이나 철회에 대한 요구가 있는가?' 등을 검토하는 것이다. 이것은 정책결정 후의 단계로서 문제해결이나 정책조정 내지 권고의 단계이다.

학교폭력 예방을 위한 교사 연수 계획을 예로 들면, 연수 참여 인원, 연수 만족도, 상담역량 향상 정도, 학교폭력 발생 빈도, 학교폭력 이해도 등에서 어떤 변화가 일어났는지를 평가하고 정책효과를 높이기 위해서 어떤 후속조치가 필요한가를 찾는 단계이다.

상담정책 평가 단계

Wee 프로젝트 사업 초기에는 시설과 인력 배치에 초점을 두고 인프라를 확대하였다. 이에 따라 2008년 각각 530개, 310개소에 불과하였던 Wee클래스와 Wee 센터는 2012년 현재, 전국 178개 교육지원청 중에 140개의 Wee 센터가 구축되었고, 전국 11,360개의 학교(2012.4.1 통계기준) 중 4,658개교로 확대되었다. 인력 현황을 살펴보면 2010년 Wee 클래스 1,556명, Wee 센터 653명에서 2011년 Wee 클래스 2,277명, Wee 센터 722명으로 증가하였고, 학교폭력근절대책이 시행된 2012년은 Wee 클래스 5,093명(상담교사 1,114명, 상담사 3,979명), Wee 센터 973명으로(상담교사 308명, 상담사 665명) 인원이 대폭 확대되는 등 단기간에 외형적으로 크게 성장하였다.

외형적인 성장과 더불어 2011년에는 사업의 내실화를 위해 주력하였다. 이에 따라 학교상담(Wee 클래스) 매뉴얼, 위기유형별 상담 매뉴얼, Wee 센터 운영 매뉴얼, Wee 센터 업무(전문상담사, 임상심리사, 사회복지사) 매뉴얼 등 총 4권의 Wee 업무지원매뉴얼을 제공하였다.

다양한 정책적 노력에 힘입어 Wee 프로젝트사업을 가시적인 성과가 나타나기 시작하였다. Wee 프로젝트사업을 효과성 측면에서 살펴보면, 한국교육개발원에서 2008~2010년 216개 학교(초등학교 32, 중 64, 고 120) 대상으로 추이 분석을 실시한 <Wee 프로젝트 운영으로 인한 위기학생 비율 변화 분석> 결과, Wee 클래스 설치 학교의 경우, 미설치 학교에 비해 무단결석률 및 학업중단률 등 부적응 관련 지표가 전반적으로 크게 개선된 것으로 나타났다. 항목별로 살펴보면 무단결석률은 Wee클래스 설치교의 경우, 대체로 감소하였으나, Wee 클래스 미설치교의 무단결석률은 증가하는 것으로 나타났다. 학업중단률은 Wee 클래스 설치교의 경우, 감소하였으나, Wee 클래스 미설치교는 변화가 없는 것으로 나타났다.

<표5> Wee 클래스 설치 및 미설치교
무단 결석률·학업 중단률 현황 (단위 : %)

구분 (기준·상반기)	무단 결석률			학업 중단률		
	2008 년	2009 년	2010 년	2008 년	2009 년	2010 년
설치학교	0.68%	0.59%	0.63%	1.20%	1.02%	1.14%
미설치학교	0.67%	0.73%	0.75%	1.60%	1.60%	1.60%

자료 : 교육부(2012)

Wee 프로젝트사업은 학생문제의 다양화, 심각화, 일반화 등으로 학생 관리에 어려움을 겪고 있는 학교와 교사의 어려움을 덜어주고, 궁극적으로는 학생들이 건강하게 학업을 마치고 역량 있는 사회인으로 성장할 수 있도록 위기학생 지원에 긍정적 성과를 거두고 있으며, 상담을 통한 생활지도, 문제 예방 등 '학교상담'이 활성화되는 계기가 되고 있다.

이러한 성과에도 불구하고 Wee 프로젝트사업 정책에 있어 보완되어야 할 부분도 여러 가지 제기되고 있는 실정이다. 역량 대비 상담 및 교육수요 증가로 업무 부담 가중, 지속적인 관리가 필요한 학생들에게 충분한 서비스 제공 곤란 , 학생 수 등을 고려하지 않은 획일적 Wee 센터 모형, 종사자의 고용불안에 따른 책임의식과 열정 부족 등이 문제점이 도출되었다.

이상에서 논의 한 바를 Wee프로젝트와 관련하여 살펴보면 다음과 같다.

6) 상담정책 결정 참여자

상담정책을 합리적으로 결정하기 위해서는 상담정책과 관련 있는 인사들의 광범위한 참여가 필요하다. 정책결정에는 이해관계가 얽혀 있는 관련되는 많은 인사들이 있다. 상담정책의 결정에 영향을 주는 요인은 ① 정책결정자, ② 국회와 정당, ③ 관련 단체, ④ 언론, ⑤ 연구기관과 학자, ⑥ 국민 등이다(정태범, 1999, 104-110)[4].

(1) 정책 결정자

상담정책의 경우에는 대통령, 국무총리, 교육부장관, 보건복지부장관, 여성가족부장관, 법무부장관, 국방부장관 등의 영향력이 절대적이다. 정책결정자들은 성장 배경에 따라 철학, 가치관, 사고형태에 따른 신념체계와 그가 가정과 사회 및 문화 속에 살아온 행동양식에 따른

---

4) 이하 정태범의 교육정책을 원용하여 상담정책으로 활용하였음

경험체계를 가지고 있다. 예를 들어, 대통령은 상담관련 공약을 통해 자신이 구상하고 있는 상담정책을 실현하고자 노력한다. 자신의 철학을 구현할 수 있는 인물을 국무총리, 교육부장관으로 발탁하여 상담정책을 수립하여 집행하게 한다.

(2) 국회와 정당

대의정치에서 정당과 국회는 상담정책결정에 지대한 영향을 미친다. 정당은 그들의 이념에 따라 민의를 수렴하여 국회를 통하여 정책에 반영한다. 국회는 법률안의 의결, 예산안의 심의 확정, 긴급현안질의, 국정감사 등을 통하여 각종 정책을 결정한다.

국회의 기능은 여당이 행정부의 정책을 국회활동을 통하여 합법화하거나 법률안을 통과시키고 정국을 안정화시키는 역할을 한다. 최근의 사회문제로 국민적인 관심사를 받고 있는 학교폭력, 성폭력 문제 등을 해결하기 위해 특별위원회를 구성하여 정부의 정책을 따지고 대책마련을 요구한다. 특히, 여당은 수시로 당정협의회를 개최하여 정부가 국민의 요구를 반영한 정책을 수립하여 집행하도록 독려하고 있다. 이러한 입장에서 국회와 정당은 상담정책 형성에 직접적인 영향을 끼친다고 볼 수 있다.

(3) 관련 단체

관련단체는 그들의 요구사항을 실현시키기 위하여 우선 개별적 접촉을 통하거나 인간적 유대를 통하거나 혹은 공식적 회합을 통하여 그들의 요구사항을 전달하는 경우가 많다. 그리고 그들은 이러한 방식으로 요구사항이 관철될 수 없다고 판단되는 경우에 진정서, 건의서 등의 방식으로 문서화하여 공식적으로 전달하는 경우도 있다. 또한 신문에 성명을 발표하거나 집회 등 실력행사도 불사한다. 2013년도 교원정원 가배정 결과 비교과 교사(보건, 사서, 영양, 상담교사 등) 증원이 거의 없는 것으로 나타나자 이들 영역의 임용고시생 등을 중심으로 1인시위, 성명서, 집회, 국회의원 면담 등을 통해 그들의 주장을 관철하기 위해 다양한 활동을 전개하였다.

(4) 언론

대중매체로서 신문과 방송은 정보전달과 비판의 기능을 통하여 정책결정에 영향을 미친다. 특히, 신문, 라디오, TV, 잡지 등의 매스컴은 정책결정의 내용과 그 과정을 시청자에게 전달하여 정책결정에 영향을 미친다. 최근 인터넷의 발달로 인터넷 언론, 팟캐스트, SNS 등을 통한 매체도 정책결정에 큰 영향을 미친다. 이외에도 신문과 방송은 다른 기관에서 일어나고 있는 일을 전달해 줌으로써 행정기관간의 횡적 조정에 도움을 줄 뿐만 아니라 정책결정과정에서 다른 기관의 관련 정보를 이용할 수 있게 해 준다.

(5) 연구기관과 학자

일반적으로 국민의 정신건강이나 청소년의 심리적 문제에 관한 고도의 전문화되고 조직화된 정보가 교육부나 복지부 등에 집중되어 있다고 볼 수 있다. 그러나 정책결정자의 업무과중이나 행정관행 등으로 인하여 그러한 정보를 정확하게 해석하고 공정하고 합리적으로 판단하는데 미흡할 수 있다. 따라서 상담정책 문제를 전문적으로 연구하는 기관이나 단체 및 학자의 역할이 필요하다. 이들은 상담정책에 관한 합리적 결정을 내리는데 필요한 지식, 정보, 자료를 제공하기 때문이다. 그들은 이러한 방식으로 정책결정에 참여하고 있는 셈이다.

　　위기학생에 대해 학교, 교육청, 지역사회가 연계하여 지원하고 있는 Wee 프로젝트 사업의 경우 한국교육개발원 Wee프로젝트 특임센터에 위탁하여 정책연구, 종사자 연수 및 컨설팅, 각종자료 개발, 시스템 운영 및 홍보 등의 사업을 수행하고 있다. Wee 프로젝트 사업의 성과 및 문제점, 개선방안 등의 정책연구를 통해 학교상담 정책결정에 일정한 영향을 미치고 있다고 볼 수 있다.

(6) 국민과 학부모

　　정책 결정자는 여론화된 교육의 요구를 규명하고 적절한 결정을 내려야 한다. 국민 내지 학부모는 정책결정에 영향을 주기도 하지만 영향을 받기도 하기 때문이다. 정책 결정자는 여론에 민감하게 반응함으로서 국민과 보다 밀착된 정책을 수립할 수 있게 되기도 한다. 최근 서울, 경기도 교육청에서 도입하여 추진하고 있는 무상급식 도입, 반값 등록금 요구는 정치권 및 시민단체 등에서 요구한 정책이지만 국민 및 학부모의 강력한 지지로 인하여 교육정책으로 채택되어 이의 실현을 위해 다양한 정책을 추진하고 있다.

상담관련 국가정책 사업

제2장

2장 상담관련 국가정책 사업

상담관련 정책은 여러 부처에서 다양한 형태로 진행되고 있다. 상담이 국가 수준에서 도입된 역사가 일천하고 사업을 수행해야 되는 전문가에 대한 규정이 명확하지 않아 많은 상담사들이 적절한 분야에서 제대로 역할을 하지 못하고 있다.

학교 등 국가기관, 개인상담소 등 민간 기관에서 상담활동을 하고 있는 상담사는 상담관련 국가 시책이 무엇이 있으며 어떤 정책이 수행되고 있고 어떤 자격이 요구되는지를 분명히 인식하고 있어야 한다. 나아가 각 분야의 정책에 대한 적극적인 의견개진과 피드백, 사례 분석, 통계자료, 정책 제안 및 홍보 등을 제공하여 상담관련 정책형성과 확장에 힘써야 할 것이다.

본 장에서는 기존 상담관련 국가정책 사업을 살펴보고 상담사의 개입 방안을 탐색해 보고자 한다. 현재 상담관련 국가정책은 교육부, 여성가족부, 보건복지부, 경찰청, 그리고 국방부 등에 편제되어 있다.

1. 교육부

학교는 모든 학생들이 교육에서 소외되지 않고 행복하고 주체적인 삶을 살아갈 수 있도록 돕고자 한다. 그러나 2006년 이후 매년 6만명이상의 학생들이 학습부진, 또래관계, 학교부적응, 가정문제 등으로 학교를 떠나고 있다. OECD가 발표한 2006년도 청소년(15~24세)의

삶에 대한 만족도는 한국 44.9%로 미국 78.3%, 일본 50.3%, 영국 76.4%, 스웨덴 77.1%, 필란드 81.6%에 비해 현저하게 낮다(보건복지부 2009, 아동·청소년백서). 학생범죄자수도 2007년도 88,916명이었던 것이 2008년도에는 46% 증가한 129,921명으로 조사되었다. 이와같이 학생문제 및 학교생활 부적응 학생들이 점점 증가함에 따라 아동·청소년기에 발생하는 정서적인 문제와 행동적인 문제를 무시할 수 없음을 제기하였다.

이에 대응하기 위하여 교육부는 다양한 상담관련 정책을 수립한 바 여기에서는 Wee프로젝트와 학생정서 행동특성검사, 교육복지 우선지원 사업, 그리고 인성실천교육 사업을 중점적으로 설명하고자 한다.

1) Wee프로젝트

(1) Wee프로젝트의 추진배경

학교현장에서 제기되는 어려움 중의 하나는 모든 학생에게 일률적인 지도방법을 적용함에 따라 다양성과 효율성이 저하되고 전문성 부족으로 위기학생에 대한 대처가 미숙하며, 개인별 문제유형에 맞는 치유프로그램과 이에 대한 전문적인 서비스가 없다는 것이었다.

위기학생을 도와줄 수 있는 최선의 방법은 조기발견, 전문적인 진단, 그리고 적절한 개입이며 여러 위기에 노출되었거나 학교폭력 가·피해 상황에 노출된 학생들에 대한 선도, 치유를 제공하는 전문적이고 체계적인 시스템을 구축하는 것이다. 이에 학교상담의 새로운 패러다임으로 Wee프로젝트가 추진되었다. Wee프로젝트는 위기학생에 대한 적극적 개입을 통하여 공교육의 질을 향상시킨다는 목적으로 시작되었으며 학생들의 감성과 문화에 접목하여 학생, 학부모가 전국 어디에서나 브랜드만 보고 찾아가더라도 양질의 서비스를 받을 수 있도록 표준화한 사업이다.

Wee프로젝트에서 'Wee'는 'We(우리들)+Education(교육)', 'We(우리들)+Emotion(감성)'의 첫 글자를 모은 것이다. 어른들에게는 나(I)와 너(you) 속에 우리(we)를 발견할 수 있도록 사랑으로 지도하고, 학생들에게는 감성과 사랑이 녹아있는 Wee 공간에서 자신의 잠재력을 찾아내자는 의미를 내포하고 있다(교육부, 2009).

(2) Wee프로젝트의 구성 체계

이 사업은 2008년 정부가 정책적으로 주도하며 학교에는Wee클래스, 교육지원청에는 Wee센터, 시·도교육청에는 Wee스쿨을 설치하고 상호 연계할 수 있는 3단계 학생 안전망 구축을 목적으로 시작되었다. Wee프로젝트의 구성 체계를 살펴보면 다음 [그림1]와 같다.

[그림1] Wee프로젝트 체계도

학습부진, 따돌림, 대인관계 미숙, 학교폭력, 미디어 중독, 비행 등으로 인한 학교부적응 학생 및 징계대상자	• **1차 안전망 [Wee 클래스]** • 단위학교에서 설치 • 학교부적응 학생 조기발견 • 예방 및 학교적응력 향상 지원
단위학교에서 선도 및 치유가 어려워 학교에서 의뢰한 위기학생 및 상담 희망 학생	• **2차 안전망 [Wee 센터]** • 지역교육지원청 차원에서 설치 • 전문가의 지속적인 관리가 필요한 학생을 위한 진단-상담-치유 one-stop 서비스
심각한 위기상황으로 장기적인 치유 및 교육이 필요한 학생, 학교나 Wee센터에서 의뢰한 학생 또는 학업 중단자	• **3차 안전망 [Wee 스쿨]** • 시도교육청 차원에서 설치 • 장기적으로 치유가 필요한 고위기군 학생을 위한 기숙형 장기위탁교육 서비스

Wee프로젝트 체계도(최상근 외, 2011)

가 Wee클래스

1차 안전망은 단위 학교에서 운영되는 Wee클래스이며 전문상담교사 또는 전문상담사가 해당학교의 모든 학생들을 대상으로 학생이 즐겁게 학교생활을 할 수 있도록 다양한 프로그램을 운영하는 감성소통교실이다. 부적응 학생을 조기에 발견하고 문제예방 및 학교의 적응력 향상을 위해 지도하는 공간이기도 하며 궁극적으로 긍정적인 학교문화를 형성하는 역할을 한다.

Wee클래스의 기능은 첫째, 잠재적 위기학생들이 발달과제를 충분히 달성하고 학교생활에 적응할 수 있도록 조력하는 것이다. 학교생활의 부적응은 학교생활의 무기력감을 증가시키고, 학습부진을 초래하는 등 정상적인 발달도 저해한다. 또한 이를 방치할 경우 비행이나 가출 등으로 이어져 범죄에 노출될 가능성이 높아진다. 따라서 Wee클래스의 가장 중요한 기능은 학생들이 각 발달단계별 과업을 잘 성취하여 학교생활에 적응할 수 있도록 돕는 것이며, 이를 통해 학교부적응을 예방하는 것이다.

둘째, 문제발생 가능성에 대해 조기 진단하고 개입하는 것이다. Wee클래스에서는 예방 및 상담, 교육적 활동이 주된 역할이지만 문제발생 가능성에 대한 초기 진단 및 대처프로그램을 운영하는 것도 매우 중요하다. 이를 위해 Wee클래스에서는 상담주간을 이용하여 심리검사를 실시하고 그 결과에 따라 개인상담 등을 실시하고 있다. Wee클래스에서는 이와 같은 초기 진단 절차를 거쳐 초기 부적응 현상을 보이는 학생들을 선별하고 이들에 대한 개인상담 및 집단프로그램을 실시하여 학교 적응하는데 도움을 준다.

셋째, 단위학교에서 선도 및 치유가 어려울 경우 전문적인 수준의 개입이 이루어질 수 있는 Wee센터나 지역사회유관기관 등에 의뢰하여 서비스를 받을 수 있도록 한다. 이를 통하여 학생은 체계적이고 광범위한 상담 서비스를 받을 수 있게 된다.

　이러한 Wee클래스의 운영 조직은 전문상담교사 배치되어 운영됨을 원칙으로 하나 교사 정원과 관련하여 전문상담사나 일반 교과교사가 Wee클래스를 운영할 수도 있다. 전문상담교사나 전문상담사는 학생지도부와 상호 협력하고 학교장 및 교감의 학교 운영 방침을 파악하며 Wee클래스를 운영하게 된다. 나아가 집중적인 상담 서비스가 필요한 경우 Wee센터와 협력하여 업무를 진행한다. Wee클래스 운영조직도는 <그림2>와 같다.

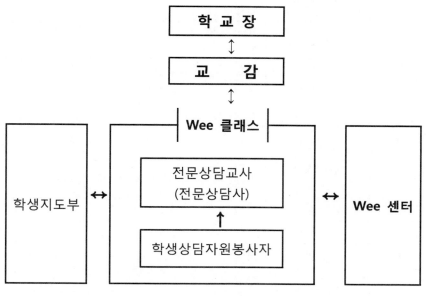

[그림2] Wee클래스 운영조직도

　[그림2]은 Wee클래스 주요 업무를 제시한 것이다. 여기에는 상담환경 구축 및 홍보로부터 연수 및 훈련에 이르기까지 제반 업무를 적시하고 있다.

〈표6〉 Wee클래스 주요업무

구분	직무내용	세부업무
상담환경 구축 및 홍보	상담환경 기반구축	상담실 구축 및 비품구입
		심리검사 도구 및 자료구입
		학생상담 지원단 조직
		지역사회 연계 체계 구축
	홍보활동	상담실 운영 홍보
		프로그램 홍보
요구조사 및 자료분석	요구조사	학생, 학부모, 교직원 요구조사
		위험군 학생 조사를 위한 심리검사
	자료분석	요구조사 및 심리검사를 분석하여 연간 프로그램 및 운영계획 수립
상담활동	개인상담	학습 및 진로상담
		부적응 및 치료상담
		예방 및 성장지향 상담
	집단상담	진로, 학습, 집단따돌림, 사회성, 자존감 등
	집단지도 및 교육	학생, 학부모 교육 및 교사 상담연수
	심리검사	개별검사, 집단검사
연수 및 훈련	자문	자문 및 연계활동
	훈련	역량강화 연수 및 훈련(슈퍼비전)
기타	상담활동 분석 및 평가	상담활동 분석 및 평가
		상담활동 보고
		상담관련 연구

　　1차 안전망인 Wee클래스는 〈표7〉에 나타난 바와 같이 2012년 현재 전국의 4,658개 초·중·고교에 설치되어 있다. 교육부에서는 2013

년까지 모든 중학교(학생수 100이하인 소규모학교 제외)에 설치하고, 초·고등학교 확대할 계획이다.

<표7> Wee클래스 설치 현황 (단위 : 개, 누적치)

구 분	'08	'09	'10	'11	'12
Wee 클래스 (단위학교)	530	1,530	2,530	3,170	4,658

자료 : 교육부(2012)

나 Wee센터

2차 안전망인 Wee센터는 5-10인으로 이루어진 전문인력이 단위학교에서 지도하기 어려운 위기학생의 체계적인 관리 및 지도를 위해 교육지원청 차원에서 지역사회의 인적, 물적 인프라를 활용하여 진단-상담-치유가 가능한 원스톱 상담 및 치유 프로그램을 운영한다. 또한 Wee 센터의 주 대상은 보호관찰학생, 학교폭력 가해자로 특별교육이 필요한 학생, 학교폭력 피해학생, 학칙 위반으로 사회봉사 등 중징계를 받은 학생, 가정해체로 별도의 사회적 도움이 필요한 학생, 학업중단위기에 놓인 학생 등 전문가의 지속적인 관리 및 지원이 필요한 학생들이다.

Wee센터는 내방 서비스뿐만 아니라 직접 찾아가는 순회방문형서비스도 병행하고 있다. 또한 센터 운영의 특성화 및 다양화를 시도하여 일반형 Wee센터 이외에도 가정형 Wee센터, 이동버스형 Wee센터, 병원형 Wee센터 등이 있다.

Wee센터의 기능은 첫째, 고위기 학생에 대한 상담 서비스를 제공하는 것이다. Wee클래스 수준에서 선도 및 치유가 어려운 학생들이 의뢰되는 경우가 많기 때문에 고위기 학생에 대한 원스톱 상담서비스의 제공이 매우 중요한 기능 중 하나이다. 제공되는 상담의 형태는 주로 개인상담과 심리치료이나 고위기 학생들이 의뢰될 경우를 대비한 긴급개입상담과 맞춤형 집중프로그램도 운영한다.

둘째, 심층적 진단 및 평가 서비스 제공이다. 정밀한 검사가 요구되는 학생에 대해서는 심층적인 심리평가를 할 수 있도록 검사도구 및 전문 인력을 구비하고 있다. 심층 심리평가의 내용에는 개인용 지능검사, 인지발달검사, 사회성 발달검사, 주의력 검사, 성격-투사적 검사, 성격-객관적 검사 등이 있다.

셋째, 교육 및 자문서비스 제공과 Wee클래스 및 스쿨 그리고 지역사회유관기관과의 연계 서비스이다. Wee클래스 및 스쿨과 긴밀한 협조관계를 형성하여 학교를 기반으로 한 위기청소년 지원서비스의 핵심적 허브 기능을 수행한다. 또한 그 지원대상의 특성상 심리적 지원뿐만 아니라 심리사회적, 환경적 문제에 대한 평가와 지원의 업무도 담당한다. 지역사회유관기관은 크게 협약기관과 직접연계기관으로 구별할 수 있다. 협약기관은 치료기관(병·의원 등 의료기관), 전문기관(상담기관 및 진단기관), 기타기관(지역사회기관, 사회복지기관) 등이며 직접연계기관은 보호기관, 위기대응기관, 복지기관, 기타기관 등으로 구분할 수 있다. 각 지역사회의 특성을 잘 파악하여 보다 많이 필요로 하는 상황이나 문제를 파악하여 맞춤형 서비스 기능을 극대화한다.

Wee센터는 전문상담교사가 중심이 되어 전문상담사, 임상심리사, 사회복지사 등 전문인력으로 운영하고 있다. Wee센터 조직도는 다음 [그림3]와 같다.

[그림3] Wee센터 운영조직도

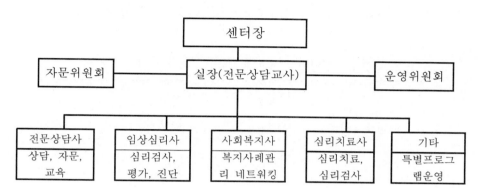

Wee센터에서 각 영역에 따라 업무 분장이 되어 있다. 중요한 것은 자신의 업무냐 아니냐를 따지기 보다는 상호 협력하고 서비스를 제공한다는 인식을 갖는 일이 매우 중요하다. Wee센터의 전문인력별 주요 업무는 다음 <표8>과 같다.

<표8> Wee센터 전문인력별 주요업무

구분	주요업무
실장	Wee센터 운영 총괄/ Wee프로젝트업무 및 컨설팅 학생 위기사안 상담 및 자문/ 지역유관기관 대표자 회의
전문상담사	사례배정, 접수면접/ 상담 수행 및 사례관리 Wee클래스 자문/ 상담인력관리 학업중단위기학생 상담 및 조정
임상심리사	심리평가/사례관리/2차 사례회의 정신건강 프로그램 개발 및 운영 치료기관, 병·의원 연계 및 관리/정서·행동특성 3차 검사
사회복지사	지역사회자원 연계·지원/ 학교 위기관련 지원 복지상담/ 상담자원봉사자 관리 인턴 실습생 교육 및 관리/ CYS-Net 연계/홍보업무
기타(심리치료사 프로그램운영)	각종 심리치료기법적용/ 사례관리 특별프로그램 지원/ 특별 프로그램 전체운영 및 관리

2차 안전망인 Wee센터는 2012년 현재 140개가 운영 중이며, 교육부에서는 2014년까지 모든 교육지원청(178개)에 설치할 계획이다.

<표9> Wee센터 설치 현황 (단위 : 개, 누적치)

구 분	'08	'09	'10	'11	'12
Wee 센터 (지역교육청)	31	80	110	126	140

자료 : 교육부(2012).

☐ Wee스쿨

3차 안전망인 Wee스쿨은 시·도교육청 차원에서 운영하는 지속적인 상담·치료 서비스가 필요한 고위기 학생들을 위한 기숙형 장기 위탁 기관으로 일명 대안학교 체제이기도 하다. Wee스쿨은 고위기 학생의 장기간 치료 및 교육이 가장 주된 기능이라고 볼 수 있다. 따라서 Wee 스쿨의 교육과정은 교육, 상담 및 치료, 복지, 학부모 교육 등이 포함된다. 대안교육의 기초가 될 수 있는 과목을 운영하며, 다양한 방과 후 교육과정을 특기적성교육, 동아리 활동, 체육활동 등의 형태로 운영하고, 교내뿐만 아니라 교외 혹은 다른 기관을 활용하여 체험활동프로그램이 운영된다.

자녀가 Wee스쿨에 위탁되어 교육을 받는 경우, 학부모 및 재적학교의 교사를 대상으로 교육이 반드시 필요하다. 위기학생들은 일정기간의 위탁교육기간이 끝나면 학교와 가정으로 복귀하는데, 이때 가장 중요한 사회적 환경이 학부모와 교사이기 때문이다. 학부모 교육은 학생이 입교시 함께 적응교육을 받고, 그 이후에는 월 1회 또는 분기별 1회 정기적으로 교육을 받는다. 다음으로 교사 연수는 재적학교 담임(담당)교사를 대상으로 하며, 그 내용은 Wee스쿨과의 긴밀한 협조체

제 구축을 위한 Wee스쿨의 역할과 업무처리 방법, 학생에 대한 이해
와 관계형성 증진방법 등이다.

3차 안전망인 Wee스쿨은 2012년 4개가 운영 중이며, 2015년까지
모든 시도교육청(17개)에 설치할 계획이다.

<표10> Wee스쿨 설치 현황 (단위 : 개, 누적치)

구 분	'08	'09	'10	'11	'12
Wee스쿨(시·도교육청)	-	-	3	3	4

자료 : 교육부(2012)

2) 학생정서·행동특성검사

(1) 추진배경

아동·청소년기는 인성의 토대가 되는 자아정체성과 자아 존중감
이 확립되는 시기이며 우울장애와 정신분열병과 같은 심각한 정신질
환 발병 가능성이 큰 시기 때문에 정서·행동발달문제 경향을 발견하
여 조기에 개입하는 것이 중요하다. 2007년 버지니아택 조승희 총기
사건, 2008년 혜진·예슬 유괴·살인사건 등 최근 우리사회의 큰 충
격을 안겨준 반사회적 인격장애와 같은 사이코패스 범죄가 아동·청
소년기에 시작된다는 연구결과는 학생정신건강 관리의 중요성의 시사
점이 되었다.

현재 우리나라 아동·청소년 정신건강 관련 조사결과에서 ADHD,
우울, 적대적 반항장애, 자살생각 등 정신건강 문제가 간과할 수 없는
수준이며, 정신건강은 신체건강과 달리 개인의 문제에 국한되지 않고
국가·사회적인 부담을 야기하는 것으로 국가차원의 적극적 개입을

필요로 한다. 학생정서·행동특성검사 사업은 학생들의 건강한 정서·행동발달을 지원하고 건강한 학령기를 보낼 수 있는 학교기반 조성하기 위해 2008년부터 2011년까지 4년간 시범사업으로 운영되다가 학교폭력 문제를 예방하기 위하여 2012년부터는 일반화하였다.

  (2) 학생정서·행동특성검사의 개요

  「정서·행동특성검사」는 2008년부터 2011년까지 4년간 시범사업으로 운영되다가 2012년에는 초, 중, 고학생 전체를 대상으로 실시하였고, 2013년도에는 초1·4, 중1, 고1을 대상으로 심리·정서 상태를 파악하고 부모와 교사가 아이들을 위해 '무엇을', '어떻게' 지지해주고 돌봐 주어야 하는지 알려주는 역할을 한다. 이 검사의 목적은 첫째, 학생의 정서·행동문제를 예방하고, 둘째, 정신건강문제를 조기에 발견하고 악화됨을 방지하며, 셋째, 학생 정서·행동 발달지원의 효율성을 증대시키기 위함이다.
  「학교보건법 제7조」에 따라 학부모의 동의 없이도 검사를 실시할 수 있다. 동 조항에는 "학생 교육활동을 효과적으로 실시하는데 필요한 참고자료로 활용하기 위해서 학교 내에서 실시하는 검사는 학부모 동의 없이 실시할 수 있다"라고 규정하고 있다.

  (3) 학생정서·행동특성검사의 관리체계

  정서·행동특성검사는 온라인 검사로 실시되며 온라인 검사가 어려운 경우 서면검사도 가능하다. 초등학생은 학부모가 자녀의 정서·행동 영역을 평가하게 되며, 중·고등학생은 학생 스스로 자신의 상태에 대해서 평가한다. 검사결과에 따라 학생 개별 면담을 실시하며 전문기관의 추가검사가 필요하다고 판단 된 학생은 학부모의 동의하에 Wee

센터 및 정신 건강 증진센터로 연계되어 심층평가 및 상담치유지원
등 체계적인 서비스를 받게 된다. Wee센터와 정신건강증진센터에서
서비스를 이용하는 것은 무료로 진행이 되며, 이후 의학적인 도움이
필요할 경우 병원으로 연계한다. 만약 즉각적인 도움이 필요한 학생의
경우에는, 센터를 거치지 않고 바로 병원으로 연계되기도 한다. 학생
정서·행동특성검사 관리체계를 도식화하면 다음과 같다.

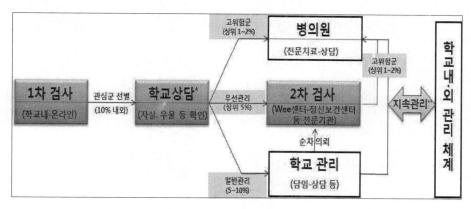

[그림4] 학생정서·행동특성검사의 관리체계

　정서·행동특성검사는 학교를 기반으로 학생들의 정서·행동 발달정
도를 평가하기 위해 국내 전문 연구진들에 의해서 개발되었으며 신뢰
도와 타당도가 검증된 검사도구이다. 초등학교 학생용 검사는 CPSQ
(Child Problem-Behavior Screening Questionnaire), K-ARS(ADHD)
등 부모용 검사지만 있고, 중·고등학교 학생용 검사는 AMPQ-Ⅱ
(Adolescent Mental Health & Problem Behavior Questionnaire-Ⅱ),
BDI, 자살 등 학생의 자기보고로 되어 있다. 초등학생의 경우 CPSQ
검사결과 총점이 21점 이상, 주의력결핍과잉행동장애 검사 (K-ARS)
결과 총점 19점 이상은 관심군으로 분리하여 학교상담을 실시하고 고

위험군인 경우 병의원 전문치료 및 상담을 실시하며, 관심군인 경우에는 Wee센터나 정신보건센터에서 2차 검사인 심층사전평가를 실시하는데 심층평가 후 도움이 필요한 학생들을 전문 병·의원에 의뢰하여 보다 적절한 개입을 받게 한다. 이를 도식화 하면 다음과 같다.

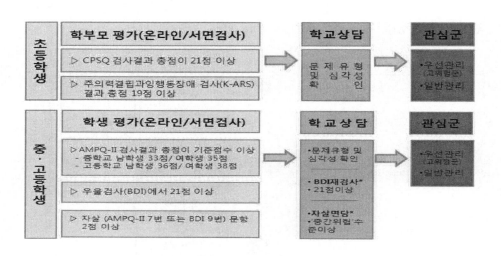

[그림5] 학생정서·행동특성검사 분류

학교는 Wee센터나 전문 병·의원과 소통을 통해 학생을 위한 위기관리 시스템을 구성하고 이들을 지속적으로 관리한다. 중· 고등학생의 경우는 AMPQ-Ⅱ 검사 결과 총점이 중학교 남학생 33점, 여학생 35점, 고등학교 남학생 36점, 여학생 28점 이상, 우울검사(BDI)에서 21점이상, 자살 문항 2점 이상의 경우에는 학교상담을 실시하여 고위험군인 경우에는 병의원으로, 관심군은 초등학생과 동일하게 전문기관에서 2차 검사 후 적절한 개입을 받으며 지속관리를 하게 된다. 다음은 정서행동특성검사 결과 관심군으로 분류된 학생의 조치과정이다.

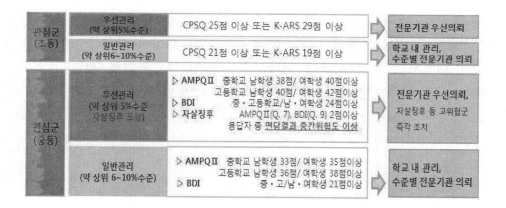

[그림6] 학생정서·행동특성검사 조치

3) 교육복지 우선지원 사업

(1) 추진배경

교육복지 우선지원 사업은 교육취약 아동 청소년의 교육 기회, 과정, 결과에서 나타나는 주요 취약성을 최대한 보완하기 위한 교육, 문화, 복지 등의 통합지원체제 구축 사업이다. 이 사업의 주요 목적은 교육취약 아동 청소년의 교육적 성장 도모에 있고, 이를 위하여 학교가 중심이 되는 지역교육공동체 구축을 통해 학습, 문화 체험, 심리 정서, 보건 등을 통합적으로 지원하고자 함이다. 교육복지 우선지원 사업은 2003년부터 시작된 교육복지투자우선지역 지원사업의 취지와 성과를 계승하고 오랫동안 요구되어왔던 법적 기반을 갖추면서 안정적 시스템을 구축한 정책 사업이다.

1990년대 중반 이후 소득불평등 정도가 악화되어 중산층이 감소하고 국제결혼가정, 북한이탈주민, 외국인 근로자 가정 자녀 등 신취약계층이 확대됨에 따라 지역 내 거주지 분화 현상이 발생하고, 같은 지역 내에서도 특정 학교에 취약계층이 밀집하는 학교별 계층 분화 현상이 발생하게 되었다. 따라서 공적자원을 투입하여 교육기회 불평등 문제를 개선하고, 취약계층의 교육적 성장을 지원할 수 있는 정책 추진으로 가정 배경과 관계없이 누구나 의미 있는 교육적 경험을 통해 자신의 잠재력을 충분히 발휘할 수 있도록 지원하게 되었다.

(2) 사업내용

교육복지 우선지원 사업은 2003년 서울, 부산 8개 지역에서 시범사업 실시한 후 2005년 인구 50만 이상 광역시로 확대, 15개 지역에서 사업 추진되었고, 2006년에는 인구 25만 이상 중소도시로 확대, 30개 지역에서 사업 추진되었다. 2007년에는 60개 지역으로, 2008년 인구 제한 없이 100개 시 지역으로 확대 추진하게 되었다.

사업 초기에는 정부가 지역의 교육복지시스템 구축을 지원하고, 이후 지역이 자체 역량을 키워가며 구축된 시스템을 운영할 수 있기를 기대했고 실제로 사업을 추진하며 진행하는 가운데 점차 시도에서 자체적으로 사업학교를 확대하는 등의 성과를 도출하게 되었다.

2011년부터 초중등교육법 시행령에 사업의 근거를 마련하고 지방교육재정교부금법 시행령에 교부 기준을 명시하는 등 관련 법적 근거 마련을 통해 교육복지시스템이 안정적으로 운영될 수 있게 되었다. 2011년에는 도시뿐 아니라 전국 저소득층 밀집 초 중학교로 확대 진행되고 있다.

교육복지 우선지원 사업의 대상은 경제적 취약집단을 비롯한 다문화가정 학생, 북한이탈주민 학생, 학업부진학생 등 다양한 수준의 교육적 취약성을 지니거나 교육적 성취에 있어 상대적으로 불리한 상황에 있는 교육취약 아동 청소년이 밀집된 학교 및 지역으로 사업학교 전체 학생을 대상으로 한다. 교육적 취약성의 핵심 원인이 되는 저소득, 다문화, 북한이탈, 기타 교육취약집단 학생들은 일차적 지원 대상이며 빈곤, 가정 해체 등 중층적 취약성을 갖고 있는 학생들은 집중 지원 대상이 된다. 즉, 개별 학생의 교육적 취약성 진단에 기초한 지원의 우선순위와 지원 방식이 다르게 적용된다.

이 사업은 교육취약 아동 청소년이 겪는 어려움을 총체적으로 지원 해결하기 위해 필요한 모든 영역에서의 지원 프로그램을 포괄한다. 주요 영역으로는 학습, 문화 체험, 심리 정서, 복지 등으로 구분하여 다양한 인적, 물적 자원을 활용한 프로그램을 운영하고 학생들의 전인적 성장에 필요한 영역을 망라하기 위해서 다양한 영역을 지원한다. 사업 운영 수준이 높아질수록 영역별 구분된 프로그램을 발전시켜 우선지원학생들의 전인적 성장을 고려하며 적합하고 필요한 통합적 접근을 강화하고 있다.

2012년 현재 교육복지우선지원사업 시·도별 사업학교 수는 초등학교 906개교, 중학교 831개교, 고등학교 64개교로 전체 1,801개교이다.

4) 인성교육 사업

21세기 미래사회는 지적 능력뿐만 아니라 타인에 대한 배려와 협력, 정직과 책임, 도전과 자율 등 사회성, 감성, 도덕성을 고루 갖춘 인재를 요구한다. 우리 사회의 전통적 강점(도덕성)을 살리면서 21세기 글로벌 시대가 요구하는 핵심역량(사회성, 감성)을 함양하고, 추상적으로 제시되어 온 인성 덕목을 구체화하며 지식 중심에서 실천·체험 중심의 인성교육으로의 학교교육을 재구조화할 필요성을 제시하였다. 따라서 교육부는 2012년 3월 인성교육 비전 수립 정책연구팀을 구성하고 논의를 시작하였다. 민간 주도의 실천운동 전개를 위해 2012년 5월 인성교육 관련 단체와 정책연구팀이 참여하는 『인성교육 실천포럼』을 결성하였고, 인성교육의 필요성에 공감하고 민·관이 함께 추진할 수 있는 다양한 인성교육 실천과제를 제안하였다. 이후 7월 국가원로, 민간단체, 전문가 등 500여명이 참석한 가운데 "인성이 진정한 실력이다!"를 모토로 한 '인성교육범국민실천연합'(이하 인실련)5) 이 출범하였고, 정부와 사회, 학교와 가정이 함께하는 인성교육 범국민실천운동을 전개하게 되었다.

현재, 인실련은 초·중·고 및 대학과 범용 인성교육 프로그램에 대한 인증 시스템을 운용하고 있다. 매년 1~2회 걸쳐 각 분야의 인성교육 프로그램을 공모하고 그 가운데 선정된 프로그램에 대하여 인성교육 적합 프로그램으로 인증을 하게 된다. 이 인증을 받는 경우 전국 초·중·고에서 인성교육 우선 실시 프로그램으로 추천을 받게 된다.

상담자들이 인실련 사업에 관심을 쏟아야 하는 것은 학생 관련 문제가 발생하기 전에 효과적 상담 교육 프로그램을 통하여 개개 학생이 건전한 인격체로 성장하도록 도울 수 있다는 것 때문이다. 엄격한 의미에서 상담이 인성교육을 책임질 필요가 있느냐는 문제가 제기될 수도 있으나, 상담이 개인의 문제를 해결하고 성장하도록 조력하는 전문직임을 감안하면 오히려 능동적으로 인성의 요소를 파악하고 인성 강화를 위한 교육 프로그램의 개발·실시를 통하여 국가사업에 참여하는 것은 매우 의미 있는 일로 간주된다.

인성교육의 또 다른 사업으로는 어울림 프로그램이 있다. 어울림 프로그램은 원래 학교폭력에 대응하기 위한 정책 수단으로 발달단계

---

5) 본서 공동집필자인 차명호교수와 김상인교수, 한길자박사는 인실련의 전문위원을 활동하고 있다.

상 청소년기에 취약한 공감과 소통 및 사회성의 효과적 발달을 지원하기 위하여 도입되었다. 2012년 당시에는 학교폭력에 대한 학생, 학부모, 교원의 인식이 제각각이었고 누가 책임져야 하는 가에 대한 논의는 분분하였다. 그러나 학교폭력 예방을 위하여 실제 각자가 어떤 역할을 수행해야 할 것인가에 대해서는 관심이 매우 부족하였다. 이에 당시 교육과학기술부 학교폭력근절과를 중심으로 학생, 학부모, 교원 및 지역사회와 정부기관이 모두 어울릴 수 있는 프로그램만이 학교폭력을 예방하고 더 나은 교육 공동체를 구성할 수 있다는 인식에 도달하였다. 이런 맥락에서 학생끼리, 학생과 교사가, 교사와 학부모가, 학부모와 학생이 어울릴 수 있는 프로그램을 기획하게 되었다. 여기에는 자기이해·타인이해, 분노·화 조절, 학교폭력 대응기술 습득 등을 통한 내적 성장을 지원하는 내용을 포함하였고, 학생 프로그램, 학부모 프로그램, 교사 프로그램을 구분하여 제시하였다.

학생 대상 프로그램은 집단상담을 기초로 하여 역할극, 놀이치료, 미술치료 등으로 구성되었고 이를 학교별 특성에 맞추어 사용하게 하였다. 교원대상 프로그램은 학생이해, 문제대응능력향상, 학생 및 학부모 대화법, 감성코칭 등을 통해 교원의 공감능력 향상을 지원하며 학급관리·수업 중 발생하는 다양한 문제 상황 및 학생·학부모의 문제행동 대응 노하우를 구체적인 사례 중심의 워크숍으로 진행한다. 마지막으로 학부모대상 프로그램은 학부모가 자발적으로 희망 하거나 교사가 추천하는 학부모를 대상으로 자녀이해, 대화의 기술, 학교폭력 대응방안 등에 대한 학부모 세미나를 개최한다.

2013년에는 인실련에서 1차에 걸쳐 인성교육 프로그램을 공모하여 선정하고, 인증된 프로그램을 일선학교에 적용하였다. 2014년에 2차 공모를 하여 3월을 시작으로 일선학교에 적용을 준비하고 있다. 또한 인실련은 2013년 회원단체들의 인성교육 실적들에 대해서 공모하여 포상하고 그동안의 활동에 대해 격려하고 전문가들의 의견을 통해

창의적으로 발전하는 기회를 갖는다,

5) 학습클리닉센터

학습클리닉센터는 학교와 교사가 해결하기 힘든 복합적인 요인 (ADHD,우울, 불안 등)에 의한 학습부진학생에 대해 외부 전문지원체제가 필요하다는 현장의 의견이 계속 제기되어 "찾아가는 서비스" 중심으로 학습상담, 학습동기 제고 등의 기능을 수행하기 위하여 설치되었다. '학습, 심리상담, 특수교육, 의료계 등' 분야별 전문가 지원팀이 지역내 유관기관, 대학, 학회 등과 MOU 체결 및 교육기부 등을 통해 외부전문가를 확보하여 센터의 각종 프로그램에 적극 참여한다. 또한 지원팀이 개별 학교의 신청을 받아 학교를 방문하여, 학습·심리 표준화검사 시행 및 교사의 결과 해석 등을 지원하고, 검사 결과 심각한 학습부진학생 대상으로 학습상담, 학습코칭, 심리상담 등을 실시하며, 보다 전문적인 도움이 필요한 학생은 지원팀이 학부모 상담 등을 거쳐 관련 기관에 연계하며, '학습바우처'[6] 등을 통해 심층검사, 의료서비스 등 전문서비스를 지원한다.

지원 대상은 진단평가, 교사 관찰 등을 토대로 학교와 전문가팀이 협의하여 선정하고, 센터 내 전담자를 정하여 지속 관리한다. 그밖에 단위학교의 부진학생 지도 역량 제고를 위해, 기초학력 지원체제 및 프로그램을 컨설팅하거나, 교사와 학부모 대상으로 학습부진학생 이해 및 부진 요인별 지도 방안 등의 연수를 실시한다.

조직은 지역 단위의 독립 센터를 구성하여 센터 내 최소한의 필수인력을 확보하고, 순회학습상담원 및 외부 전문인력풀을 통한 다중지원팀이 운영된다. 상근인력으로는 교수학습전문가, 전문상담사, 기초학력

---

6) 학습바우처는 학습부진학생이 부진요인 관련된 전문기관 서비스를 이용하면 교육청 등에서 해당 비용을 대신 지급하는 것을 말한다.

인턴교사 있고, 비상근인력은 교수학습전문가, 지역 내 상담·의료·학습치료 전문가, 순회학습상담원 등 학습클리닉센터 자체 인력과 외부 인력으로 다중지원팀이 구성되어 찾아가는 서비스를 지원한다. 2012년 현재 학습클리닉센터는 시·도 단위 14곳과 지역 단위 79곳 등 모두 93곳이 운영되고 있다.

6) 117 학교폭력 신고센터

2012년 시·도 경찰청, 교육부, 여성가족부 합동으로 학교폭력 신고 접수, 상담 및 수사·지원까지 원스톱으로 운영되는 117학교 폭력 신고센터를 개소하였다. 이 센터에는 경찰관과 전문상담사가 24시간 팀으로 근무하면서 모든 학교폭력 신고를 접수한 후 경미한 사안은 '학교폭력 One-Stop 지원센터'로 이송하고, 중대 사안은 경찰이 즉시 개입해 조치하는 역할을 한다. 주요 임무로는 학교폭력, 성폭력, 가정폭력, 성매매 등 117 신고 접수·상담, 경찰서 수사지시, 사후관리 및 NGO·학교 등에 연계하고, 필요한 경우 현장 확인·점검 및 상담 등 추가 지원 조치를 한다. 117 신고센터에는 전문상담사, 사회복지사 등 상담관련 자격증을 소지한 전문인력이 배치되어 있는데, 현재 경찰청 68명, 교육부 102명, 여가부 34명 총 204명이 활동 중이다.

2. 여성가족부

지식기반사회가 점점 확대되고 글로벌 경쟁이 보편화됨에 따라 전통적 가치관과 가정기능이 붕괴되고, 저출산·고령화 등에 따른 사회·문화적인 변화로 인해 청소년들이 경험하는 정신적·물리적 고충은 그 종류와 정도 면에서 더욱 악화되고 있다. 이는 청소년 문제가 향후 그 종류와 다양성에서 더욱 확장될 것임을 시사하고 있다.

또한 청소년들의 문제는 연령적 특성에서 비롯되는 경우가 많은 만큼, 성인의 위기나 문제와 비교해 볼 때 한 개인에게 나타나는 문제들이 중첩되는 양상으로 나타난다. 따라서 위기 청소년을 효율적으로 지원하기 위해서는 위기상황별 전문적·세부적 서비스의 지원과 함께 지원기관과 체계가 상호 유기적으로 협력할 수 있어야 한다. 이에 여성가족부에서 다음과 같은 청소년과 관련된 사업을 진행하고 있다.

1) 한국청소년상담복지개발원

한국청소년상담복지개발원은 청소년복지법 제 22호에 의거하여 전국 청소년상담·복지 관련기관을 총괄하는 중추기관이다. 청소년상담·복지정책 연구 및 프로그램의 개발·보급, 상담·복지 전문인력 양성을 위한 교육연수, 위기청소년을 위한 통합지원체계 운영·지원, 취약계층 청소년을 위한 자립 및 복지 사업 등 국가차원의 청소년 정책 업무를 수행하기 위해 설립되었다.

주요기능과 세부사업으로는 청소년 상담·복지 관련 정책의 연구개발, 청소년 상담기법의 연구 및 상담자료의 제작·보급, 국가자격제도 청소년상담사 자격검정 및 연수, 청소년상담복지센터 직무교육 및 전문연수, 부모교육, 또래상담, 품성계발 등이다. 또한 청소년의 가치관 정립 프로그램 운영, 위기청소년 지역사회 통합지원체계 운영지원 및 지역 청소년상담복지센터 지도지원, 사이버상담 등 청소년상담 사업의 운영, 취약계층 청소년 자립지원 사업, 인터넷 중독 기숙형 치료학교 운영 등 인터넷 중독 예방사업, 그밖에 여성가족부장관이 지정하거나 상담원의 목적수행을 위하여 필요한 사업 등을 수행하고 있다.

2) 시·도 청소년활동 진흥 센터

청소년활동 진흥센터는 「청소년활동진흥법」제7조에 따라 17개 시·도의 해당 지역 청소년활동 진흥을 목적으로 청소년활동자원 개발 및 지원을 통한 지역중심 청소년활동 역량을 개발하고 청소년들의 활동 기반 및 지원 체계 강화를 통한 활동 참여를 활성화하며 지역, 중앙과의 연계·협력을 통한 전국적 청소년활동 지원 체계를 구축하고자 한다. 추진과정을 설명하면 다음과 같다.

○ 1996년~1999년 : 16개 시·도에 청소년자원봉사센터 단계적 설치
  – 1995년 5월 교육개혁 조치에 따라 청소년자원봉사활동 활성화 추진
  – 문화체육부 시·도 청소년자원봉사센터 설치·지원계획』('6.2.16)
  – 청소년자원봉사센터 설치 근거 마련('6.6.29 청소년기본법시행령 개정)
○ 2004년 : 청소년활동진흥법 제정(지방청소년활동지원센터 설치규정)
○ 2006년 : 청소년자원봉사센터를 지방청소년활동지원센터로 개편
○ 2007년 : 지방청소년활동진흥센터로 명칭변경(7.27청소년활동진흥법개정)

주요 추진사업의 중점 방향은 첫째, 청소년 활동의 전달체계 역할과 지역사회청소년단체·청소년기관(시설)을 총괄하고 여러 기관을 연계·협력하여 기능을 강화시키며, 둘째, 학교의 창의적 체험활동과의 연계활동을 지원한다. 지방자치단체에서는 시·도 청소년활동진흥센터에서 협력체계를 구축하고 효율적 운영을 위한 모니터링과 지도인력에 대한 연수 등 사업에 대한 총괄을 담당하도록 하였다.

주요 사업 영역으로는 센터의 발전계획을 수립하고 평가·개선 업무에 대한 전략을 수립하여 운영하는 일이다. 센터의 본래 기능 관련 사업은 센터의 핵심기능 사업과 지역에서 수행이 요구되는 정책 사업으로 나뉜다. 그 외 지역특색 사업으로 센터 및 지역의 특색을 반영한

지역중심의 특성화 사업과 지자체, 외부(유관)기관의 수탁사업을 수행하기도 한다.

청소년활동진흥센터를 운영함에 있어 사업별 준수(고려) 해야 할 사항은 첫째, 중·장기 운영전략을 수립함에 있어 시·도 및 여성가족부(한국청소년활동진흥원)의 구체적인 방향과 목표를 토대로 정성적·정략적 지표를 설정하고 이를 토대로 연도별 사업계획을 수립 한다. 둘째, 자체 사업평가 및 개선영역으로 평가지표를 기초로 분기 단위로 자체 평가를 실시하고 평가의 결과에 따른 개선 방안 마련하며, 셋째, 청소년 활동에 대한 요구조사를 정기적으로 실시하고 필요에 따라서는 수시로 실시하여 그 결과를 청소년시설, 청소년단체, 관련기관 등에 제공한다. 넷째, 지역내 청소년활동 관련 시설, 인력, 프로그램 등의 자원을 종합적으로 관리하여 청소년, 학교, 유관기관 등에 제공하며 청소년활동 정책과 사회적 변화, 청소년의 활동에 대한 요구조사 등을 고려하여 프로그램을 개발하고 보급한다. 마지막으로 청소년 시설, 단체 등이 지역내 유관기관(문화예술 기관, 스포츠 시설 등)의 자원을 활용할 있도록 지원하고 청소년시설, 단체 등이 학교와 연계·협력하여 창의적체험활동 교육과정을 운영할 수 있도록 지원한다. 청소년활동진흥센터에서 근무하는 전문인력의 자격조건은 다음과 같다.

〈표11〉 직원자격기준

구분	자 격 기 준
소장	• 대학원의 청소년(지도)관련분야 박사학위를 취득하거나 과정을 이수하고, 청소년(지도)관련분야 실무에 10년이상 경력이 있는 자. • 청소년(지도)관련업무 10년 이상 경력자로서 청소년 지도 등에 대한 능력과 자질이 있다고 전문기관 및 단체에서 추천하는 자 중 시, 도시자가 인정하는 자 • 사무국장으로 5년 이상 근무한 자.

사무국장	• 대학원의 청소년(지도)관련분야 박사학위를 취득하거나 과정을 이수하고, 청소년(지도)관련분야 실무에 3년 이상 경력이 있는 자. • 청소년(지도)관련업무 5년 이상 경력자로서 청소년 지도 등에 대한 능력과 자질이 있다고 전문기관 및 단체에서 추천하는 자 중 시, 도지사가 인정하는 자. • 팀장으로 5년 이상 근무한 자.
팀장	• 대학원의 청소년(지도)관련분야 박사학위를 취득하거나 과정을 이수한 자. • 대학원의 청소년(지도)관련분야 석사학위 취득 후 청소년(지도)관련분야 실무에 4년 이상 경력자. • 운영요원으로 5년 이상 근무한 자.
팀원	• 대학원의 청소년(지도)관련분야 석사학위 취득자. • 4년제 대학 졸업 후 청소년(지도)관련분야 실무에 5년 이상 경력이 있는 자. • 행정요원으로 2년 이상 근무한 자로 청소년 지도사 2급이상 자격 취득자.

* 청소년(지도)관련분야:청소년(지도)학, 교육학, 심리학, 사회복지(사업)학, 아동(복지)학* '실무'라 함은 정규직원으로 상근한 경우를 말함.

(2012년 청소년사업안내, 여성가족부)

3) 청소년상담복지센터

청소년상담복지센터는 지역사회 내 활용 가능한 청소년 관련 자원을 연계하여 위기청소년에게 상담·보호·교육 등 맞춤형 One-stop 서비스를 제공함으로써, 가정 및 학교, 사회로의 복귀 지원을 목적으로 운영한다. 또한 필요한 공통사항 내지 정책방향을 구체적으로 제시함으로써 내실화를 도모하고 지역사회 청소년통합지원체계 운영의 허브기관으로서 위기청소년의 건강한 성장 및 복지증진에 기여하고자 한다. 법적근거는 청소년기본법 제46조, 46조의2에 의거하여 지역에 따라 시·도 청소년상담복지센터와 시군구청소년상담복지센터가 운영되며 2012년 현재 190개가 운영되고 있다.

운영 기본방향은 지역사회청소년통합지원체계의 허브기관으로 역할을 수행하고 지방자치단체는 지역특성과 여건에 따라 직영(별도의 공익법인 설립 포함) 또는 청소년 단체 등에 위탁하여 운영하고, 운영 방식, 성과를 평가하여 운영 활성화를 위한 개선방안을 적극 강구한 다. 조직체계는 소장을 중심으로 6~14명 이상으로 운영하되, 지역실 정에 따라 탄력적으로 편성·운영한다. 조직체계와 팀별 주요업무는 다 음과 같다.

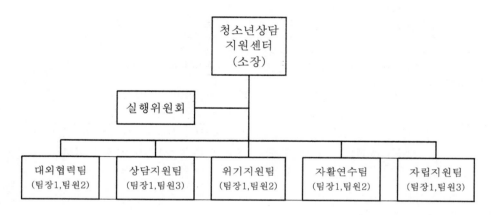

[그림7] 시·도 센터 조직체계

시·도 센터는 위에서 보는 바와 같이 대외 협력팀, 상담지원팀, 위 기 지원팀, 재활연수팀으로 구성되어 있고 이들은 각각 아래에 제시되 어 있는 <표12>와 같이 팀별 업무를 분장하고 있다.

〈표12〉 시·도 센터 팀별 주요업무

구분	주 요 업 무
대외협력팀 (3면)	• 예산, 인사, 회계, 관리, 전산 등 지원업무 • 센터운영에 관한 기본계획의 수립, 조정 및 총괄 • 청소년관련자원(기관, 서비스)의 분석, 발굴, 관리, 공유 및 유용성제고 • 업무협약체결 및 협력 네트워크 구축, 운영 • 운영협의회, 실행위원회 학교지원단, 1388 청소년지원단 운영관리

	• 상담통계 및 유형분석, 관리, 사례집 발간 등 • 센터 소개 책자, 리플렛 등 발간 및 홍보에 관한 사항

상담지원팀
(4~5명)
	• 청소년 및 부모대상 상담
	• 가출, 학업중단, 인터넷 중독, 자살, 새터민·다문화 등 위기청소년 통합지원 업무
	• 학교폭력, 성폭력 등 피해 및 가해 청소년 상담지원 업무
	  - 경찰관서에서 성매수 피해 청소년에 대한 조사를 위해 상담자 동석을 요청할 때 상담지원 등
	• Help call 청소년전화 1388 운영
	• 청소년동반자 프로그램 운영관리 및 지원
	• 상담 프로그램 개발 및 운영(성교육, 인터넷 중독, 학교폭력 등)
	• 특별지원대상 청소년지원, 예방적 회복적 보호지원
	  - 특별지원 사업지역에서는 전담직원 1명 배정
	• 센터의 상담지원에 관한 사항

위기지원팀 (3명)	• 위기청소년 긴급구조, 보호시설 연계, 의료, 법률서비스 지원활동 • 청소년 피해사례 신고접수, 유해환경 신고접수, 인계 • 일시 보호시설 운영 • 사회복무요원 근무 지원 • 방문심리 치료 프로그램 운영 • 폭력 등 위기 청소년에 대한 의료, 법률서비스 제공
자활연수팀 (3~4명)	• 지역내 위기청소년 현황 실태조사 및 관리 • 청소년 직업체험 프로그램 운영, 직업능력향상(직업소개), 진로지도, 자활자원사업 • 교육 및 연수 프로그램 개발, 보급 등 교육연수 및 홍보사업 • 인턴십 및 실습상담제도 운영
자립지원팀 (4명)	• 위기 청소년의 자립준비를 위한 토탈 자활지원사업(두드림존 운영) - 자립동기화, 자립기술 습득, 사회진출 지원 등 • 학원중단 청소년의 학업복귀를 위한 지원사업(해밀사업)

청소년상담복지센터는 업무 분장에서 보듯이 전문적인 상담 지식과 역량을 요구하고 있다. 이에 대학 및 대학원에서 상담 및 관련 전공 학위를 취득한 자 가운데 선발하고 있다. 직위에 따른 선발 자격기준을 보면 다음 <표13>와 같다.

〈표13〉 시·도 센터 선발자격기준

구 분	자 격 기 준

소장	• 대학원의 상담 및 지도관련 분야 박사학위를 취득하거나 과정을 이수 한 후 상담 및 지도관련 실무에 3년 이상 경력이 있는 자 • 대학원의 상담 및 지도관련 분야 석사학위 취득한 후 청소년상담 및 지도 관련 실문에 5년 이상 경력 자 • 청소년 관련업무 3년 이상 경력자로서 상담 및 청소년 지도 등에 대한 능력과 자질이 있다고 전문기관 및 단체에서 추천하는 자 중 시, 도지사가 인정하는 사람
팀장	• 대학원의 상담 및 지도관련 분야 박사학위를 취득하거나 과정을 이수한 후 상담 및 지도관련 실무에 1년 이상 경력자 • 대학원의 상담 및 지도관련 분야 석사학위 이상 취득 후 상담 및 지도관련 실무에 3년 이상 경력자 • 팀원으로 3년 이상 근무한 자
팀원	• 대학원의 상담 및 지도관련 분야 석사학위 이상 취득 후 상담 및 지도관련 업무를 수행할 수 있다고 인정되는 자 • 대학의 상담 및 지도관련 분야 학사학위 이상 취득 후 상담 및 지도관련 분야 학사학위 이상 취득 후 상담 및 지도관련 실무에 1년 이상 경력이 있는 자 • 4년제 대학 졸업 후 상담 및 지도관련 실무에 2년 이상 경력이 있는 자 • 청소년상담사, 청소년지도사, 사회복지사로서 상담 및 지도관련 실무에 2년 이상 경력이 있는 자
행정원	• 2년제 이상 대학을 졸업하거나 이와 동등한 학력이 있는 자로서 해당업무 수행이 가능한 자
생활지도원 (일시보호 시설근무)	• 대학의 상담 및 지도관련 분야 학사학위 이상 취득한 후 상담 및 지도관련 업무를 수행할 수 있다고 인정되는 자 • 4년제 대학 졸업 후 상담 및 지도관련 실무에 6개월 이상 경력 자 • 청소년상담사, 청소년지도사, 사회복지사로서 상담 및 지도관련 실무에 1년 이상 경력자

청소년상담복지센터에서 사용하는 위기 청소년 보호 관리를 위한 시

스템은 위기 청소년 사회 안전망으로 CYS-Net(Community Youth Safety Network)으로 통칭하고 있다. 이에 대한 자세한 설명은 다음과 같다.

※ 지역사회 청소년 통합지원체계(CYS-Net)

2005년 4월 청소년위원회 출범시 위기청소년 사회안전망(CYS -Net: Community Youth Safety Network)구축을 주요 정책과제로 추진하고 개별적, 파편화되었던 위기청소년 지원 서비스를 통합하여 맞춤형 원스톱 서비스 체제를 구축하게 되었다. 그 후 2009년 5월 1일 국가정책조정회의에 위기청소년 보호·관리 개선방안을 상정하였으며, 중앙부처 협의체를 구성하여 지자체 관련 기관 간 연계강화를 위한 총리훈령을 제정하고, 학업 중단자 정보를 제공하는 근거를 마련하게 되었다.

2009년 6월 보건복지부와 교육부 합동으로 학교부적응·학업중단 청소년 예방 및 지원방안에 대한 정책을 국무회의에서 보고하고 전문상담교사 미배치· Wee센터 미설치 지역의 학생은 교육청에서 CYS-Net으로 연계 및 우선 사례관리 하는 CYS-Net과 Wee 센터 간 협력 강화하기로 하였다. 2009년 11월 지역사회청소년통합지원체계 구성 및 운영에 관한 규정(총리훈령)을 공포하고 시행하기에 이르렀다.

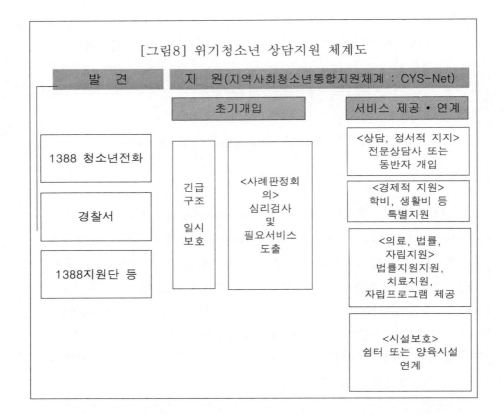

[그림8] 위기청소년 상담지원 체계도

발 견	지 원(지역사회청소년통합지원체계 : CYS-Net)	
	초기개입	서비스 제공·연계

발 견
- 1388 청소년전화
- 경찰서
- 1388지원단 등

초기개입
- 긴급구조
- 일시보호
- <사례판정회의> 심리검사 및 필요서비스 도출

서비스 제공·연계
- <상담, 정서적 지지> 전문상담사 또는 동반자 개입
- <경제적 지원> 학비, 생활비 등 특별지원
- <의료, 법률, 자립지원> 법률지원지원, 치료지원, 자립프로그램 제공
- <시설보호> 쉼터 또는 양육시설 연계

4) 건강가정지원센터

건강가정지원센터는 수요자 중심의 서비스 전달체계를 갖추고 지역 주민의 특성을 고려한 맞춤형 가족지원서비스를 제공함으로써 가족의 안정성 강화 및 가족관계 증진을 목적으로 한다. 중앙건강가정지원센터는 가족서비스 전달체계의 중추기관으로서 지방건강가정지원센터 운영을 지원하고 강화하는 역할을 수행한다. 중앙건강가정지원센터는 ①다양한 가족지원 프로그램 개발 및 보급, ②가족관련 정보 구축 및 보급, ③전국단위 대국민 홍보, ④센터 종사(예정)인력 등에 대한

교육, ⑤지방건강가정지원센터 사업운영 지원, 평가 실시를 한다.

　　그리고 지방건강가정지원센터는 지역주민의 가족생활과 관련한 문제를 종합적으로 상담하고 관련 서비스를 직접 제공하는 창구 역할을 수행하는 바, ①다양한 가족형태에 맞는 가족교육 및 가족 상담, ②지역 주민 대상의 가족문화 개선·홍보 사업, ③지역주민의 가족서비스 욕구조사, ④지역사회 가족관련 정보 제공, ⑤가족 돌봄 기능지원 및 한부모·조손가족 등 다양한 가족 지원서비스를 진행한다. 센터의 규모는 2012년 9월말 현재 중앙센터 1개, 지방센터 148개가 운영되고 있다.

　　건강가정지원센터는 가족 상담 및 교육, 집단상담, 개인상담을 포함한 다양한 상담역량을 요구하는 경우가 많다. 따라서 상담자들이 전문성을 갖추고 활동할 수 있는 장소이다.

5) 성폭력 One-stop 지원센터

　　성폭력 One-stop 지원센터는 성폭력·가정폭력·학교폭력·성매매 피해자 등에 대하여 365일 24시간 상담, 의료, 법률, 수사지원을 원스톱으로 제공함으로써, 피해자가 폭력피해로 인한 위기상황에 대처할 수 있도록 함이다. 추진방향은 성폭력·가정폭력 및 성매매 등 폭력피해자에 대하여 상담-의료-수사-법률지원의 24시간 one-stop 운영체계를 구축하여 협조 가능한 가용 인력·시설 등을 활용, 운영의 극대화를 시킨다.

　　예컨대, 여성가족부는 예산 확보, 피해자 의료비, 법률구조비 지원하고 시·도는 센터 설치 및 운영지원, 예산교부를 하며 경찰청에서는 수사지원과 파견근무(여경 3인, 24시간 교대근무)를 담당하고 센터 설치병원은 시설 공간(20평 이상) 및 의료 인력을 제공한다. 2012년 현재 센터 설치 현황은 전국 16개소가 운영 중이다.

<표14> 센터 설치 현황

순	구분	소재지	위탁기관	개소일	전화번호
1	서울센터	서울특별시 송파구	경찰병원	'05.8.31	02-3400-1117
2	보라매센터	서울특별시 동작구	보라매병원	'08.12.3	02-870-1700
3	인천센터	인천광역시 동구	인천의료원	'06.3.31	032-582-1170
4	강원센터	강원도 춘천시	강원대병원	'06.2.2	033-243-8117
5	충북센터	충청북도 청주시	청주의료원	'06.2.8	043-272-7117
6	전북센터	전라북도 전주시	전북대병원	'06.2.28	063-278-0117
7	경북센터	경상북도 안동시	안동의료원	'06.1.12	054-843-1117
8	대구센터	대구광역시 서구	대구의료원	'06.5.9	053-556-8117
9	광주센터	광주광역시 동구	조선대병원	'06.9.4	062-225-8117
10	대전센터	대전광역시 중구	충남대병원	'06.9.7	042-280-8436
11	경기센터	경기도 수원시	아주대병원	'06.11.10	031-216-1117
12	경기북부센터	경기도 의정부시	의정부의료원	'07.9.18	031-874-3117
13	경남센터	경상남도 창원시	마산의료원	'06.12.1	055-245-8117
14	제주센터	제주특별자치도제주시	한라병원	'06.12.8	064-749-5117
15	충남센터	충청남도 천안시	단국대병원	'10.1.13	041-567-7117
16	전남센터	전라남도 순천시	성가롤로병원	'10.1.28	061-727-0117

센터 운영인력은 상담전문가 3명이상, 의료인력 (간호사) 1명, 경찰은 설치지역 지방경찰청 여경 3명, 그리고 행정요원 1명이다. 전문인력별 주요업무는 다음과 같다.

<표15> 전문인력 주요업무

주요기능	전담인력	주요업무
분담업무	• 상담전문가, 행정요원 • 여경	• 연중무휴, 24시간 운영 • 1366, 112, 상담소 등과 연계
상담	• 성폭력 · 가정폭력 상담원 • 상담심리사 • 사회복지사/ 전담간호사	• 피해자심리 안정조치 • 피해자 치유프로그램 운영 - 개별심리상담, 집단상담, 가족상담 - 놀이치료, 미술치료 등

의료지원	• 지정병원 의료진(응급의학과, 산부인과, 소아정신과) • 정신·심리치료사 • 전담 간호사 등	• 응급치료 • 외과 및 정신과 치료 ※ 여성가족부의 의료비 지원 활용
수사지원	• 센터 근무 여경 - 여경 3인 파견근무 • 해당 지방경찰청	• 증거물 채취 • 피해자 진술서 작성 지원 • 피해자 진술 녹화 촬영 등
법률자문	• 자문변호사 • 한국법률구조공단, 한국가정법률상담소, 대한변호사협회 등	• 수사 및 소송절차에 대한 정보제공 • 법률상담, 자문 • 피해자 진술서 작성 지원 • 수사·재판과정에 관여

7) 성폭력상담소

성폭력을 예방하고 성폭력의 피해자를 보호함으로써 건전한 가정 유지 및 해체를 방지하고자 2011년 12월말 현재 전국 165개소가 운영되고 있다. 상담소의 설치는 국가 또는 지방자치단체, 국가 또는 지방자치단체 외의 자는 시장·근수·구청장에게 신고하여 설치 운영할 수 있다. 전문인력은 상담소장 1인, 상담원 2인 이상이며 자격은 성폭력방지 및 피해자보호등에 관한 법률 시행령 제7조를 참조하면 된다. 상담소의 업무는 다음과 같다.

○ 성폭력피해를 신고 받거나 이에 관한 상담에 응하는 일
○ 성폭력으로 인하여 정상적인 가정생활 또는 사회생활이 곤란하거나 그 밖의 사정으로 긴급히 보호할 필요가 있는 사람과 성폭력 피해자보호시설 등의 연계
○ 피해자의 질병치료와 건강관리를 위하여 의료기관에 인도하는 등 의료지원
○ 피해자에 대한 수사기관의 조사와 법원의 증인신문 등에의 동행

○ 성폭력행위자에 대한 고소와 피해배상청구 등 사법처리 절차에 관하여 대한법률구조공단 등 관계 기관에 필요한 협조 및 지원 요청
○ 성폭력 예방을 위한 홍보 및 교육
○ 그밖에 성폭력 및 성폭력피해에 관한 조사·연구

8) 가정폭력상담소

가정폭력상담소는 가정폭력을 예방하고 가정폭력 피해자를 보호함으로써 건전한 가정유지 및 가정해체를 방지하고자 가정폭력방지 및 보호 등에 관한 법률에 의거 운영한다. 상담소의 업무는 다음과 같다. 가정폭력을 신고 받거나 이에 관한 상담에 응하는 일, 가정폭력으로 인하여 정상적인 가정생활 및 사회생활이 어렵거나 기타 긴급히 보호가 필요한 피해자에 대해 임시보호를 하거나 의료기관 또는 가정폭력 피해자보호시설로의 인도, 행위자에 대한 고발 등 법률적 사항에 관한 자문을 얻기 위한 대한변호사협회나 지방변호사회 또는 대한법률구조공단 등에 필요한 협조와 지원의 요청, 경찰관서 등으로부터 인도받은 피해자의 임시보호, 가정폭력의 예방 및 방지에 관한 홍보, 기타 가정폭력 및 피해에 관한 조사·연구, 지역사회에 대하여 캠페인, 지역신문, 생활정보지, CATV, 반상회보 등을 활용하여 홍보활동을 시행한다.

상담소의 설치는 국가 또는 지방자치단체, 국가 또는 지방자치단체 외의 자는 시장·군수·구청장에게 신고하여 설치·운영하며, 49.59㎡ 이상 규모에 사무실, 면접상담실, 전화상담실, 회의실, 보호실, 임시보호 업무수행시· 비상재해대피시설이 확보하여야 한다. 상담소에는 상담소장1인, 상담원 2인 이상 상담 및 임시보호업무에 필요한 종사자를 두어야 하며, 상담원의 자격은 국가 또는 지방자체단체, 학교법인, 법률구조법인, 사회복지법인 등 비영리법인에서 상담원 교육과정을 개설하는 기관에서 100시간 이상 이수하여한다. 상담소는 2012년 현재 244

개소가 운영되고 있다.

〈표16〉 성폭력·가정폭력설치운영현황

구분	합계	서울	부산	대구	인천	광주	대전	울산	경기	강원	충북	충남	전북	전남	경북	경남	제주
전문	244	37	11	6	12	12	5	5	54	10	9	17	11	12	25	13	5
통합	31	3	3	2	2	2	–	1	4	4	1	1	–	–	6	–	2

9) 여성긴급 1366센터

여성긴급 1366센터는 가정폭력·성폭력·성매매 등으로 긴급한 구조·보호 또는 상담을 필요로 하는 여성들이 언제라도 전화로 피해상담을 받을 수 있도록 전국적으로 통일된 국번 없는 특수전화 「1366」을 「365일 24시간」 운영하여 여성인권을 보호하기 위하여 설치되었다. 관련법령은 가정폭력방지 및 피해자보호 등에 관한 법률 제 4조 제1항에 의거하여 전화권역(시·도)별로 설치·운용하여 피해자에 대하여 1차 긴급상담, 서비스 연계(의료기관, 상담기관, 법률구조기관, 보호시설 등) 등 위기개입 서비스 제공한다.

2012년 현재 전국 17개 시·도에 18개소가 설치(경기도 2개소)되어 운영되고 있다. 인력배치는 전담직원 1인을 포함하여 9~10인 이내이며 상담교육을 받은 자원봉사자 4~9인 이상을 배치하여 운영한다. 운영체계방법은 24시간 핫라인(Hot-Line) 운영으로 서비스 대상자에 대하여 365일 24시간 긴급상담 및 안내·보호 조치를 취할 수 있도록 8시간 3교대 근무체계로 전담직원 배치(야간에는 2명 이상 반드시 배치)운영한다. 또한 긴급보호 조치로 긴급상황에 처한 피해자를 근거리 상담소, 보호시설, 112, 119 등으로 즉시 조치될 수 있도록 관련 기관에 대한 긴급연락망 구축 및 협조체계를 유지하며 유관기관과의 네트워크 구축으로 정보를 제공한다.

10) 이주여성긴급지원센터(1577-1366)

2011년 1월 현재 결혼이민자는 211,458명으로 '10년도(181,671 명)에 비해 16.4% 증가하였으며, 성별로는 여성이 89.2%, 국적취득자는 33%에 달한다. 10년 현재 국제결혼건수는 34,235건으로 총혼인건수(326,104건) 대비 국제결혼비율 10.5%으로 한국에서 결혼한 10쌍 중 1쌍은 국제결혼을 하고 있다. 그러나 문화적 갈등, 언어적 문제 등으로 인한 가정폭력이 증가하고, 심각한 경우 사망, 살해사건까지 발생하는 등 이주여성에 대한 폭력문제가 사회문제로 대두되고 있다.

센터는 가정폭력, 성폭력, 성매매 등 폭력피해 이주여성에게 365일 24시간 모국어 상담 및 긴급지원서비스를 수행하며 다국적 이주여성으로 구성된 상담원이 가정폭력, 가족갈등, 성폭력, 성매매, 체류, 법률 등 상담이 주요 업무이고 부수적으로 베트남어, 중국어, 영어, 필리핀어, 몽골어, 러시아어, 태국어, 캄보디아어, 우즈벡어, 일본어, 한국어 등 11개 국어 상담을 지원한다.

전국 어디서나 국번 없이 통화가능 한 전용 상담 1577-1366을 운영하고 있고, 2012년 현재 운영현황은 전국 7개(서울, 수원, 대전, 광주, 부산, 전주, 구미)소가 운영되고 있다. 또한 가정폭력 등 피해 이주여성 및 동반아동의 일시 보호 및 신체적·정서적 안정 등을 지원하는 시설인 이주여성쉼터를 운영하고 있다.

2012년 운영현황은 전국 시·도별 1개소(총 18개소/서울,경기 각 2개소)를 운영하고 있다. 그리고 가정폭력 등 피해 이주여성 및 동반아동의 주거제공, 직업훈련 등 자활을 지원하는 시설인 이주여성 자활지원센터를 운영 중에 있다. 주요기능은 폭력피해 이주여성과 동반아동에 대한 주거 및 기초생활 지원, 이주여성 자활을 위한 직업기술교육

훈련, 취업알선 등 취업·창업 교육 및 외부전문교육훈련기관 연계, 한국어 교육, 컴퓨터 교육, 생활문화 교육 등 사회정착을 위한 교육, 취·창업 후 사후관리, 동반아동의 육아 및 보육지원 등 다양한 활동을 하고 있다. 폭력피해 이주여성과 동반아동의 주거 및 자립을 지원하는 시설인 이주여성 그룹 홈을 운영하는데 유일하게 서울 1개소만 운영되고 있다.

11) 해바라기여성·아동센터

해바라기여성·아동센터는 성폭력방지 및 피해자보호등에 관한 법률 제18조(피해자를 위한 통합지원센터의 설치·운영)에 의하여 성폭력 피해에 대하여 의학적 진단 및 평가와 치료, 응급구조 그리고 지지체계로서의 가족 기능 강화를 위한 의료 및 심리적 지원과 신고 및 소송 등 법적 서비스를 One-Stop으로 제공한다. 19세 미만 성폭력 피해 아동·청소년과 정신지체 장애인이 성폭력의 피해로부터 벗어나 정상적인 발달과 적응을 돕고 나아가 성폭력 피해를 예방하기 위한 사업을 진행한다. 2012년 현재 전국 15개 센터가 운영 중이며 해바라기여성·아동센터의 지원내용은 다음과 같다.

〈표17〉 전문인력 주요업무

사 업	내 용
상담 및 심리치료 지원	• 사례접수 및 면담조사(24시간 응급상담) • 피해자 및 가족에 대한 상담을 통한 심리안정 조치 • 피해자 치료 프로그램 운영 　- 개별심리상담, 가족상담, 놀이치료, 미술치료 등 • 유관기관과의 연계

의료 지원	• 24시간 응급조치 및 응급치료 • 외과 및 산부인과·정신과 등 치료 • 피해자 진료 및 진단서 발급 / 성폭력 응급키트 조치
수사·법률 지원	• 수사 및 소송절차에 대한 정보제공 • 증거물 채취 / 피해자 진술서 작성 • 진술녹화 실시 등 법적 증거 확보 • 소송지원
기타	• 피해자 보호를 위한 긴급구조 지원체계 운영 및 지역연계망 구축 • 피해자 지원을 위한 자문가 그룹 운영 • 폭력 예방을 위한 홍보, 교육, 운영위원회 구성·운영

12) 다문화가족센터

다문화가족센터는 다문화가족의 안정적인 정착과 가족생활을 지원하기 위해 한국어·문화교육, 가족교육·상담, 자녀지원, 직업교육 및 다문화인식개선 등 다양한 프로그램을 통합적으로 제공 및 연계하는 원스톱 서비스 기관이다. 본 센터에서 운영하는 사업은 경제적 어려움 및 지리적 접근성의 문제로 집합교육에 참석하기 어려운 결혼이민자 및 그 가족 대상으로 전문지도사를 양성, 가정으로 파견하여 지원하는 방문 교육 사업이 있다. 한국어 지도사 혹은 아동양육지도사가 대상가정을 주 2회 2시간씩 방문·지원을 하면 서비스 제공기간은 총 10개월이다.

그리고 결혼이민자를 통·번역 전문인력으로 채용하여 의사소통이 어려운 결혼이민자에게 통·번역 서비스를 제공하는 결혼이민자 통·번역서비스 사업이 있다. 이 사업의 내용은 가족생활 및 국가간 문화차이 등 입국초기 상담과 결혼이민자 정착지원 및 국적·체류 관련 정보

제공 및 사업 안내, 임신·출산·양육 등 생활정보 안내·상담 및 교육과정 통역, 가족간 의사소통 통역, 행정·사법기관, 병원, 학교 등 기관 이용 시 통·번역, 위기상황 시 긴급지원, 전화 및 이메일 통·번역 업무 처리등을 포함하고 있다. 2012년 현재 전국 282명의 통·번역전담인력이 활동 중이다.

다문화가족 자녀 언어 발달 지원 사업은 다문화가족의 자녀에 대한 체계적이고 전문적인 언어발달지원을 통해 이들이 건강한 사회 구성원, 나아가 글로벌 인재로 성장할 수 있도록 지원하는 프로그램이다. 주 사업 내용은 다문화가족의 만 12세이하 자녀에 대한 언어발달 진단 및 교육이다.

상담과 직접적인 관계는 없지만 언어영재 교실 사업은 다문화가족 자녀를 대상으로 결혼이민자의 주요 출신국 언어 수업을 통해 다문화 감수성을 지닌 글로벌 인재로 성장할 수 있도록 지원하고 있다.

3. 보건복지부

1) 정신건강증진센터

정신건강증진센터는 정신보건법 제13조(지역사회정신보건사업 등)에 의해 지역사회 중심의 통합적인 정신질환자 관리체계를 구축함으로써 정신질환의 예방, 정신질환자의 조기발견·상담·치료·재활 및 사회복귀를 도모하기 위해 설립되었다. 2012년 현재 전국 151개가 운영 중이며 지역사회중심의 통합적인 정신보건서비스를 제공하기 위한 기반을 구축한다. 사업내용은 다음과 같다.

<표18> 정신보건센터 사업내역

기본사업	특수사업
○ 지역 정신보건사업의 기획 및 자원조정 ○ 대상자 발견·등록 및 사례관리 ○ 대상자 의뢰체계 구축 및 운영 ○ 정신건강전화(1577-0199) 운영 ○ 청소년 정신건강 조기검진 및 조기중재 ○ 주간보호(day care) 프로그램 ○ 자살예방사업 ○ 정신질환 예방, 정신건강증진사업 ○ 정신질환 편견해소 홍보 ○ 지역내 정신보건관련 자문 및 보건복 지 인력 교육 - 보건소 공무원, 사회복지전담공무원, 관련 교사, 자원봉사자 등을 대상으로 연 2회 이상 교육 ○ 정신질환자 가족 교육(연 6회이상) 및 모임 지원 ○ 자원봉사자 관리 및 연결 ○ 운영위원회 운영	○ 거점정신보건센터 사업(시·도로부터 거점센터로 지정받았을 경우) - 관내 정신보건시설 등에 대한 기술 지원 및 평가, 교육훈련, 홍보책자 개발 등 시·도 정신보건사업 지원 ○ 직업재활프로그램 ○ 알코올중독환자 재활프로그램 ○ 조건부 수급자 재활프로그램 ○ 응급상담서비스 ○ 아동·청소년 정신보건사업 ○ 노인 정신보건사업 ○ 직장인 정신건강증진사업 ○ 노숙인 정신보건사업, 미인가시설 정신 질환자 진료 및 관리 ○ 새터민, 해외 이주여성 및 혼혈자녀 정신건강상담서비스 ○ 가족지원사업(후원금품 연결, 저소득층 환자 및 가족에 대한 의료비지원 등 사회경제적 지원)

　　정신보건서비스는 대상자를 5단계 분류하고 단계에 맞는 정신건강 서비스를 제공한다. 대상자 관리 방법은 단계별 대상자 관리의 효율성을 높이기 위해 관내 의료기관, 정신보건시설, 방문보건요원 등이 참여하는 사례관리회의를 매분기 1회 이상 개최하고 각 단계에 부합되는 통합서비스를 제공한다. 5단계 대상자는 정신의료기관이나 의료기관으로 연계하고 1단계로 향상된 대상자는 방문보건팀 등과 연계하여

대상자 및 가족지원체계를 마련하며 대상자 등록 관리기간은 2년 이하를 원칙으로 하되, 악화되었을 경우 대상자 기능 평가결과를 근거로 재등록 관리한다.

<표19> 정신보건서비스 대상자 단계별 분류

단계	내 용
1단계	증상이 없거나, 일시적인 스트레스에 대한 예상가능 한 반응을 하므로 가정에서 생활이 가능한 단계(방문보건사업 연계)
2단계	가벼운 몇몇 증상(우울한 정서와 가벼운 불면증) 또는 사회적, 직업적, 학교기능에서 약간의 어려움이 있으며, 일반적인 기능은 꽤 잘되는 편이나, 의미 있는 대인관계에는 약간의 문제가 있는 단계
3단계	중간 정도의 증상(무감동한 정서와 우회증적인 말, 일시적인 공황상태 등) 또는 사회적, 직업적, 학교 기능에서 중간 정도의 어려움(친구가 없거나 일정한 직업을 갖지 못함)이 있는 단계
4단계	심각한 증상(자살 생각, 심각한 강박적 의식, 빈번한 소매치기 등)또는 사회적, 직업적, 학교기능에서 심각한 손상이 있는 단계
5단계	자신이나 타인을 해할 위험이 있거나 의사소통과 판단에 심각한 손상 등이 있어서 정신과적 치료를 요하므로 의료기관으로 연계해야 하는 단계(의료기관 연계)

2) 알코올상담센터

인구 20만 이상 지역(시·구)에 알코올 의존자와 그 가족 등 지역주민에게 알코올 의존의 예방·치료 및 재활을 위한 상담과 훈련을 행하는 시설인 알코올상담센터를 설치·운영함으로써 알코올문제 발생을 예방하고, 발생된 알코올 의존자를 재활·사회복귀시킴으로써 국민건강증진을 도모한다. 정신보건법 제48조 및 제 52조에 근거하여 운영되며 이용대상자는 지역주민으로 하되 알코올 의존자, 문제 음주자와 그 가족 등은 우선 서비스대상자로 분류하여 맞춤형 서비스를 제공한다. 그리고 의료기관 또는 시설 등에서 퇴원(소)한 알코올 의존자는 사회적응훈련을 필요로 할 경우와 기타 알코올관련 상담 및 재활훈련서비스가 필요한 자는 서비스를 받을 수 있다. 2012년 현재 전국 30개 센터가 운영 중이다. 사업내용은 〈표20〉와 같다.

〈표20〉 알코올상담센터 사업내용

구 분	사 업 내 용

기본사업	○ 알코올남용 및 의존자 발견·등록사업
	 * 음주문제 조기발견 검진도구(성인 및 청소년)를
	  활용하여 문제음주자 조기발견 및 상담연계
	○ 알코올의존자 및 가족전화·내방상담·교육
	○ 알코올의존자 재활프로그램 개발 및 시행
	○ 알코올의존자 및 가족 사례관리
	○ 학생, 직장인, 지역주민 대상 알코올문제예방홍보·
	  교육·자문 및 프로그램 진행
	○ 지역사회 자원발굴 및 유관기관과의 연계체계 구축
	○ 지역내 알코올문제자 조기발견 및 치료연계
	○ 자원봉사자 관리 및 연결
	○ 운영위원회 운영(월 1회, 자문위원회는 필요시)

특수사업	○ 음주운전자 및 음주범죄자 보호관찰 (수강명령 및 상담명령)프로그램 ○ 지역사회 학교와 연계한 방과후 프로그램 운영 ○ 지역사회 조사사업 ○ 주간보호(day care)프로그램 ○ 알코올의존자 및 가족 자조모임 지원 ○ 알코올문제 관련 세미나 ○ 소식지 발간 ○ 사이버 상담 등 ○ 직업재활 준비 및 타기관 재활프로그램 연계 등

4. 국방부

국방부는 2005년부터 군 생활 중에 장병의 고충을 청취하고 안정적 복무를 저해하는 불안정적인 요소를 파악하여 다양한 계통과 방법으로 지원하는 병영생활 전문상담관을 운영하고 있다. 역할은 군 생활 부적응 장병들의 주기적인 상담을 통하여 부적응 장병의 심리적 안정을 도와주고 자살예방교육, 안전보건과 관련된 일과 복무환경 개선요소를 지휘관에게 조언하는 임무를 수행한다. 또한 가족관계 및 개인신상 문제, 인권침해 등으로 인한 장병의 고충과 장기복무와 잦은 이사 등으로 어려움을 겪고 있는 군인가족에 대하여 해당 부대의 지휘관에게 필요한 조치를 요청하는 등 적응에 필요한 지원을 돕는다. 2012년 현재 199명이 활동하고 있으며 2017년까지 연대급 제대당 1명씩 총 350여명이 배치되어 활동하게 된다.

<표21> 병영생활전문상담관 배치 현황

연도	2005	2006	2007	2008	2009	2010	2011	2012	2012
인원	4명	7명	20명	106명	105명	106명	97명	159명	199명

5. 경찰청

경찰청에는 피해자 상담 전문요원인 케어팀이 있다. 심리학 전공자를 대상으로 경장 특채로 6개월간의 체력훈련을 받고 배치된다. 피해자심리전문 요원은 수사 상황을 설명해 주고 연락처를 남겨 네트워크를 형성한 다음, 사건 종결 후 심리적 변화를 봐 가면서 도움을 주게 된다. 2007년 3월 치안수요가 많은 5개청(서울, 부산, 대구, 인천, 경기)을 시작으로 현재 35명이 활동 중이다. 그 역할을 보면 강력범죄의 피해자중심으로 운영되고 있는 바 강력범죄 발생시 현장 출동하여 적극적인 위기개입으로 심리지원을 비롯, 각종 피해자 지원단체 연계 등의 임무를 수행하며 평상시에는 일선경찰관 교육. 자문, 지원단체와 연락체제 유지 등 기본업무를 한다. 현재 행정안전부에 지방청에 대한 치안수요를 참작, 피해자심리전문요원의 인력을 확대할 방침이다.

상담행정의 물적·재정적 지원

제3장

3장 상담행정의 물적·재정적 지원

상담정책은 인적자원과 물적·재정적 지원에 의해서 현실에서 집행하게 된다. 물적, 재정적 지원은 상담서비스 구현이 가능하도록 환경을 구축하고 설비를 갖추며 상담시스템이 구동되도록 예산을 확보하는 일을 말한다. 상담시설 및 환경구축에 있어서는 물리적 시설이나 환경 뿐만 아니라 내담자에게 최적의 서비스를 제공할 수 있는 심리적 환경을 구축하는 일도 포함된다.

또한 예산의 경우 국가 및 지자체 예산의 성격, 예산편성 절차, 예산의 종류 등을 상담자가 이해하고 있어야만 적절한 시기에 효과적 방법으로 예산을 확보하고 이에 따른 계획을 수립할 수 있다. 이에 본 장에서는 상담시설 및 환경구축과 예산과 관련된 제반 사항을 살펴보고자 한다.

1. 상담시설 및 환경구축

상담시설이란 내담자가 어떤 문제에 대해서 스스로 올바른 선택과 성장을 도모하는 데 필요한 다양한 시설을 일컫는 것이다. 이는 법적으로 정해져 있지 않지만 내담자의 최적 성장을 위하여 특수한 요건을 충족해야 한다.

상담서비스가 제공되는 공간은 일반 사무실이나 회의장 등과는 다른 특별한 공간이다. 심리적 어려움을 가진 내담자는 상담소에서 자신의 내면의 세계를 드러내야 하고, 문제를 적극적으로 탐색해야 하며 대안을 찾아가는 과정이기에 상담공간은 내담자의 비밀 유지와 사생활의 보호, 편안한 분위기 창출이 가능하도록 설계해야 한다.

1) 사무실

사무실은 상담소 근무자들이 일상적 행정업무를 수행하는 공간이다. 상담 사무실을 설계하는 경우 관심을 기울여야 하는 부분은 상담 사무실의 개방 정도이다. 너무 개방적인 사무실인 경우 내담자가 찾아왔을 때 모든 상담자들의 시선이 내담자에게 집중될 수가 있다. 이때 소극적인 내담자의 경우 심적 부담감을 느낄 수 있다. 지나치게 폐쇄적인 경우 누구에게 도움을 청해야 할지 주저하게 만들 수 있다. 따라서 상담기관의 특성에 따라 개방형 또는 폐쇄형 사무공간을 적절히 반영해야 한다.

(개방형)   (폐쇄형)

2) 상담실

상담실은 상담자가 실제로 상담을 진행하는 장소로 내담자의 자기

개방을 촉진하고 편안함을 느끼며 상담서비스를 제공하는 데 적절하도록 구축하여야 한다. 예를 들어 개인 상담실이 지나치게 넓은 경우 내담자와 상담자가 서로가 주의를 기울이기가 힘들고, 상호작용하기 어려우며 결과적으로 자기 개방을 방해하게 된다. 또한 지나치게 작은 경우 심리적 부담감을 느끼며 위축된 행동을 보여 적절한 도움을 받지 못할 수 있다.

따라서 상담실은 가능한 내담자가 편안한 마음으로 왕래할 수 있고 출입 사실이 노출되지 않는 곳에 위치하는 것이 좋다. 전체적으로 아늑한 분위기로 채광, 통풍, 냉·난방 등이 적절하여 쾌적하고 밝은 분위기를 조성한다. 그리고 개인의 내부 세계를 자발적으로 개방하는데 장애 없이 몰두하고, 안정된 분위기를 자아낼 수 있는 조용한 장소여야 한다. 상담실은 사적인 내용이 오고 가는 장소이므로 바깥 소리가 안으로 유입되거나 상담내용이 바깥으로 나가지 않도록 방음이 가능하도록 설계하여야 한다. 방음이 충분하지 않은 경우 흡음기를 활용한다.

상담실 위치는 상담실의 운영이나 상담자의 자질 등에 비하여 중요성이 다소 덜하지만 상담을 활성화하고 효과적으로 운영하는데 중요한 영향을 끼치기 때문에 세심한 주의가 필요하다. 예컨대 우울감이 있거나 불안 등 정서적으로 어려움이 있는 내담자가 상담실을 방문하는 경우 입구부터 어두운 상담실에 들어온다면 정서에 나쁜 영향을 줄 수 있을 뿐 아니라 무의식적으로 그 장소를 회피할 수도 있다. 공간이 협소하더라도 가능한 한 밝은 곳에 설치하는 것이 중요하다.

상담 장면에서의 내담자 위치는 광선이나 출입구 쪽으로 마주보지 않게 자리를 마련하여 문을 열었을 때 정면으로 마주치지 않도록 한다. 특별한 경우 상담자는 출입구 쪽으로 앉아서 내담자를 통제 관리할 수 있도록 하며 조치가 필요할 경우 신속히 대처할 수 있도록 한다.

공간 구성은 원탁으로 의자 3-4개를 둥글게 배치할 수 있을 정도가 적당하며 바르게 앉을 수 있는 의자에 쿠션을 비치하여 내담자가 자유롭게 이용할 수 있도록 한다. 의자의 배열은 내담자와 정면으로 마주 앉는 자세보다는 서로의 시선을 편안하게 할 수 있도록 각도를 다르게 하는 것이 편안함을 줄 수 있다. 둥근 테이블에 의자를 배열할 경우에는 내담자가 앉고 싶은 자리를 먼저 선택하게 하고나서 상담자가 자리를 잡는 것도 바람직하다.

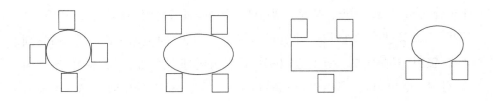

가구의 경우 사무용 가구보다는 부드러운 곡선형태의 테이블과 의자를 배치하여 편안하고 안락한 환경을 조성한다. 상담진행 과정에서 대상 내담자와 문제 유형에 따라 내담자와 상담자 사이에 중간 테이블을 두는 경우와 그렇지 않은 경우 어느 것이 상담효과를 촉진하는 것인지 판단하여야 한다. 이때 내담자의 의견을 존중하여 판단하도록 한다.

위기 상황에 대처하기 위한 벨이나 인터폰을 설치할 수는 있으나 전화기 등은 상담을 방해할 수 있으므로 비치하지 않는 것이 바람직하다. 1인 상담실인 경우 상담 중에는 벨소리를 무음으로 둔다. 상담실에는 상담에 필요한 간단한 필기도구와 기록일지, 휴지 등을 구비해 놓는다.

<쇼파형 상담실>　　　　　<테이블형 상담실>

4) 일방경(one-way mirror)과 양방향 스피커 설치

상담실에는 교육·슈퍼비전·관찰을 목적으로 일방경과 양방향 스피커를 설치할 수 있다. 상담 장면은 공개하지 않는 것이 원칙이나 인턴 및 전공자들의 전문성 향상을 위한 교육 또는 슈퍼비전을 위해서 실제 상담과정을 관찰할 수 있는 시설로 일방경을 설치한다. 이는 아동이나 학생 상담의 경우 보호자가 상담 진행 과정을 보고자 하는 경우에 사용할 수도 있다. 이때 관찰실과 상담실에 양방향 스피커를 설치하여 상담 대화 내용이 관찰실에서 들을 수 있도록 설계하여야 한다.

<일방경 및 양방향 스피커>

5) 영상장비 및 녹화실

상담 장면은 교육실습이나 슈퍼비전 혹은 보다 나은 상담 서비스 제공을 위해 녹화할 경우가 있다. 이 경우에는 내담자에게 녹화 사실을 안내하고 사전 동의를 얻어 촬영할 수 있다. 상담실이 여러 개인 기관의 경우 녹화실은 별도의 공간에 잠금 해제 장치를 가진 자만 입출입 가능하도록 하여 자료의 기밀성을 유지하여야 한다.

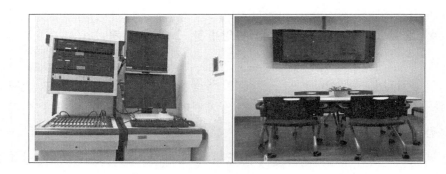

<영상장비 및 녹화실>

6) 심리검사실

내담자에게 심리검사를 실시하는 공간으로 편안한 분위기에서 심리검사에 집중할 수 있도록 안정된 환경을 조성한다. 심리검사실 관리자를 따로 두어 관리하게 하고, 각종 심리검사 도구와 온라인 검사를 대비한 PC 등을 비치한다. 또한 심리검사 결과를 보관할 수 있는 잠금장치가 있는 별도의 보관함을 둔다. 심리검사실이나 상담실의 경우 검사나 상담이 진행되지 않으면 빈 공간으로 간주하여 사적으로 활용하는 경우가 왕왕 있으나 이는 견지하여야 할 행동이다.

<심리검사실>

7) 치료실

미술치료와 놀이치료를 하는 공간으로 내담자들이 치료에 집중할 수 있도록 안정된 분위기를 조성한다. 또한 세면대를 설치하여 미술이나 놀이치료 기구를 만지기 전과 후 손 등을 씻고 도구를 깨끗이 씻어 청결을 유지하도록 해야 한다. 치료도구들은 내담자들이 쉽게 접근할 수 있도록 비치하며, 치료실 관리자를 따로 두어 관리할 수 있도록 한다.

<세면대가 설치되어 있는 치료실>

8) 집단상담(교육)실

내담자들이 특별프로그램 및 집단상담을 실시하는 공간으로 교육에 필요한 장비와 도구들을 비치한다(PC, 빔 프로젝트, 스크린, 칠판, 책걸상 등). 교육실 책임자를 두어 관리하도록 하며, 많은 내담자들이 이용하는 공간인 만큼 항상 청결상태를 유지할 수 있도록 한다.

집단상담실은 집단상담 프로그램 운영 뿐 아니라 다양한 교육, 또는 내방객의 면담장소로 이용할 수 있다. 따라서 외부로 자유롭게 통하는 출입문을 둔다. 공간의 크기는 20-30명 정도 집단프로그램을 진행할 때 자유롭게 활동할 수 있는 크기가 적당하면 16㎡정도는 확보해야 한다. 테이블은 자유롭게 공간을 변형하면서 이용할 수 있도록 2인용을 이어서 배치한다. 의자는 팔걸이가 없는 것으로 하되 가볍고 견고한 것을 선택한다. 테이블에서 사용하는 의자 외에 최대 20명이 활동할 수 있도록 여분의 의자를 비치하는 것이 좋다. 벽면은 그룹작업을 하면서 만든 작품을 붙여놓을 수 있는 재질로 단순하면서도 따뜻한 분위기로 꾸미되 집단상담에 영향을 줄 수 있는 것은 좋지 않다. 프로젝션 TV나 빔 프로젝트는 고정식으로 설치하고 전면엔 화이트보드용 유리판을 부착하여 칠판과 영상화면으로 함께 사용하면 좋다.

〈집단상담 및 교육실〉

9) 접수대 및 로비

방문하는 내담자와 보호자 혹은 동반자가 접수하고 대기하는 공간으로 접수대에는 접수 면접지와 홍보물 등을 비치하여 상담소에 대한 안내와 접수를 돕는다. 로비에는 대기시간에 이용할 수 있도록 서적과 보드게임, PC 등을 비치한다. 접수대와 로비에 대한 관리자를 두어 항상 정돈된 모습을 유지할 수 있도록 한다.

〈접수대 및 로비〉

10) 공통 관리

각 시설 관리담당자를 정하고 관리대장을 만들어서 보관한다. 수시 관리가 필요한 공간(화장실, 탕비실 등)은 공통으로 순번을 정하여 관리하고, 업무의 효율을 위해 사무실에 매주 각실 사용현황표와 상담현황표 등을 기록한다.

〈후식 및 탕비실〉

2. 상담예산 확보 및 배분

상담활동이 원활하게 수행되기 위해서는 양질의 상담인력 확보, 상담에 필요한 시설 및 자료 구비, 상담관련 예산이 필수적으로 수반된다. 이 중에서도 상담사업 예산 확보는 무엇보다도 중요하다. 정부부처 및 지방자치단체에서는 매년 사업 수행에 필요한 예산을 확보하기 위하여 기획재정부와 국회를 상대로 끈질긴 설득 등 다양한 활동을 전개한다.

예산이란 정부가 일정한 기간 즉, 한 회계연도에 있어서의 국가활동에 수반되는 수입과 지출의 예정적 계획으로 국회의 심의·의결을 거쳐 확정하는 것을 말한다. 국가에서 직접 수행하는 사업은 국고로 예산을 편성하여 집행되며, 지방자치단체(교육청포함)에서 수행하는 사업은 지방비로 교부하여 집행하고 있다. 정부예산 편성을 관장하고 있는 기재부는 '13년도 총지출을 342.5조원으로 편성하였고, 이 중에서 교육은 49.1조원, 보건·복지·노동은 97.1조원으로 편성하여 국회에 제출한 바 있다. 정부 및 자치단체에서 시행하는 사업에 참여하고 있거나 할 예정인 상담활동 단체 또는 개인은 예산이 어떻게 편성되는지를 알고 이를 적절하게 활용해야 한다. 즉, 예산이 어떤 절차를 거쳐 편성되고 확정되는지를 살펴보고 필요한 예산이 반영될 수 있도록 정부기관, 국회 등을 상대로 면담, 건의서 등 다양한 활동을 전개할 수 있다. 정부 (국고) 및 지방비(지방교육재정교부금-특별교부금)의 예산편성절차에 대해 간략하게 살펴보면 다음과 같다.

1) 정부 예산 편성

우선 당해 회계연도부터 5회계연도 이상의 기간 동안의 신규 사업 및 기획재정부장관이 정하는 주요 계속사업에 대해 각 부처에서 기획 재정부(이하/기재부)에 중기사업계획서를 제출한다. 기재부는 각 부처 에 다음연도 예산안편성지침을 통보하면 이를 토대로 예산을 편성하 여 예산요구서를 제출한다. 예산협의를 통해 각 부처 의견을 조정하여 국무회의 의결을 거쳐 정부예산안을 회계연도 개시 90일전에 국회에 제출한다. 정부예산안이 제출되면 소관상임위원회에 회부, 예산결산특 별위원회 종합심사, 계수조정 등을 거쳐 본회의 의결을 거쳐 예산이 최종 확정된다(12월 2일). 통상적으로 매년 6월말까지 정부부처의 예산 이 확정되어 기재부로 통보하기 때문에 그 이전에 교육부, 복지부, 여 가부, 국방부 등 정부부처 관계자 면담 등을 통해 예산을 확보하기 위해 노력을 해야 한다. 이 시기를 넘길 경우에는 기재부, 국회 등을 상대 로 관련 사업 확보 활동을 전개해야 하는데, 매우 어려운 과정이다. 정부예산이 수립되고 확정되는 절차를 정리하면 다음과 같다.

<표22> 정부 예산편성 절차

순	시 기	주요 사항	비 고
1	~1.31까지	중기사업계획서 제출 (각부처→기재부)	당해 회계연도부터 5회계연도 이상의 기간 동안의 신규사업

			및 기재부장관이 정하는 주요 계속사업
2	~4.30까지	다음 연도 예산안편성지침 통보	국가재정운영계획과 예산편성을 연계하기 위하여 중앙관서별 지출한도를 포함하여 통보가능
3	6.30까지	예산요구서 제출(각부처→기재부) 성과계획서, 성과보고서 제출 (각부처→기재부)	
4	7월~9월말	정책기관과 예산정책 기본방향 협의 예산협의를 통하여 각부처 의견 조정	자원의 배분과 조정 정당, 언론계, 학계등과의 정책협의회를 통해 여론수렴 장·차관 보고
5	~10.2까지	국무회의 의결 및 정부안 확정 정부예산안 및 국가재정운용계획 국회 제출	회계연도개시 90일전까지 국회 제출 (헌법 제54조 제2항)
6	9.10~(20일간)	국정감사 (예산안 심의자료 수집 등을 위한 국정감사)	본회의 의결에 의하여 실시
7	10월 초·중순	시정연설, 소관상임위원회 회부	
8	10월말~11월초	예산안에 대한 상임위 예비심사	제안설명, 검토보고, 대체토론, 소위심사, 위원회 의결 순으로 진행
9	11월초	소관상임위원회의 예비심사 보고서 제출 예산안에 대한 예산결산특별위원회 회부 및 종합심사	소관상임위원회 예비심사보고서 첨부
10	11월초·중순~12.2	소관상임위원회 동의 계수조정위원회 본회의 심의·확정 및 이송	

2) 지방자치단체 예산 편성: 교육재정교부금(특별교부금) 교부

지방자치단체가 교육기관 및 교육행정기관을 설치·경영함에 필요한 재원의 전부 또는 일부를 국가가 교부하여 교육의 균형 있는 발전을 도모한다. 국가가 지방자치단체에 교부하는 교부금은 보통교부금과 특별교부금으로 구분된다. 위기학생에 상담활동을 지원하는 Wee프로젝트 사업은 주로 특별교부금의 형태로 운영되었다. 교부금의 재원은 내국세 총액의 20.27/100이며 이중 보통교부금은 96/100이고, 특별교부금은 4/100으로 구성된다.

특별교부금은 국가시책사업 수요, 지역교육현안 수요, 재해대책 수요로 구분된다. 국가시책사업 수요는 국가시책사업으로 추진할 필요가 있는 사업 및 교육부장관이 필요하다고 인정하는 경우에는 교육감의 신청 없이도 일정한 기준을 정하여 필요한 금액을 교부한다. 특별교부금 사업선정은 "특별교부금 국가시책사업심의회"의 심의를 거쳐 교육부장관이 결정하고, 특별교부금 총액의 60%로 이루어지며 통상 매년 1월 31일 교부가 이루어진다. 국가시책사업의 사업기간은 원칙적으로 3년 이내로 제한하고, 부득이 연장이 필요한 사업은 성과평가 및 국가시책사업심의회 심의를 거쳐 연장한다.

지역교육현안 수요는 특별한 지역교육현안수요가 발생한 때 심사하여 교부한다. 학교 교육시설(강당 및 체육관, 도서관 등의 신·증축), 학생 지원시설(Wee프로젝트 사업, 급식실, 기숙사 등), 교육환경 개선사업(교실, 화장실, 운동장 등의 개선·보수)이 대상이며 특별교부금 총액의 30%이다. 재해대책 수요는 재해 등으로 인한 특별한 재정수요가 발생한 때 중앙재해대책본부의 지원결정 등을 근거로 교육부장관이 결정하며, 특별교부금 총액의 10%이다. 특별교부금 중 국가시책사업 수요에 대한 절차를 살펴보면 다음과 같다.

<표23> 특별교부금(국가시책사업) 절차도

재원규모 확정	기재부 → 교육부	○ 국가시책사업 특별교부금 규모 내국세* 20.27/100 * 4/100*60/100
⬇ 특별교부금교부운용 기준 통보	교육부지방교육재정과 → 교육부 각 실·과	○ 특별교부금 교부·운용기준 통보 (12월말)
⬇ 사업요구서 작성·제출	각 실·과 → 지방교육재정과	○ 국가시책사업 신청 (정기 9월중, 안건 발생시)
⬇ 검토 및 조정안 부의	지방교육재정과 → 국가시책사업심의회	○ 국가시책사업요구서에 대한 검토 ○ 조정안 예비결정
⬇ 사업계획 심의·결과통보	국가시책사업심의회 → 교육부장관	○ 국가시책사업 심의회(13인이내) 외부위원 과반수 이상으로 구성 ▶ 내부위원:제1차관외 실·국장4명 이내 ▶ 외부위원: 시·도교육청 관계자, 지방교육행·재정 전문가 8명 이내
⬇ 사업계획 및 규모확정	교육부장관	○ 정기 12월중, 안건 발생시
⬇ 국가시책사업 기본계획 결정 통지	지방교육재정과 → 각 실과·시도교육청	○ 각사업부서 및 시·도교육청에 소관 기본사업계획에 대한 결정 통지
⬇ 교부요청	각 실·과 → 지방교육재정과	○ 사업계획서 및 사업액 교부 요구 제출 ○ 에듀파인에 입력 및 요청
⬇ 교부통지	지방교육재정과 → 각 실·과, 시·도교육청	○ 사업액 교부 통지 ○ 에듀파인 교부 결정
⬇ 집행결과 제출	각 실·과 지방교육재정과	○ 교부연도 다음해 6.30까지 집행 결과 제출 ○ 집행잔액 1억원 미만의 경우, 교부효과 높일 수 있는 자체 계획 수립후 집행

자료 : 교육부 내부자료(2012).

3) 상담예산의 종류 및 집행방법

상담예산은 운영주체에 따라 국고와 지방비로 구분된다. 국고로 확보된 예산은 정부부처에서 직접 집행을 하고, 지방비로 편성된 예산을 지방자치단체에 교부하면 시·도 의회의 승인을 거쳐 집행이 이루어지고 있다.

가) 상담예산의 종류

국고와 지방비에 상관없이 일반적으로 예산은 인건비, 사업비, 기관운영비 등으로 편성되어 있다. 인건비는 상담인력의 보수이며, 사업비는 상담활동과 관련된 물품 구입, 프로그램 운영비 등으로 집행되며, 기관운영비는 여비, 업무 추진비 등으로 사용된다.

시· 도교육청에서 집행되는 예산은 지방자치단체 교육비특별회계에 따라 편성· 집행되고 있다. 지방재정법 제41조(예산의 과목구분) 및 동 법시행령 제47조(예산의 과목 구분)에서 규정하고 있는 세입예산과 세출예산 및 계속비 등의 과목 구분과 설정을 분류하기 위하여 "지방자치단체 교육비특별회계 세입· 세출예산과목 구분과 설정에 관한 훈령"을 발령하고 있다. 지방자치단체 교육비특별회계 세입· 세출예산과목 구분과 설정에 관한 훈령 제3조에서 세입예산은 수입의 성질에 따라 이전 수입, 자체수입, 차입, 기타 등으로 구분하고 있다. 동 훈령 제4조에서는 세출예산의 분야· 부문은 기능별로 분류하고, 정책· 단위· 세부사업은 사업별로 설정·운영하도록 하고 있다. 동 규정에 따라 Wee센터에서 예산을 편성하고 집행할 경우 활용할 수 있는 예산 항목을 살펴보면 다음 <표25>와 같다.

<표25>에 나타난 바와 같이 인건비를 예시로 하여 분야/부문/정책사업/단위사업/세부사업으로 예산을 제시해 보면 다음과 같다. 먼저

분야는 [050]교육분야이고, 부문은 [01]유아및초중등교육 부문이다.
정책사업은 [01]인적사업운용 정책사업이고 단위사업은 [01]정규직
인건비가 해당된다. 다시 이는 세부 사업으로 [01]교원인건비, [02]
지방공무원인건비, [03] 전문직 인건비로 나누어진다.

　　상담활동과 관련된 사업인 학생상담활동지원 사업을 예를 들면 분
야는 [050]교육이고, 부문은 [01]유아 및 초중등교육이다. 정책사업
은 [02]교수-학습활동지원이고 단위사업은 [21]학생상담활동지원이
다. 세부 사업은 [01]학생상담활동지원으로 표기된다.

<표24> 세출예산 사업별 예산구조 설정(제4조제1항 관련)

분야	부문	정책사업	단위사업	세부사업	설　　　정
[050]교육					
	[051]유아및초중등교육				
		[01]인적자원운용			
			[01]정규직인건비		○정규직 공무원 인건비
				[01]교원인건비	○유치원, 초·중·고교, 특수·기타학교 및 교육행정기관 소속 순회교원 등의 인건비, 명예퇴직수당, 맞춤형복지비, 급여에 대한 지방자치단체의 부담금(공무원 법정부담금), 특정업무경비, 성과상여금 등
				[02]지방공무원인건비	○교육기관, 교육행정기관, 교육행정지원기관 소속 일반직, 별정직, 기능직 등 교육공무원이 아닌 공무원의 인건비, 명예퇴직수당, 맞춤형복지비, 급여에 대한 지방자치단체의 부담금(공무원 법정부담금), 특정업무경비, 성과상여금 등
				[03]전문직인건비	○교육행정기관 소속 교육공무원의 인건비, 명예퇴직수당, 직급보조비, 맞춤형복지비, 급여에 대한 지방자치단체의 부담금(공무원 법정부담금), 특정업무경비, 성과상여금 등
			[02]비정규직인건비		○계약제교원 인건비 등 비정규직 인건비
				[01]계약제교원인건비	○기간제교사, 시간제강사 등 인건비

분야	부문	정책사업	단위사업	세부사업	설정
					○ 기타직법정부담금, 기타직 퇴직금 ○ 계약제 및 시간제 교원 인건비, 퇴직수당 등 ※ 인턴교사 등 사업성 경비는 해당 세부사업에 설정
				[02]계약제직원인건비	○ 지방공무원 출산휴가 등 행정대체 인력 운영에 필요한 인건비 ○ 장애인고용부담금 ○ 공공기관 근무 인턴 인건비 ※ 급식종사자, 과학실험보조 등 사업성 인건비(처우개선비, 맞춤형복지비, 법정부담금 등 포함)는 해당 세부사업에 설정
				......	......
		[02]교수-학습활동지원			
			[21]학생상담활동지원		○ 학생상담활동지원 등 제반 경비
				[01]학생상담활동지원	○ Wee센터 운영 ○ Wee클래스 운영 ○ 학부모자원봉사자 운영 ○ 상담전문인력 운영 및 전문상담기관 운영 등 학생상담활동 지원
		[03]교육복지지원			
			[01]학비지원		○ 저소득층자녀 학비 지원 등 학비지원 경비
				[01]저소득층자녀학비지원	○ 저소득층 중학생 및 고등학생 학비 지원 ○ 특목고 및 자율고 사회적배려대상자 학비 지원
				[02]특성화고장학금지원	○ 특성화고 학생 장학금 지원
				[03]기타교육비지원	○ 저소득층자녀학비지원 및 특성화고 장학금 지원을 제외한 교육비 지원
			[02]방과후 등 교육지원		○ 방과후 등 교육 지원 제반 경비
				[01]방과후학교운영	○ 방과후학교 운영 경비 ○ 방과후학교 대학생 귀향 멘토링 지원, 엄마품멘토링 운영, 방과후학교코디네이터운영 ○ 방과후돌봄프로그램 운영 ○ 방과후학교지원센터 운영
				[03]저소득층자녀방과후자유수강권지원	○ 저소득층자녀 방과후 자유수강권 지원 경비

나) 예산 집행 및 결산 방법

　　지방자치단체 교부하는 예산은 매년 10월~11월에 운영목표, 중점 사업 등에 따라 사업별로 예산을 수립한다. Wee센터 등 상담실 운영과 관련된 예산을 수립할 경우에는 1차 연도에는 센터 구축비용에 많은 예산을 배정하고, 그 해의 중점 사업들에 따라서 보다 많은 예산배정을 한다.

　　지방자치단체에서 편성된 예산을 시·도 의회의 의결을 거쳐 확정되면 예산 집행은 연초에 세워진 운영계획과 예산 수립에 의거하여 이루어진다. 사업이나 프로그램을 실시할 경우, 전문상담교사 및 전문상담사는 기안(공문서 등)을 작성한 다음 사업의 규모나 금액에 따라 상급자에게 결재를 받고 프로그램을 진행한다.

　　시·도교육청 및 교육지원청과 같은 관공서에서는 매년 Wee센터와 같은 상담실을 운영한 이후 관련 규정과 절차에 따라 결산을 실시한다. 효율적인 사업추진 및 결산을 위하여 다음과 같은 점에 유의하여 예산을 집행하고 있다. 첫째, 예산을 집행할 때 연말정산을 고려하여 계획에 따라 집행하도록 한다. 둘째, 결산서를 작성할 때는 구체적이며 알아보기 쉽게 작성한다. 셋째, 가능한 예산잔액이 0원이 되도록 집행한다. 넷째, 각종 세금계산서 및 영수증은 소요된 경비를 재원별로 명백히 정리하여 관리한다.

　　시·도교육청과 같은 관공서에는 모든 행정은 기안으로 시작하여 기안으로 끝난다고 볼 수 있다. 예산 집행 및 결산도 마찬가지이다. 다음과 같은 절차와 방법으로 기안과 결재가 이루어지고 있다.

① 프로그램 예산 집행은 실행계획안 작성 및 결재, 집행, 지출결의안 작성 및 서류철하기로 나눠진다.
② 실행계획안 작성은 진행하고자 하는 프로그램의 계획을 작성하

여 결재를 받는 것으로 프로그램의 목적, 대상, 예산액 등이 분
명하게 나타나야하며 결재라인은 담당자가 기안하고 기관장이
결재한다.

③ 집행은 기관 카드로 각 프로그램 진행에 필요한 물품을 구입하여
사용한다. 강사료 경우는 인건비 항목으로 책정하여 결재한다.
교통비는 카드로 집행처리하지 않고 따로 현금영수증이나 자료를
첨부하여 교통비지출 양식에 따라 결재 처리한다.

④ 지출결의안 작성은 담당자가 집행한 예산에 따라 기안을 작성하고
기관장의 결재를 받은 후 세금계산서 및 영수증을 지출결의서와
함께 서류철을 만들어 보관한다.

4) 상담예산의 확보

상담관련 센터를 운영하기 위해서는 일정규모 이상의 예산이 필요
한데 다양한 방법으로 예산을 마련할 수 있다. 예컨대, 국가프로젝트
를 입찰하는 방법, 국가정책사업에 참여하는 방법, 개인 및 집단상담
을 실시함으로써 마련하는 방법, 상담관련기관의 컨설팅 및 교육을 통
한 마련하는 방법, 예비상담자의 슈퍼비전을 통하여 마련하는 방법,
전국민을 대상으로 후원금으로 마련하는 방법 등이 있다. 이중에서 국가
프로젝트와 국가정책사업에 참여하는 방법에 대하여 기술하고자 한다.

가) 국가프로젝트 입찰

정부 및 행정기관에서 시행되는 2,000만원이상의 프로젝트는 투명
성과 객관성을 확보하기 위하여 공개 입찰방식으로 사업체를 선정하
게 된다. 프로젝트의 입찰공고는 정부조달청에서 운영하는 국가종합전
자조달시스템인 나라장터 전자입찰 서비스를 활용하게 된다. 프로젝트

에 입찰을 하기위해서는 나라장터 홈페이지를 방문하여 입찰공고검색에서 공고명에 관련 단어를 치고 검색을 한 후 입찰공고 목록에서 관련 프로젝트에서 요구하는 내용으로 입찰에 응찰하면 된다.

조달청 나라장터에 회원 등록을 하려면 범용공인인증서를 따로 받아서 회원가입을 할 수 있고 지문인식 토근 구입하여 조달청에 담당자의 지문인식 등록을 해야 한다. 이때에 필요한 서류는 관할 세무서에 등록하여 부여 받는 사업자등록증이다.

이 절차는 조금은 복잡한 부분이 있어 나라장터 홈페이지를 방문하여 담당자에게 전화를 하여 절차와 관련 부분에 대해서 안내를 받는 것이 좋다.

입찰정보

물품
공사
용역
리스
외자
비축
기타
계약진행현황
연기공고

입찰공고 목록　　　온라인 매뉴얼

1. 공동수급, 투찰 항목의 버튼을 누르면 공동수급협정서, 입찰참가신청서, 입찰서를 온라인으로 제출할 수 있습니다.
2. 연계기관 공고건인 경우 새창 버튼(　)를 클릭하면 해당기관 사이트로 이동하여 입찰공고 목록 또는 상세화면을 조회할 수 있습니다.
3. 일반투찰 : 기존 인증서로 투찰이 가능한 입찰(단, 지문보안토큰으로도 투찰이 가능)
4. 지문투찰 : 지문보안토큰으로만 투찰이 가능한 입찰(단, 지문연식 신원확인 예외적용 신청서를 제출한 입찰자 또는 지문연식 신원확인 예외자로 등록된 입찰자는 기존 인증서로 투찰이 가능)

검색건수 :52건

업무	공고번호-차수	분류	공고명	공고기관	수요기관	계약방법	입력일시 (입찰마감일시)	공동수급	투찰
용역	20121229410-00	일반	김해시 민원상담센터 운영 민간위탁 용역 제안서 제출안내공고	경상남도 김해시	경상남도 김해시	일반(총액)협상에의한계약	2012/12/28 11:37 (2013/01/17 17:00)		지문투찰
용역	20121229026-00	긴급	2013년 민원콜센터 통합상담프로그램 유지보수 용역 수의계약(소액) 견적	경상남도 창원시	경상남도 창원시	수의(총액)소액수의	2012/12/27 17:24 (2012/12/31 16:00)		지문투찰
용역	20121228305-00	일반	2013년 휴넥스시스템 상담센터 위탁운영 사업	조달청 서울지방조달청	국세청	수의(총액)	2012/12/27 11:10 (2012/12/27 15:00)	협정	
용역	20121228476-00	일반	2013년 사이버상담실 운영(여성폭력상담)	조달청 서울지방조달청	여성가족부	수의(총액)	2012/12/27 10:35 (2012/12/27 15:00)		
공사	20121228460-00	긴급	신장초 상담실 구축공사	경기도교육청 경기도광주하남교육지원청	경기도교육청 경기도광주하남교육지원청	수의(소액)	2012/12/27 10:10 (2012/12/31 12:00)		지문투찰

나) 국가정책사업 참여

　　정부부처에서는 정책적으로 운영하는 사업이 여러 가지가 있는데 주로 지자체에 예산을 배정하여 운영하는 경우가 많다. 대표적인 사업이 바우처기관 선정이다. 지자체에서는 관련 사업을 공시하고 신청한 기관을 심사하여 선정한다. 바우처 사업의 참여 절차를 예시하면 다음과 같다.

사업공고 — 자료열람 — 신청서작성 — 신청서접수 — 심사

① 사업 공고

사업공고는 각 기관 및 단체의 홈페이지, 공문서, 신문지면 등을 통하여 공고가 된다. 따라서 사업을 수행하려는 상담자는 각 기관의 정책을 살펴보고 관련 홈페이지를 자주 방문하여 사업 개시 여부를 확인하여야 한다.

② 자료 열람

사업 공고가 나면 상담자는 사업의 목적, 사업 대상, 신청 자격, 예산, 신청서 및 양식 등을 확인하여야 한다. 그리고 자신이 소속된 기관에서 수행할 수 있는 사업인지, 사업의 수익성은 있는지, 사업의 책무성을 보장할 수 있는지 등을 판단하여야 한다.

③ 신청서 작성

사업 참여를 결정한 경우 공고문에 게시된 서식에 따라 신청서를 작성하여야 한다. 여기에는 일반적으로 사업 제안서 및 요약서, 사업 수행 능력, 총괄 책임자의 인적사항, 기관의 업무수행 역량, 관련 시설 및 증빙자료, 사업자 등록증 및 또는 고유번호증 사본 등이 포함된다. 개인 사업자의 경우, 지역 세무서를 방문하여 사업자등록을 하고 등록 번호를 받아 제출한다. 비영리법인인 경우, 세무서에서 고유번호증을 발급받아 제출한다.

신청서 작성시 중요한 점은 사업의 목적과 기관의 특성 및 사업 수행 능력을 정렬화해야 된다는 것이다. 사업 발주 기관은 사업을 수행 하려고하는 기관이 실제 사업을 수행할 수 있는지, 타 기관보다 사업 수행 능력이 뛰어난지, 사업의 중단 없이 지속적으로 수행할 수 있는지 등을 검증하려고 하기 때문이다. 따라서 사업 수행 기관의 인적 자원의 구성, 전문성, 사업 수행 경험, 시설 확보 능력 등을 최대한 구체적으로 기술해 주는 것이 좋다.

④ 신청서 접수

신청서 접수는 사업 신청 기간 내에 제출하여야 한다. 흔히, 사업 신청서를 작성하고서도 좀 더 완벽하게 만들기 위해 마감 시간까지 작업을 하다가 정작 시간을 넘기는 경우가 있다. 이 경우 신청서 접수가 안 되어 사업 자체가 불가능하기 때문에 신청 기간을 엄수하여야 한다.

어떤 경우에는 마감 직전에 서류를 제출하고서 미비 된 사항을 발견하여 서류를 수정할 수 있는 시간이 없을 때도 있다. 따라서 신청서 접수는 적어도 마감일로부터 1-2일전에 하는 것이 바람직하다.

⑤ 심사

제출된 서류에 대하여 사업 발주기관은 평가를 실시하여 적절한 사업기관을 선정하게 된다. 어떤 경우는 심사 과정에서 사업 제안서에 대한 제안 설명회를 갖는다. 사업 제안 설명은 제한된 시간 내에 평가 위원들을 설득하여야 하므로 기관의 장점 및 업무 수행 능력 중심으로 설명하는 것이 효과적이다.

지자체에서 실시하는 바우처 사업 공고 예시 자료를 제시하면 다음과 같다.

○○시공고 제2012-111호

2012년 지역사회서비스투자사업 (지역개발형 바우처)제공기관 지정 공모

우리 시는 지역사회의 다양한 사회서비스 수요에 대응하고, 사회서비스 시장형성 및 고용확대 등을 도모하기 위해 지역사회서비스투자사업을 추진 중에 있습니다.

이와 관련 보건복지부 지역사회서비스투자사업 천안시 지원 사업으로 선정된 『문제행동아동조기개입서비스』 사업을 실시하기 위해 다음과 같이 사업 수행 기관을 공모하오니, 역량 있는 기관의 적극적인 참여 바랍니다.

2012년 0월 00일

○ ○ 시 장

■ 지정 대상 : 『문제행동아동조기개입서비스』 사업 서비스 공급이 가능한 기관
■ 지정 주체 : ○○시장
■ 지정 기간 : 2012. 04. 01 ~ 2013. 1.31까지
∘ 사업 실적, 차년도 사업 계획 등을 고려, 재지정 가능
■ 총 사업비 : 468백만원
■ 신청자격
∘ 국가 또는 지자체로부터 허가, 등록, 지정 받은 비영리단체, 법인, 개인 사업자, 상법상 법인 등으로서 해당 지역 내 서비스 공급이 가능한 기관
-지부·지회·가맹점(franchise) 등을 통해 사회서비스 공급이 가능한 기관. 단, 서비스를 제공하지 않고 서비스를 중개하는 행위는 금지
   ※ 기관이나 기업간 컨소시엄 형태의 참여도 가능

-관계법령에 의한 시설 및 공급인력 기준이 있는 경우 해당 기준을 충족하여야 함
 - 공고일 현재 면허, 허가, 등록 또는 지정 취소, 휴·폐업, 업무정지, 부정당업체 지정 등 결격사유가 없는 기관
◦ 기존 국가 등의 지원을 받아 유사 서비스를 제공하고 있는 기관 또는, 서비스 대상자가 신청기관 소속 대상자와 동일한 경우 지정 대상에서 제외됨에 유의
■ 신청서 접수
◦ 신청기간 : 12. 3. 24(목) ~ 3. 25(금) 09:00~18:00
◦ 제출서류
　　1) 제공기관 지정 신청서(서식1)
　　2) 사업제안서 및 제안요약서(서식2 및 서식3)
　　3) 서비스내용 요약서(서식4)
　　4) 총괄책임자 인적사항(서식5)
　　5) 사업자등록증 또는 고유번호증 사본
　　6) 제공인력 이력서 및 자격증 사본
　　7) 제공관련 내부시설 사진
◦ 신청방법 : ○○시청 주민생활지원과 서비스연계팀으로 직접 방문 제출
■ 유의 사항
　○ 동 사업은 수요자에 바우처를 지원하는 사업으로 제공기관에 대한 직접적인 지원은 없음 (바우처지원액 및 본인부담금으로 사업 운영)
　○ 사업 운영을 위해 KB국민은행에 바우처 가맹점 등록 및, 보건복지부가 지정한 결제용 단말기를 구입하여야 하며, 단말기 유지에 필요한 비용을 부담 하여야 함.

○ 관내 모든 지역에 서비스 제공 의무
○ 지정 기간 내 사업에 지속 참여 의무
○ 자활근로 등 국가 및 지자체로부터 직접 인건비 지원을 받는 근로자 사업 참여 제외
○ 서비스 제공 시 사고, 부정행위 등에 대비한 위험관리 체계 구축
 - 지사(참여기관 포함), 공급인력의 부정행위, 의무이행 해태 등에 대한 책임 부여
 - 서비스 제공과정에서 발생할 수 있는 사고 등 위험에 대비한 사전·사후 조치·배상보험·상해보험 가입, 교육훈련 및 주기적 모니터링 강화 등
○ 서비스 제공인력의 최저임금, 4대 사회보험 가입 등 준법 의무, 관련 지침 등 준수, 복지부 및 지자체 업무에의 협조 등 의무
○ 일정한 사유가 있는 경우 지정 취소 등 조치 가능
 - 서비스 질이 현저히 낮은 경우, 보건복지가족부장관, 시장, 구청장의 정당한 지시 및 요건에 불응한 경우, 바우처 지원액을 부정하게 청구한 경우, 담합행위, 불공정 거래행위를 한 경우 등
○ 제출한 서류는 일체 반환하지 않음

■ 선정결과 공고 : 해당 사업자에게 직접 통보 및 홈페이지에 게재 등
■ 문의처 : 기타 자세한 사항은 ○○시 주민생활지원과
    (☎ 123-4567)으로 문의하시기 바랍니다.

별첨1] 사업개요

▶ 문제행동아동조기개입서비스

항목	내 용
① 목적	문제행동아동의 조기 발견과 개입을 통하여 문제행동을 감소시키고, 정서행동장애로의 발전을 막아 정상적 성장 지원
② 서비스 대상	▷ **소득 및 연령** : 전국가구 월평균 소득 100% 이하 가정의 만 18세 미만 아동 ▷ **기타** : 문제행동(ADHD)에 대한 의사 진단서 또는 소견서가 있거나, 교육기관장이나 교사의 추천, 임상심리사, 정신보건전문요원 소견서 등에 의해 치료서비스가 필요하다고 판단되는 비장애 문제행동아동
③제공기관 및 인력	▷ **제공기관** : 서비스 제공을 위한 전문 역량을 갖춘 기관 - 심리상담 및 치료서비스를 종합적·체계적으로 제공할 수 있는 기관 - 일부 서비스만 단편적으로 제공하는 기관은 제외 ▷ **인력** : '장애아동 재활치료' 사업의 서비스 제공가능 인력 기준에 준하는 인력 - 자격기본법에 등록된 민간자격 발급기관에서 발급한 자격증 소지자 - 2년이상 관련 자격증을 발급하고 전문학사 이상의 학력을 지원조건으로 하는 재활치료 관련 학회·협회 및 단체에서 소정의 절차를 거쳐 발급받은 치료사 자격증 소지자(인정자격증 목록은 '10년 장애아동재활치료 사업안내 p.87~91 표1 참조) - 자격증이 없이 관련 치료 분야의 관련학과 전공자로서 석사학위 이상 소지자이면서 임상300시간 이상, 학사학위 이상 소지자이면서 임상 600시간 이상, 전문학사 이상 소지자이면서 임상 1,200시간 이상
④ 서비스 가격 / 서비스 제공기간	월 14~16만원 (정부 130천원 / 본인 1~3만원) / 12개월 * 서비스 가격은 월 15만원 내외로 설정하고 본인부담금은 일반 20%, 수급자 10%내외로 조정

	1) 서비스내용 ▷ 아동의 증상에 따라 필요한 프로그램을 선별 또는 혼합하여 월 4회(회당 50분 내외) 이상 제공하고, 여건에 따라 부가서비스 병행 제공		
⑤ 서비스 내용 및 제공절차	구분	서비스 내용	서비스 횟수
	기본 서비스 (아동의 상태를 감안하여 선별적으로 프로그램 선택제공)	1. 심리상담 · 문제행동 아동 및 부모를 위한 심리상담 ※ 일반적으로 서비스 제공시 10분 내외로 제공 2. 기본적인 아동조기개입서비스 − 놀이프로그램: 놀이를 통하여 아동의 심리적 안정감, 사회성, 정서 발달 등 지원 − 언어프로그램: 언어장애에 대한 개인의 내적/환경적 원인을 분석, 증상별 치료계획을 수립, 적절한 치료로 잠재된 언어능력을 극대화시켜 의사소통을 향상 − 인지프로그램: 아동의 발달수준과 개별적 특성에 적합한 목표를 설정하여 아동의 인지발달을 촉진시켜 학습에 어려움을 갖는 아동의 인지발달 향상 − 미술프로그램: 다양한 미술매체를 이용하여 자유로운 창의적 표현과 더불어 자존감 향상 및 감각발달 향상	월4회 이상 (회당 50분 내외)
	부가 서비스	1. 심리검사: 객관적인 심리측정도구를 이용해 자기이해를 돕고 개인의 잠재력과 강점, 약점들을 파악하여 가장 적극적인 치료방법을 모색 2. 사회성 향상프로그램: 집단활동 프로그램으로써 방학, 휴일을 이용해 서비스 제공 3. 부모훈련: 아동의 문제를 해결하기 위해 부모에게 정보와 기술을 제공하는 치유적 접근 프로그램	선택적 제공
	2) 서비스 제공절차 ① 1단계: 아동의 증상에 대한 체계적인 평가 및 진단을 통해 서비스 대상자 선정 ② 2단계: 선정된 대상자에게 적합한 서비스를 선택하여 서비스 제공 ③ 3단계: 서비스제공에 대한 만족도 및 욕구 재조사		

상담정책 집행과정의 실제

제4장

4장 상담정책 집행과정의 실제

국가적 차원의 행정이 정책 의제 설정과 정책채택 및 집행이 주된 내용이라면 기관, 센터, 개인 상담소에서는 이러한 정책의 최종 집행 기능을 수행하게 된다. 즉 국가나 사회가 요구하는 다양한 상담 서비스를 국민 혹은 내담자를 대상으로 현장에서 제공하게 된다.

이 과정에서 상담행정은 상담서비스를 내담자에게 효과적·효율적으로 제공하여 상담의 공공성, 사회성, 조직성을 강화하는 방향으로 이끄는 제반활동을 말한다. 여기에는 상담 운영계획 수립, 상담의 제반 진행절차, 상담관련 문서작성, 기관의 전문성 확보, 기록의 보관 및 유지, 홍보, 지역사회 및 기타 후원자 간의 네트워크 구축 등을 포함한다.

1. 상담 운영계획 수립

정부 상담정책에 대한 이해, 각 기관의 고유 사업 목적, 지역사회의 특성, 개별 내담자의 요구 등을 반영하여 상담운영계획을 수립하여야 한다. 여기에는 상담기관의 철학과 목표, 운영의 범위, 대상과 예산 확보 및 집행 방안 등을 포함한다.

이를 위해서는 다음과 같은 절차를 고려해 볼 수 있다.

첫째, 요구분석 단계로서 국가의 정책과 시책, 지방자치단체 및 관런기관의 정책, 지역사회의 요구, 내담자의 독특성 등에 대한 자료 취합과 핵심요구 사항을 분석하는 것이다.

<Wee센터 운영> 학생 수가 많고 상담서비스 대상 학생이 많은 경우에는 Wee센터 내의 상담인력을 많이 배정하였다. 지역이 넓고 상담 서비스 대상학생이 분산되어 있는 경우 순회상담교사 제도를 적극 운영한다.

둘째, 상담목표 설정 단계로서 요구분석 결과에 따라 각 기관별 또는 상담기관 전체의 목표를 설정하는 일이다. 여기에는 각 특정기관의 상담철학이나 방향, 대상(문제), 그리고 가치관을 포함할 수 있다.

피어선 심리상담원의 경우 "심리과학으로 인간을 행복하게"라는 모토 하에 상담대학원과 연계하여 학문적 지식을 상담현장에 접목하는데 집중하고 있다. 이 기관은 상담을 과학으로 규정하고 과학적 진리가 인간의 삶을 보다 윤택하게 할 수 있다는 과학적 실천 모델을 바탕으로 운영하고 있다. 여기서는 상담자 육성, 신규 상담이론 발굴과 보급, 국가정책의 지원 및 수행에 관심이 높다.

셋째, 상담서비스 편성 및 운영단계이다. 서비스 편성의 경우 어떤 이론이나 어떤 형태의 상담을 제공할 것인가에 대한 기본계획을 말한다. 즉 '개인상담, 집단상담, 미술치료, 집단훈련 및 교육 등을 어느

정도 제공할 것인지', '개인상담자가 주당 몇 시간의 상담 서비스를 제공할 것인지' 등을 포함한다.

넷째, 상담서비스 편성 및 운영 방침에 따른 상담수행 지원 단계이다. 주당 20회 상담서비스를 제공하는 경우, 내담자가 60명이라면 상담자는 3명이 요구되고 이에 따른 시설과 인건비 등 예산을 확보하여야 할 것이다.

다섯째, 홍보단계로서 상담정책 기관과 상담수요자에게 계획된 상담 서비스를 알리는 것이다. 상담수요자들이 어디에서 어떤 도움을 받을 수 있는지 파악하지 못하여 공급자-수요자간 적절한 연계가 이루어지지 못하는 경우가 많다. 따라서 기관의 성격을 명확히하고 제공하는 서비스를 특화하여 알리는 일은 매우 중요하다.

마지막으로 상담수행 평가이다. 실제 기관에서 제공한 서비스가 수요자들의 요구를 충족하였는지, 서비스의 질적 향상을 추구할 수 있는 부분이 있는지 등에 대해 확인하고 보다 나은 상담계획을 수립하는데 활용하는 단계이다.

2. 상담진행 절차(접수, 상담, 사례관리 등)

국가 정책이나 기관의 정책이 설정된 후 실제 상담서비스가 시작된다. 이는 상담진행 절차로서 일견 단순해 보이지만 복잡한 행정적 과정을 거치게 된다. 의뢰, 접수 면접, 사례분류, 사례개입, 종결 및 사후 평가에 이르는 일련의 상담진행 경과를 포괄하는 것이다.

1) 의뢰

의뢰는 직접 의뢰와 간접의뢰로 구분할 수 있다. 직접 의뢰는 내담자 본인이나 관련 당사자가 상담서비스를 요청하는 경우를 말한다. 간접 의뢰는 내담자 관계자의 판단에 따라 상담서비스를 의뢰하는 경우이다. 예를 들어 학생의 경우 본인이 상담을 신청할 수도 있지만, 담임교사, 보호자, 관련기관의 요청으로 상담을 진행할 수 있다.

간접 의뢰의 경우 접수자는 접수가 된 이후 관계자와의 협력체계를 구축하여 상담업무 담당자 혹은 관련 업무 담당자에게 지정된 의뢰서를 받아 보관해야 한다.

내담자 요구를 기관이 충족할 수 있는 여건이 구축되지 않았거나 업무 일치도가 떨어질 경우 타 기관에 의뢰하는 것이 보다 적합한 조치이다. 예컨대 전문성의 부재, 효과적인 상담 서비스 제공 불가능(시간, 인력의 부족), 법과 기관의 규정에 따른 조치 등과 같이 기준에 부합하는 사례일 경우에는 의뢰를 거부할 수 있다.

신청서

신청서에는 내담자 본인 또는 보호자가 직접 신청할 경우 작성하는 것으로 기본적으로 내담자의 인적사항과 연락처, 가족관계의 일반적인 사항, 응급시 연락처 등이 기록되며 이를 예시하면 다음과 같다.

상 담 신 청 서

성명					연락처	집	
소속	학년 반 번					핸드폰	
성별	남 ( ) / 여 ( )					E-mail	
생년월일	년 월 일 (만 세)				종교		
주소					취미		
					장래희망		

가족관계	성명	관계	연령	학력	작업	친밀도 나쁨 좋음	비고 (동거여부)
						1 2 3 4 5	
						1 2 3 4 5	
						1 2 3 4 5	
						1 2 3 4 5	

가족형태	부모님이 함께 생활( ) 이혼( ) 사별( ) 별거( ) 재혼( )
주거상황	자택( ) 친척집( ) 자취( ) 쉼터( ) 그룹홈( ) 기타( )

상담 및 심리검사 받은 경험	있다 ( )
	없다 ( )

상담 받고 싶은 문제에 표시 하십시오.	진로결정/갈등		따돌림		음주/흡연	
	진로정보부족		이성교제		인터넷 중독	
	학습태도		선생님과의 관계		특이한 생각/행동	
	학습흥미		부모와의 관계		두통/통증	
	학습능력 부족		형제와의 관계		체중 증가/감소	
	성적부진/하락		자신감부족		불면증	
	주의산만		학교적응		분노/화	
	집중력부족		(집단)폭력		우울/무기력	
	시험불안		성폭력		불안/초조	
	학업스트레스		비행		자해행위	
	친구관계		가출		자살	

상담 받고 싶은 내용을 간략하게 기록해 주십시오.

의뢰서

내담자 또는 보호자가 아닌 담임교사나 관련기관에서 상담을 의뢰할 경우에 작성하는 것으로 내담자의 인적사항과 연락처, 가족관계의 일반적인 사항은 신청서와 동일하나 의뢰기관의 인적사항과 의뢰사유, 내담자의 세부사항 등 의뢰기관에서 알고 있는 정보를 비교적 세세하게 기록하도록 한다. 아울러 기관 의뢰일 경우, 의뢰하는 기관에서 사전에 내담자 또는 보호자의 동의를 획득한 후 의뢰하는 것을 원칙으로 한다. 이를 예시하면 다음과 같다.

기관 의뢰서

<table>
<tr><td rowspan="3">의뢰처</td><td>기관명</td><td></td><td>담당자</td><td colspan="5"></td></tr>
<tr><td rowspan="2">주 소</td><td rowspan="2"></td><td>사무실tel)</td><td colspan="5"></td></tr>
<tr><td>핸드폰</td><td colspan="5"></td></tr>
<tr><td rowspan="14">대상자
기초
정보</td><td>성명</td><td></td><td>성별</td><td colspan="5"></td></tr>
<tr><td>생년월일</td><td></td><td>나이</td><td colspan="5"></td></tr>
<tr><td rowspan="2">집 주소</td><td rowspan="2"></td><td>자택(tel)</td><td colspan="5"></td></tr>
<tr><td>핸드폰</td><td colspan="5"></td></tr>
<tr><td>학교</td><td></td><td>학년</td><td colspan="5"></td></tr>
<tr><td>경제적 수준</td><td>상 중 하</td><td>관련사항</td><td colspan="5">생활보호대상자( )</td></tr>
<tr><td rowspan="2">이전상담경험</td><td rowspan="2">유 무</td><td>시 기</td><td colspan="5">년 월 일 – 년 월 일</td></tr>
<tr><td>어디서</td><td colspan="5"></td></tr>
<tr><td rowspan="5">가족</td><td rowspan="2">성명</td><td rowspan="2">관계</td><td rowspan="2">나이</td><td rowspan="2">학력</td><td rowspan="2">직업</td><td rowspan="2">건강
상태</td><td rowspan="2">비고</td></tr>
<tr></tr>
<tr><td></td><td></td><td></td><td></td><td></td><td></td><td></td></tr>
<tr><td></td><td></td><td></td><td></td><td></td><td></td><td></td></tr>
<tr><td></td><td></td><td></td><td></td><td></td><td></td><td></td></tr>
<tr><td rowspan="8">대상자
상세
정보</td><td rowspan="2">인지적 측면</td><td>지능</td><td colspan="6">최우수, 우수, 평균상, 평균, 평균하,
경계선, 지체</td></tr>
<tr><td>이해,판단,
어휘능력 등</td><td colspan="6"></td></tr>
<tr><td>학업성취</td><td colspan="7"></td></tr>
<tr><td>행동적</td><td colspan="7"></td></tr>
<tr><td>심리정서적</td><td colspan="7"></td></tr>
<tr><td>사회적</td><td colspan="7"></td></tr>
<tr><td>자원(지지체계)</td><td colspan="7"></td></tr>
<tr><td>기타</td><td colspan="7"></td></tr>
<tr><td colspan="2">의뢰 사유</td><td colspan="7"></td></tr>
<tr><td colspan="2">필요로 하는
지원
(서비스)</td><td colspan="7"></td></tr>
<tr><td colspan="2">보호자 동의
( )</td><td colspan="7">상기인을 귀 기관에서 추진하고 있는 OOO 대상자로 의뢰합니다.
년 월 일
기관장 : (서명)</td></tr>
</table>

기관내부 의뢰서

상담하는 과정에서 기관내부 전문가의 도움이 필요할 경우에는 내부 의뢰서를 작성하여 도움을 받는다. 예컨대 임상심리사의 검사 또는 치료사의 특정부분 치료, 사회복지사의 복지상담 등이 필요할 경우 작성하는 것으로 의뢰영역과 사유를 비교적 상세하게 기록하여 도움을 받는다. 이를 예시하면 다음과 같다.

기관내부 의뢰서

Case No :　　　　Date:　.　.　.　Counselor:

☐ 심리평가　　☐ 경제적지원　　☐ 사회적지원　　☐ 치료

이　름		성　별		생년월일	
학　교		학년반		연　락　처	
보호자		연락처		사례분류	

<의뢰사유>

심리평가 의뢰서

| Chart No: | | Date: . . . | Counselor: |
| Name: | (M / F) | Birth: . . . | Edu: |

I. 심리검사 배터리(심리검사 소항목)

아동	□	1. 성격평가(만12세↓)	BGT, HTP, KFD, KSD, RORSCHACH(or CAT),K-CBCL,K-PRC, SCT, CDI, TAIC, SAIC, ADHD 평가 질문지/부모 MMPI, 부모 SCT
	□	2. 종합평가(만12세↓)	지능검사(K-WISC/K-WPPSI), BGT, HTP, KFD, KSD, RORSCHACH(or CAT),K-CBCL, KPRC, SCT, CDI, TAIC, SAIC,ADHD평가질문지/부모 MMPI, 부모 SCT
	□	3. 지능평가 (일반 or 장애)	지능검사(K-WISC/K-WPPSI), VMI(or BGT), HTP(or DAP), or SMS
	□	4. 학습평가 (만12세↓)	지능검사(K-WISC/K-WPPSI), 기초학습기능 검사, BGT, HTP, KFD, KSD, K-CBCL, KPRC, SCT, ADHD평가질문지/부모 MMPI, 부모 SCT
청소 년	□	7. 성격평가 (만 13-18세)	BGT, HTP, KFD, KSD, RORSCHACH, KPRC, K-CBCL, 아이젱크 성격검사, MMPI-A(or K-YSR), SCT, BDI, TAIC, SAIC, ADHD평가 질문지/ 부모 MMPI, 부모 SCT
	□	8. 종합평가 (만 13-18세)	지능검사(K-WISC/K-WAIS), BGT, HTP, KFD, KSD, RORSCHACH, K-CBCL, KPRC, MMPI-A(or K-YSR), SCT, BDI, TAIC, SAIC, ADHD평가 질문지/부모MMPI, 부모 SCT

☐	9. 지능평가 (일반 or 장애)	지능검사(K-WISC/K-WAIS),BGT, HTP(or DAP), or SMS
☐	10. 학습평가 (만 13-18세)	지능검사(K-WISC/K-WAIS),기초학습기능검사, BGT, HTP, KFD, KSD, SCT, KPRC, K-CBCL, ADHD평가질문지/부모 MMPI, 부모 SCT

II. Tests (단일 검사 항목)

단일 검사	☐	지 능 검 사 (WAIS/WISC/WPPSI)	☐	우울척도 (CDI/BDI)	☐	한국판아동행동평가척도(K-CBCL)
	☐	벤더 도형검사 (BGT)	☐	불안척도 (SAIC/TAIC/ASI/BAI)	☐	한국판아동인성검사 (KPRC/KCPI-T)
	☐	그 림 검 사 (HIP/KFD/KSD/DAP)	☐	간이정신진단검사 (SCL-90-R)	☐	ADHD평가질문지 (부모/교사)
	☐	로 샤 검 사 (Rorschach)	☐	문장완성검사(아동/청소년/성인)	☐	ADS주의력진단평가
	☐	주 제 통 각 검 사 (TAT/CAT)	☐	다면적인성검사 (MMPI-A)	☐	청소년성격평가질문지 (PAI-A)
	☐	사 회 성 숙 도 검 사 (SMS)	☐	다면적인성검사 (MMPI-2)	☐	아이젱크성격검사 (K-EPQ)
	☐	기초학습기능검사 (BLST)	☐	한국판청소년자기행동평가척도(K-YSR)	☐	인터넷 중독 척도 (K척도)

		평가일시	결과일시
예약	보호자		
	아동		

2) 접수면접

의뢰서가 접수 된 경우 사례의 문제를 파악하고 지원 및 상담의 계획을 위해 접수상담을 실시하게 된다. 의뢰서가 접수된 경우에는 전화로 접수면접 날짜를 예약하여 접수담당자가 실시하며, 의뢰서 접수나 예약 없이 찾아오는 경우에는 접수담당자가 접수면접을 진행하여야 하나, 필요한 경우 다른 업무담당자가 이를 대신할 수 있다.

상담 접수면접에는 다음과 같은 사항이 포함된다. 상담의뢰 경위, 기본적인 개인정보(성명, 연락처, 연령, 가족관계 등), 상담유무, 신체적·정신적 병력, 상담기관 선택 경로, 주 호소 문제 및 도움을 받고 싶은 내용, 상담사 선정, 상담료 안내, 상담기간에 대한 설명 등이다.

접수상담에서는 필요한 경우 위기 스크리닝과 자기보고식 검사를 사용할 수 있고, 상담동의서 및 학부모 동의서를 받는다. 상담동의서는 효과적인 상담 서비스를 제공하기 위하여 내담자 또는 보호자가 협조해야할 사항(예, 1회 상담시간, 성실하게 상담에 임하는 자세, 상담실 규정 지킴 등)과 상담기관이 할 수 있는 내용에 대하여 동의를 구하는 것으로 대별된다. 내담자의 인적사항과 상담내용에 대해 비밀유지, 상담내용에 대한 녹취여부, 상담과정에서 알게 된 위험한 내용이나 상태(예, 자신이나 타인에게 해가되는 내용, 사회적으로 위협이 되는 내용 등)를 가족 또는 중요한 주변 사람에게 알리는 것, 상담 중 외부상담전문기관(예> 정신과, 정신보건센터, 상담센터 등)과의 연계여부, 추후 외부기관에서 상담내용 제공을 요청할 경우(예, 의뢰기관 또는 변호사, 법원 등)제공 여부 등이 포함된다. 이를 예시하면 다음과 같다. 또한 필요할 경우, 자살예방각서나 생명존중서약서 등을 받는다.

접수면접기록지

사례번호 (내부번호)		면접자		면접일자	
면접방법	☐내방　☐이동　☐전화　☐팩스　☐E-mail				

1. 학생

이　름		성별		생년월일	
소속/학교				학년/반	
집전화				휴대전화	
주소				전자우편	

2. 가족관계

관계	이름	나이	학력	직업	연락처	동거 여부	보호자
가정형태				보호구분			
상담경험				학업성취도			

3. 면접내용

주호소내용	
행동관찰	
접수평가결과	
지원계획	☐특별교육　☐개인상담(내방)　☐개인상담(이동)　☐학부모상 ☐지원(치료)☐지원(사회)　☐지원(경제)　☐학습　☐진로 ☐지능검사　　　　☐우울·불안검사 ☐벤더도형검사　　☐아동청소년인성검사 ☐그림검사　　　　☐문장완성검사 ☐로샤검사　　　　☐행동평가검사 ☐주제통각검사　　☐ADHD진단검사 ☐사회성숙도검사　☐아동청소년성격검사 ☐학습기능검사　　☐청소년진로검사 ☐인터넷중독검사　☐부모·교사질문지
상담분야	1.(　　　)　2.(　　　)　3.(　　　)

상담 동의서

본 상담실은 여러분의 인적사항과 상담내용에 대해 비밀을 지켜드릴 것을 약속합니다. 덧붙여 보다 효과적인 상담 서비스를 제공하기 위해 필요한 몇 가지 협조 사항에 대해 여러분의 동의를 구하고자 합니다.

먼저, 상담교사의 자문을 목적으로 여러분의 상담내용을 녹음할 수 있음을 알려드립니다. 녹음을 원하지 않는 경우 선생님과 충분히 논의한 후 결정하기 바랍니다.

상담 내용 중 자신이나 타인을 해칠 수 있는(사회적으로 위협이 되는) 징후가 나타날 경우에는 그 내용을 가족 또는 중요한 주변 사람에게 알리는 것을 원칙으로 하고 있습니다.

상담 중 외부상담전문기관(예> 정신과, 정신보건센터, 상담센터 등)과의 연계가 필요한 경우, 상담자의 권유 및 본 센터의 방침에 적극적으로 협조해 주시기 바랍니다.

추후 외부기관에서 상담내용 제공을 요청할 경우에는 내담자 또는 보호자에게 동의여부를 득한 후 결정할 것입니다.

상담은 주 1회 40분 동안 진행되며, 연락 없이 무단으로 결석하지 않을 것을 약속해 주시기 바랍니다.

이에 동의하면 아래에 서명해 주세요.

위 내용을 충분히 알고 있으며, 상담실의 규정에 동의합니다.

년   월   일

서명

학부모 상담 동의서

　　　　　　　　　학생은 본 상담센터에서 실시되는 청소년의 적응과 발달을 돕는 프로그램에 참여를 희망하였습니다. 학생이 참여하여 좋은 경험을 나눌 수 있도록 학부모님의 많은 협조 부탁드립니다.

◎ 상담 일시 :

◎ 상담 시간 :

년　　　월　　　일

OOO 상담센터

.........................절.............................취.........................

동　　의　　서

가정에서 학생 지도에 적극 협조하고, 개인 상담 프로그램에 참여하는 것을 동의합니다.

학년　　　반　　　번

학　생 :　　　　　　(인)

학부모 :　　　　　　(인)

년　　　월　　　일

OOO 상담센터장 귀하

생 명 존 중 서 약 서

(   ) 학교 (   ) 학년 (   ) 반

성명 _____

**나는 나의 생명을 소중하게 생각하고
존중할 것을 엄숙히 서약합니다.**

1. 나는 나의 생명을 소중하게 여기겠습니다.
2. 나는 내 주변에 생명을 존중하지 않는 사람들을 발견할 때 그런 행동을 하지 못하도록 막고, 그 사람을 기꺼이 도와주겠습니다.
3. 나는 힘들고 어려울 때 혼자 고민하지 않고 반드시 다른 사람에게 도움을 요청하고 솔직하게 말하겠습니다.

년   월   일

3) 사례분류

사례분류는 사례회의-주 사례관리자 배정-관계기관 협력-의뢰서 보관-초기 개입으로 진행된다.

사례회의

접수담당자의 주관 하에 관계 전문가들이 Wee센터의 경우 사회복지사, 임상심리사, 전문상담사 각 1인 이상 사례회의를 진행한다. 사례회의에서는 사례를 개념화하여 사례에 필요한 지원을 결정하고 접근방법을 모색한다.

주 사례관리자 배정

사례회의를 통해 사례의 접근방법과 필요한 지원영역이 결정되면 가장 적합한 주 사례관리자를 배정해야 한다(학교부적응이나 왕따 등의 문제는 전문상담사가 정신 건강 문제의 경우에는 임상심리사가, 가정 및 환경지원이 가장 중요한 경우 사회복지사가 주 사례관리자가 될 수 있다). 이때 주 사례관리자는 사례의 종결까지의 모든 기록과 과정을 관리한다.

기관과의 협력

외부기관에서 내담자나 사업을 의뢰받은 경우, 주 사례관리자는 사례회의를 마친 후 사례를 효과적으로 관리하기 위해 기관 책임자나 상담 담당자와의 연계망을 구축한다. 학교의 경우 담임교사, 전문상담교사, 생활부장 등과 업무 네트워크를 구축한다.

의뢰서 보관

접수 담당자는 의뢰서의 원본을 보관하며, 주 사례관리자는 의뢰서의 사본을 출력하여 사례를 효율적으로 관리할 수 있도록 해야 한다.

초기 개입 시기

의뢰서를 접수하여 사례를 배정하고 개입이 시작될 때까지 1주일 이상이 경과되지 않아야 한다.

4) 심리평가

사례관리자가 상담초기 내담자의 현재 상태를 이해하고 구체적인 상담목표를 설정하기 위해 자기보고식 검사를 실시할 수 있다. 학생을 대상으로 심리검사를 하는 경우 사례자의 행동보고를 위해 교사와 학부모를 심리검사 대상으로 포함할 수 있다. 특히 학부모의 경우 학부모와 내담자의 역동을 살피기 위해 학부모 개인을 위한 심리검사를 진행할 수도 있다. 초기 심리평가에는 문장완성검사, 자기보고식 우울검사, 자기보고식 불안검사, 다면적 인성검사 등을 포함할 수 있다.

초기 자기보고식 검사 실시 후 또는 사례를 진행하는 도중 정서 및 행동과 인지적으로 심도 있는 검사가 필요한 경우, 임상심리사가 심리검사를 실시한다. 이때, 의뢰를 하는 주 사례관리자는 별도의 의뢰절차를 거쳐야 한다. 이 경우에는 성격평가, 정서평가, 지능평가, 행동평가를 포함한 진로·적성검사와 부모양육스트레스 검사 등을 실시할 수 있다.

5) 사례개입

사례개입에는 다양한 방법들이 독립적으로 혹은 동시에 사용될 수 있다. 문제의 종류와 유형에 따라 한 사례에 다양한 개입을 중복하여 지원하는 경우 이를 다중지원이라 하며 개입의 관리는 주 사례관리자가 한다. 다중지원의 종류에는 다음과 같은 서비스가 있다.

- **개별상담** : 내담자와의 협력관계를 구축하고 심리적, 정서적 지지 및 문제해결과 성장을 위해 노력하는 모든 활동을 말한다.
- **교사 및 학부모 상담** : 내담자의 환경적 변화와 성장지원적 모형을 구축하기 위해 교사와 학부모의 협력을 구하고 사례 진행에 대한 논의를 하는 과정이다.
- **집중프로그램** : 내담자의 잠재력과 가능성을 최대한 발휘하여 사회의 구성원으로서 역할을 다할 수 있도록 제공하는 다각적 접근이다. 학생이 집중교육에 참가할 경우 공문을 통해 학교로부터 의뢰서를 받아야 하며, 이 경우 프로그램기간을 학생의 출석으로 인정해 줄 수 있다.
- **지원 및 연계** : 생활지원 및 체험활동지원 멘토링과 같은 인적 자원 확보와 제공을 위한 활동을 의미하며 실제로 내담자에게 필요한 경우 관련 서비스를 제공해야 한다. 사례관리자는 담당 사례의 지원 및 연계가 필요한 경우 지원 및 연계 담당자에게 별도의 양식을 작성하여 의뢰를 하여야 한다. 다른 기관으로 지원 연계한 경우에도 주 사례 관리자는 사례의 진행 및 과정을 관리하여야 한다.

사례개입의 과정에서 전문 의학적 처리를 요하는 경우 병의원 전문의에게 치료를 의뢰한다. 이때 주 사례 관리자는 사례의 진행과정을 협의하고 진행하여야 한다.

6) 종결 및 사후평가

상담목표가 달성되면 상담을 종결한다. 또한, 보호자 및 내담자 본인이 원하는 경우 사례가 진행되는 도중 중단할 수 있다. 단, 보호자나 내담자의 요구에 의해 종결할 시에는 다음에 상담에 참여할 수 있는 방법을 안내하여야 한다. 또한 현재까지의 상담진행 과정과 상담종결 시 내담자가 직면해야 할 과제 등에 대해 점검하는 시간을 가져야 한다.

주 사례관리자와 내담자의 동의에 의해 상담이 종결될 경우 내담자의 변화정도에 대한 평가를 진행할 수 있으며, 이때 관계자를 포함한 내담자 본인의 변화정도를 측정할 수 있다. 사례가 종결될 시 종결보고서를 작성하여 상담서비스 기간의 상담한 내용과 함께 보관한다. 관련 문서는 잠금장치가 있는 서류 보관함에 보존한다. 교육부에서는 학교의 상담관련 기록을 5년간 보관하도록 하고 있다.

3. 상담행정 진행절차

상담과 관련된 사업을 진행하기 위해서는 반드시 행정 절차에 따라 문서를 작성하여 진행하여야 한다. 이는 사업의 적정성과 합리성 및 객관성을 확보할 수 있고 나아가 공신력을 지닐 수 있기 때문이다. 또한 사업 관리자의 결재를 득했을 때 비로소 그 사업에 대한 책임이 따른다.

상담행정진행 절차를 Wee센터 중심으로 살펴보면 다음과 같다. 첫째, 사업계획을 수립하고, 내부결재용 공문서를 작성하여 결재를 완료한 후 사업이 시작된다. 둘째, 사업의 성격상 내부에서 진행되는 사업일 경우에는 사업계획에 따라 진행하면 되지만 각급학교와 관련된 사업이라면 각 학교에 운영 계획을 공문서로 작성하여 해당학교로 발송하여 진행한다. 예컨대 상담운영계획을 학교에 알리는 경우, ① 운영계획서와 의뢰서를 첨부하여 각급학교에 공문으로 발송한다. 그리고 ② 학교에서는 운영 계획을 숙지한 후 붙임 파일의 의뢰서를 작성하여 공문서로 Wee 센터에 의뢰한다. ③ Wee 센터는 학교에서 보내온 공문서를 접수한다. ④ 접수한 내용을 사례회의를 통하여 사례관리자를 지정하고 상담을 진행한다. ⑤ 종결 후 에는 의뢰한 학교에 종결보고서, 개입소견서, 특별교육이수확인서를 공문으로 발송한다. 이상의 내용을 개요도로 나타내면 다음 <표25>와 같다.

<표25> 상담행정 진행 절차

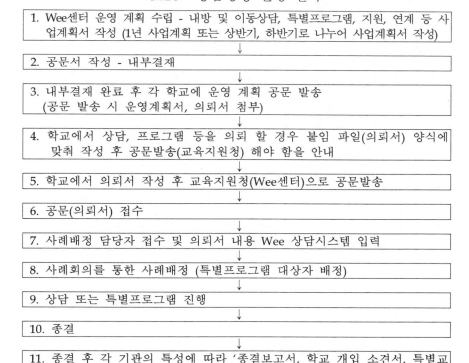

1. Wee센터 운영 계획 수립 - 내방 및 이동상담, 특별프로그램, 지원, 연계 등 사업계획서 작성 (1년 사업계획 또는 상반기, 하반기로 나누어 사업계획서 작성)

↓

2. 공문서 작성 - 내부결재

↓

3. 내부결재 완료 후 각 학교에 운영 계획 공문 발송
(공문 발송 시 운영계획서, 의뢰서 첨부)

↓

4. 학교에서 상담, 프로그램 등을 의뢰 할 경우 붙임 파일(의뢰서) 양식에 맞춰 작성 후 공문발송(교육지원청) 해야 함을 안내

↓

5. 학교에서 의뢰서 작성 후 교육지원청(Wee센터)으로 공문발송

↓

6. 공문(의뢰서) 접수

↓

7. 사례배정 담당자 접수 및 의뢰서 내용 Wee 상담시스템 입력

↓

8. 사례회의를 통한 사례배정 (특별프로그램 대상자 배정)

↓

9. 상담 또는 특별프로그램 진행

↓

10. 종결

↓

11. 종결 후 각 기관의 특성에 따라 '종결보고서, 학교 개입 소견서, 특별교육이수확인서' 등을 학교로 발송

4. 상담관련 문서 작성

문서란 기관 내부 또는 상호간이나 대외적으로 공무상 작성 또는 시행되는 문서(도면, 사진, 디스크, 테이프, 필름, 슬라이드, 전자문서 등의 특수매체기록을 포함) 및 기관이 접수한 모든 문서를 말한다. 문서의 종류에는 작성주체에 따라 공문서와 사문서로 나뉘고 유통대상 여부에 따라 대내문서, 대외문서, 문서의 성질에 따라서는 법규문서(고시, 공시), 비치문서, 민원문서(인가, 허가), 일반문서(회보, 보고서)로 분류한다.

1) 공문서 작성요령

문서에서의 글자는 문화예술진흥법 제 7조의 규정에 의한 어문 규범에 맞게 한글로 작성 하되, 쉽고 간명하게 표현하고, 뜻을 정확하게 전달하기 위하여 필요한 경우에는 괄호 안에 한자 그 밖의 외국어를 넣어 쓸 수 있으며, 특별한 사유가 있는 경우를 제외하고는 가로로 쓴다 [2002. 12. 26. 개정].

숫자는 아라비아 숫자로 쓰고, 연호는 서기 연호를 쓰되, "서기"는 쓰지 않는다. 그리고 날짜는 숫자로 표기하되, 연, 월, 일의 글자는 생략하고 그 자리에 온점을 찍어 표시한다. 시간은 24시각제에 따라 숫자로 표시하되, 시, 분의 글자는 생략하고 그 사이에 쌍점(:)을 찍어 구분한다.

※ [예시]

○ 인원 : 이십명 ⇒ 20명
○ 일시 : 2011년 05월 26일(토). 12시 30분 ⇒ 2011. 5. 26(토). 12:30

문서의 내용을 여러 항목으로 구분하여 작성하고자 할 때에는 다음과 같이 나누어서 표시한다.

<표26> 문서작성의 항목구분

구분	항목부호	구분	항목부호
첫째	1. 2. 3. 4.	다섯째	(1) (2)(3)(4)
둘째	가. 나. 다. 라.	여섯째	(가)(나)(다)(라)
셋째	1) 2) 3) 4)	일곱째	①②③④
넷째	가) 나) 다) 라)	여덟째	㉮㉯㉰㉱

그러나 기안문 작성시에 하나의 항목만 있을 경우에는 항목구분을 생략한다. 다만 부분적으로 필요한 경우에는 '□, ○, -, ?' 등과 같은 특수한 기호로 표시할 수 있다.

2) 상담관련 문서 작성의 실제

공문서는 교육청, 학교 등 관공서에서 작성하여 활용하고 있다. 여기에서는 상담과 관련된 사업을 수행하고 있는 Wee센터를 중심으로 문서 작성 방법을 설명하면 다음과 같다.

모든 교육(행정)기관에는 학교조직효율화와 교원행정업무경감을 위한 통합행정업무포털시스템을 운영하는데 그 중 업무처리 전 과정을 과제관리카드 및 문서관리카드 등을 이용하여 전자적으로 관리하는 시스템인 업무관리시스템을 활용한다. (사무관리규정 제 3조 14)

업무관리시스템은 업무추진, 일정관리, 업무지원 분야로 구성되었으며, 업무추진분야는 문서 및 업무처리이력을 체계적으로 분류 관리하는 기능분류체계와 전자문서, 간략보고, 지시사항 등 업무추진의 핵

심 기능을 제공하고, 일정관리 분야는 개인의 일정 및 부서원의 일정
을 수직 및 수평적으로 공유하여 원활한 협업이 될 수 있도록 지원하
고, 업무지원 분야는 공문게시, 공유설비예약, 내부메일 등 효율적인
업무처리를 지원한다.

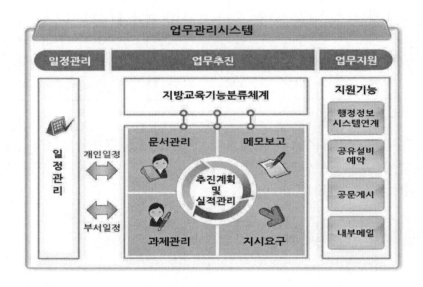

[그림9] 업무관리시스템 구성도

문서는 사업담당자가 문서를 작성하여 상급자에게 결재를 요청하
고 결재가 종료되면 사업수행기관에 문서를 시행한다. 사업수행기관에
서는 문서를 접수하여 사업을 추진하며 그 기록물을 관리한다. 업무관
리시스템과 주요 기능간 관계를 나타내면 다음 [그림10]와 같다.

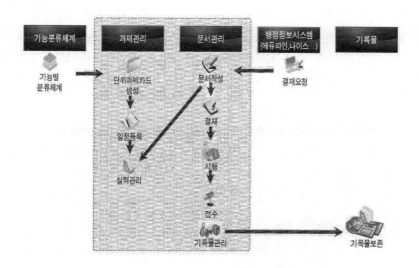

[그림10] 주요기능 간 관계

위에서 언급한 문서 작성 과정을 구체적으로 설명하면 다음과 같다.

1) 업무관리시스템 시작하기

먼저 인터넷 브라우저 주소창에 시스템 속 URL을 입력[7])하여(접속

7) 업무관리시스템 접속 주소

시도교육청	주소	시도교육청	주소
서울특별시교육청	bms.sen.go.kr	부산광역시교육청	bms.pen.go.kr
대구광역시교육청	bms.dge.go.kr	인천광역시교육청	bms.ice.go.kr
광주광역시교육청	bms.gen.go.kr	대전광역시교육청	bms.dje.go.kr
울산광역시교육청	bms.use.go.kr	경기도교육청	bms.ken.go.kr
강원도교육청	bms.kwe.go.kr	충청북도교육청	bms.cbe.go.kr
충청남도교육청	bms.cne.go.kr	전라북도교육청	bms.jbe.go.kr
전라남도교육청	bms.jne.go.kr	경상북도교육청	bms.kbe.go.kr
경상남도교육청	bms.gne.go.kr	제주특별자치도교육청	bms.jje.go.kr

주소 참고) 업무관리시스템으로 접속한다. 접속을 하면 다음과 같은
화면이 나타나는데 아이디를 입력하고 인증서(한국교육학술정보원에서
발급)로 로그인한다. 정상적으로 로그인이 되어야 업무관리시스템을
활용할 수가 있다.

[그림11] 시스템 초기화면

2) 문서관리

업무관리시스템에 접속하여 로그인 하면 다음과 같은 화면이 나타
난다. 문서작성을 위해서는 상단 메뉴 중 문서관리 항목을 클릭한다.

기안

기안이란 어떤 사업 계획이나 계획 실행 보고서를 말한다. 예를 들어 청소년 캠프를 진행할 경우 누가, 언제, 무엇을, 어떻게, 왜 등 6하원칙에 따라 캠프 목적-진행방법-소요예산 등에 대한 계획을 작성하여 보고하는 문서를 말한다. 업무관리시스템에서 기안을 하는 경우 다음 절차를 따른다.

① 공용서식, 샘플서식, 연계기안, 임시저장으로 나누어진 메뉴에서 기안자가 사용할 서식을 선택하여 문서를 기안할 수 있는데 상담자는 공용서식을 선택한 후 ② 표준기안서식을 클릭하면 결재정보, 본문을 입력할 수 있는 문서관리카드기안 화면이 나타난다.

(가) 문서관리카드 기안

문서 작성은 제목, 과제카드, 공개, 수신자 등을 기록하는 문서정보와 본문 작성으로 구분되는데 방법을 다음과 같다.

문서정보 작성

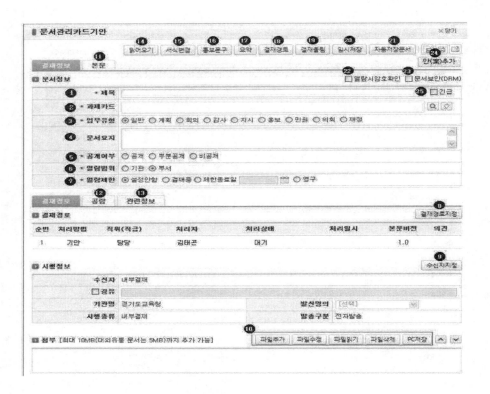

① 문서 제목 입력 : (예) 청소년 캠프 운영 계획 수립
② 단위과제카드 선택 : 단위과제카드 아이콘을 클릭하여 부서별로 사전에 등록되어 있는 단위과제 카드 중에서 해당되는 카드를 선택한다. 청소년 캠프 운영은 보통 "상담" 카드로 분류되어 있다.

③ 업무유형 선택 : 기안의 성격에 따라 일반, 회의, 지시, 감사 등에서 해당 유형을 선택한다. 사업계획의 경우 "일반"으로 체크한다.

④ 문서요지 입력 : 문서의 핵심내용을 요약하여 입력한다. "청소년의 공동체 의식 함양을 위한 캠프 운영 계획"으로 기재한다.

⑤ 공개여부 : 공공기관의 정보공개에 관한 법률 제9조에 의거 대국민 공개, 부분공개, 비공개를 선택한다. 비공개, 부분공개를 선택하면 하단에 공개제한부분 선택 박스가 생기며, 공개제한부분을 선택하고 사유를 입력한다.

⑥ 열람범위 선택 (부서 선택) : 문서를 기관내 사용자들이 확인할 수 있도록 하면 "기관" 항목을 선택하고, 부서내 사용자만 확인할 수 있도록 할 경우에는 "부서" 항목을 선택한다.

⑦ 열람제한 설정 : 진행중인 문서를 결재경로에 있지 않은 부서내 사용자들이 확인이 가능하도록 할 경우에는 "설정안함" 항목을 선택하고, 현재 결재진행중인 문서를 결재경로선상의 사용자만 확인할 수 있도록 할 경우에는 "결재중" 항목을 클릭한다. 일반적으로 "설정안함"을 선택한다. 또한, "제한종료일"을 입력하면 지정한 날짜까지 확인할 수 없고 종료일 다음날부터 확인이 가능하다. "영구" 항목을 클릭하면 결재선 사용자를 제외하고 부서내 사용자들이 문서를 영구히 확인할 수 없다.

⑧ 결재경로 지정 : 기관별로 운영하고 있는 위임전결규정에 따라 문서의 결재경로를 지정한다. 중요한 사업의 기본계획은 최종 결재권자를 기관장으로 하여 경로를 지정(기안자-센터실장-과장-국장-교육장)하고 기본계획에 따라 집행되는 사업의 경우 부서장이 최종 결재권자(전결)가 되도록 경로를 지정한다(기안자-센터실장-과장).

⑨ 수신자 지정 : 수신자 지정 항목을 클릭하여 문서 수신 기관을 선택한다. 기관내 타부서 및 외부기관에 발신하는 문서를 제외

하고는 "내부결재" 항목을 선택한다. 타부서 및 외부기관으로 발송할 경우에는 시스템에 등록되어 있는 기관을 검색하여 해당기관을 선택한다.

⑩-⑪ 본문 입력 : "본문" 탭을 클릭하여 내용을 입력한다.
　　　　………… (나머지 사항은 생략해도 무방함)

⑲ 결재문서 처리 : 본문 작성이 완료되면 "결재올림" 버튼을 클릭한다. 예를 들어 "청소년 캠프 운영계획입니다"(생략가능)라는 내용을 입력하고 "확인"을 클릭하면 결재문서를 처리된다.

본문 작성

위 문서관리카드 기안 ⑪ "본문"탭을 클릭하면 본문을 입력할 수 있는 화면이 나타난다. 본문작성 시 6하 원칙(언제, 어디서, 누가, 무엇을, 어떻게, 왜)을 염두에 두고 작성한다.

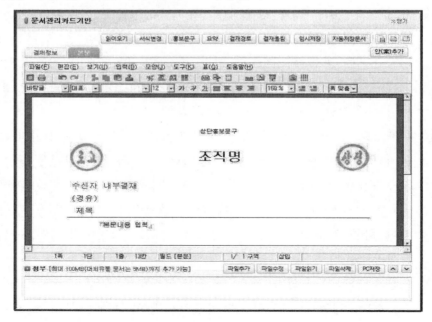

① 본문작성의 항목구분

> 1. 관련 : 학생생활지원과-1111(2011. 9. 4)
> 2. ······ 다음과 같이 추진하고자 합니다.
>   가. 연수명 :
>   1) 대상자 :
>   가) 기타사항
>   (1)
>   (가)
>
> ※ 본문이 끝났을 경우 마지막 글자 다음에 "."을 찍고 2타를 띄운다 음 "끝"을 표시한다.
>
> ---
>
> (본문의 내용) ○○○○○○○○○○○○○○○○○○○○○○○○○○○○
> ○○○○○○○○○○○○○○○○○○ 보고합니다.∨∨끝.

② 본문작성 후 붙임쓰기

> － 본문 한 줄 띄고 다음 줄에 붙임을 쓰며 붙임 다음에 ' : '를 하지 않는다.
>
> ---
>
> (본문의 내용) ○○○○○○○○○○○○○○○○○○○○○보고합니다.
> 붙임∨○○○ 계획서 1부.∨∨끝.

※ 붙임이 2개 이상일 경우: 연번을 붙임

> (본문의 내용) ○○○○○○○○○○○○○○○○○○○○○○○○○○○○
> ○○○○○○○○○○○○○○○ 보고합니다.
> 붙임∨1. ○○○ 계획서 1부
>   2. ○○○ 명단 1부.∨∨끝.

③ 붙임 문서 첨부

붙임 문서가 있을 경우 아래 화면의 "등록" 버튼을 클릭하여 PC
에 저장되어 있는 문서를 선택한다. 여러 개의 문서가 첨부할 수 있
다. 시스템의 성능에 따라 첨부할 수 있는 파일 용량이 정해져 있다.
파일을 잘못 선택하여 첨부되어 있을 경우에는 해당 파일을 선택하고
"삭제" 버튼을 클릭하여 지운다. "등록" 버튼을 클릭하여 원하는 파일
을 선택하여 첨부한다.

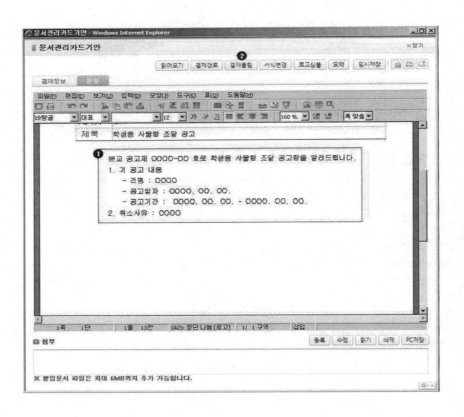

④ 본문내용 작성 예시

---

　　1. 관련 : 학생생활지원과-1111(2011. 9. 4)
　　2. 청소년의 올바른 인성함양을 위하여 다음과 같이 "청소년 캠프"를
운영하고자 합니다.

　　가. 일시 : 2012. 10. 1~2(1박 2일)
　　나. 장소 : ○○청소년 수련원
　　다. 대상자 : 관내 고등학생 중 희망자 100명
　　라. 주요내용 : 마음열기, 명랑운동회, 모둠활동, 체험활동 등
　　바. 소요예산 : 15,000천원 정도
　　　－ 강사료 2,000천원
　　　－ 숙박비 및 식비 : 8,000천원
　　　－ 운영비 등 : 5,000천원

붙임　청소년 캠프 운영 기본계획 1부.　끝.

연계기안

　　연계기안은 예산을 집행하기 위하여 품의요구서를 작성한 후 결재를 요청할 때 사용한다. 다시 말해서 예산의 경우에는 에듀파인, 출장의 경우에는 나이스 시스템에서 연계 처리하여 문서관리로 넘어 온 문서를 결재처리하기 위해서 기안할 때 사용한다.

① 타 시스템에서 기안한 문서목록 및 상태를 조회하여 해당 문서를 클릭한다. 에듀파인에서 전달받아 업무관리시스템에서 사용할 수 있도록 가공한 파일을 확인할 수 있는 데 앞에서 언급한 방법과 동일한 방식으로 문서를 작성한다.

② 문서를 잘못 작성했을 경우에는 기안대기중인 문서를 선택한 후 "반송"버튼을 클릭하면 원 연계시스템으로 반송된다.

임시저장

문서를 작성하는 중 저장이 필요할 때 또는 긴급한 업무 처리 등으로 정상적인 문서 작성이 어려울 경우에 사용하는 메뉴이다. 임시 저장한 문서의 목록을 확인하고 재작성하거나 삭제할 수 있다.

① 문서관리카드작성 중 임시 저장한 문서를 확인한다.
② 임시저장 목록에서 체크박스를 선택하여 『재작성』버튼을 클릭
   하면 임시 저장된 『문서관리카드기안』화면이 나타나고 계속 문
   서를 작성 할 수 있다.
③ 임시저장 목록에서 체크박스를 선택하여 『삭제』버튼을 클릭하
   면 임시 저장된 문서를 삭제 할 수 있다.
④ 특정 문서를 찾을 경우 검색어 입력 후 『조회』버튼을 클릭하여
   검색한다.

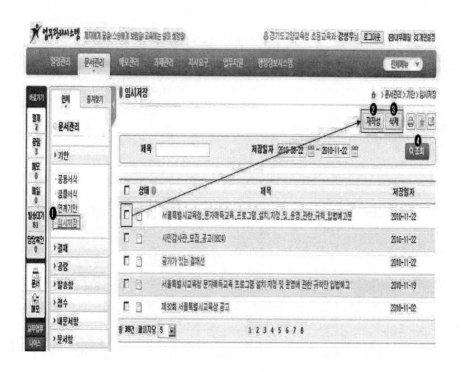

(나) 결재

결재 메뉴에서는 본인에게 도착한 문서를 결재할 수 있다. 권한과 문서의 처리 상태에 따라 재작성, 회수, 삭제, 공람 등의 업무를 수행할 수 있다.

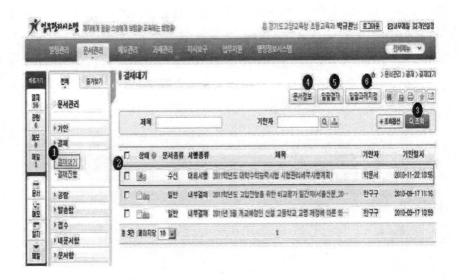

결재대기조회

① 결재대기를 클릭하여 결재문서 목록을 확인한다.
② 결재대기에서 조회된 문서제목을 클릭하여 해당 문서의 문서관리카드를 열고 문서 내용을 확인하고 "문서처리"를 클릭하여 결재한다.
③ 특정문서를 찾는 경우 조회옵션을 입력 후 『조회』 버튼을 클릭하여 검색한다.
④ 결재대기 문서를 선택하고 『문서정보』 버튼을 클릭하면 문서의

세부정보 확인한다.

⑤ 결재대기 문서를 선택하고『일괄결재』버튼을 클릭하면 선택된 문서가 일괄결재 처리된다. 단순한 공지사항이나 타부처 법령개정 관련 의견수렴 등 문서내용을 확인할 필요가 없는 문서가 많이 있을 경우 "일괄결재" 버튼을 사용하면 결재시간을 단축할 수 있다.

⑥ 결재대기 문서를 선택하고『일괄과제지정』버튼을 클릭하면 선택된 문서의 과제를 일괄로 지정한다.

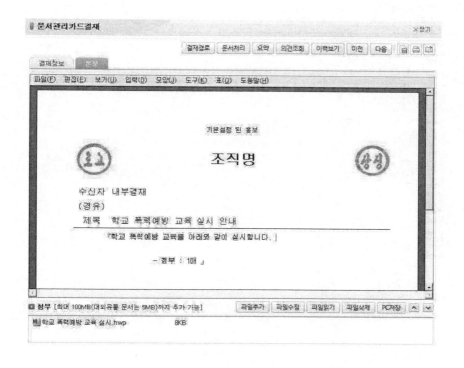

(다) 발송함

문서결재가 완료되면 문서를 발송한다. 내부결재의 경우에는 결재

종료 후 문서발송이 필요 없지만 타부서 및 외부 발송의 경우에는 처리과 문서 담당자가 절차에 따라 문서를 발송한다. 긴급을 요하는 사항 등 필요할 경우에는 문서 기안자가 직접 문서를 발송한다.

결재가 완료된 시행문은 다음 화면과 같이 기안자의 발송대기 또는 처리과 문서담당자, 문서과 문서 담당자의 발송처리 화면으로 나타난다. 발송대기에서 조회된 문서제목을 클릭하면 해당 문서의 내용 확인 및 발송처리를 할 수 있다.

발송 처리할 문서를 클릭하여 "발송처리" 버튼을 누르면 발송 처리 화면이 나타나는데 다음과 같은 절차로 진행한다.

① 서명구분 : 『관인서명』은 대외발송 시 선택하고, 『부서장인서명』은 대내발송 시 선택하며, 관인을 생략할 경우에는 『관인생략』 항목을 체크한다.
② 발송구분 : 『전자발송』은 업무관리시스템을 통한 전자문서로 발송할 경우에 선택하는데 특별한 경우를 제외하고 전자발송 항목을 체크한다. 『비전자발송』은 민원답변과 같이 인편, 우편 등으로 발송처리할 경우 선택한다. 『공문게시』는 문서를 발송하지 않고 수신부서의 공문게시판에 게시할 경우에 선택한다.
③ 확인 : 확인 버튼을 클릭하면 수신자에게 문서가 발송된다.

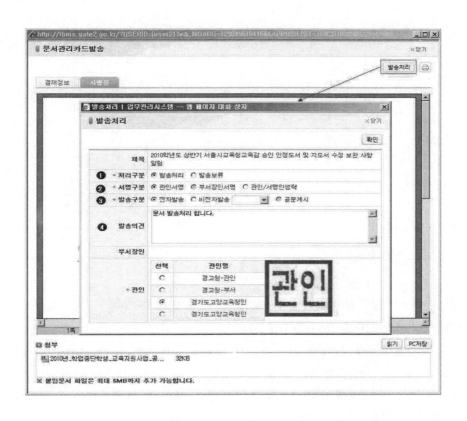

문서 발송이 이루어진 후 수신 기관에서 어떻게 처리되고 있는지를 확인하고 싶을 경우에는 다음 화면과 같은 "발송현황" 버튼을 클릭하여 조회할 수 있다.

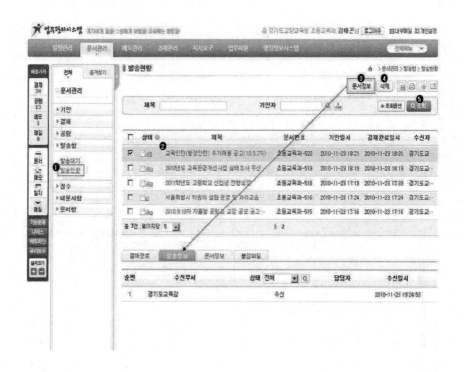

(라) 문서 접수

문서 담당자로부터 업무담당자에게 문서가 배부된 경우 업무담당자는 문서를 접수 결재하여야 한다. 다음과 같은 절차로 진행된다.

① 결재대기에서 제목 클릭 시 본문 탭이 먼저 활성화되어 본문내용을 확인할 수 있으며, 결재정보 탭을 클릭하여 결재를 진행한다.

② 과제카드 선택 : 문서작성과 동일한 방법으로 과제카드를 선택한다.

③ 결재경로 지정 : 팀장, 과장 등 '업무관리자'를 결재선에 추가한다.

단순한 업무 참고 자료의 경우에는 담당자 결재로 종결할 수 있다.
④ 문서처리 : 문서관리카드결재 창의 상단에 있는 "문서처리" 버튼을 클릭하여 문서를 처리한다. 담당자 1인 결재를 제외하고 상급자에게 문서가 상신되어 결재가 진행된다.

<표27> 업무관리시스템 용어 정리

용 어	설 명
지방교육 기능분류체계	교육청 및 학교의 업무를 고유한 기능중심으로 분류하고, 분류된 업무와 관련된 정보를 정의한 체계
기능별 분류체계	교육청 및 학교가 상시적으로 수행하는 업무를 기능수준에 따라 분류한 체계로서 정책분야, 정책영역, 대기능, 중기능, 소기능, 단위과제로 구분

목적별 분류체계	교육발전계획 및 성과계획, 사업계획 등과 같은 각 기관별 수행과제에 따른 업무관리를 위해 분류한 체계 행정기관이 정책목적을 달성하기 위해 정책수준에 따라 임무, 전략목표, 성과목표, 관리과제로 구분
단위과제	단위과제는 기능별 분류체계의 가장 하위단위 이는 교육청 및 각급학교 업무 수행의 기준이 되며 업무간 유사성 및 독자성을 고려하여, 업무절차관점에서 소기능을 세분화한 업무영역
관리과제	교육청별 목적별 분류체계의 가장 하위단위로, 해당 기관이 계획기간 내에 중점적으로 추진하는 정책업무를 정의
공통단위과제	16개 시·도교육청과 각급 학교가 공통적으로 수행하는 업무를 표준화하여 정의한 단위과제
고유단위과제	교육청 및 학교가 각각 고유의 업무를 자체적으로 정의한 단위과제
과제관리	교육청과 학교에서 사용자 주관에 따라 만들었던 기록물철 대신 지방교육기능분류체계에 따라 분류된 과제카드에 문서, 메모 등을 체계적으로 관리하는 행위
단위과제카드	업무담당자들의 모든 업무 수행을 전자적으로 기록하고 관리하는 카드로서 표제부, 실적관리, 접수관리, 예산편성, 업무편람으로 구성
관리과제카드	교육청의 정책목표달성을 위하여 추진과제별로 카드를 만들어 업무를 관리
과제담당자	단위과제 또는 관리과제를 추진하는 업무담당자를 지칭하며, 하나의 과제카드에 대하여 여러 명의 과제담당자 지정이 가능
과제관리자	과제카드별로 지정되는 여러 명의 과제담당자 중 과제카드 정보의 수정권한을 보유한 관리자(과제카드별 1명)
관리자 주요메모	부서장이 보고받은 메모 중 후임부서장이 업무상 참고가 필요하다고 판단되는 메모를 후임자가 열람할 수 있도록 지정한 메모
결재경로	기안자가 문서 결재요청 시 지정하는 결재선
결재방법	협조, 병렬협조, 대결, 전결, 검토 및 결재로 구성된 결재방법 및 절차
결재올림	기안자가 최초 결재(검토)자에게 결재를 올리는 행위
경유	문서 발송과정에서 경유가 필요한 기관을 지정하는 기능
공람	완결된 결재문서에 대하여 공람이 지정된 자가 보게 함

공문게시	시행문을 수신처에 발송하지 않고 수신처의 게시판에 게시
관리자주요문서	부서장이 결재한 문서 중 후임부서장이 업무상 참고가 필요하다고 판단되는 문서를 후임자가 열람할 수 있도록 지정한 문서
관인생략	시행문에 관인서명을 생략
관인서명	시행문에 관인서명을 붙임
기관내부지식	기관 내 업무관리와 연계하고 있는 지식관리시스템
기록물형태	비전자 기록물인 경우 기록물의 형태(슬라이드필름세트(영상), 사진, CD, 사진/필름, 인화된 사진, 슬라이드사진(비영상,그림)
기안자	문서를 생산한 사람
접수자	수신문서를 접수한 사람
담당확인요청	처리과 문서담당자가 수신문서를 접수하기 전에 업무담당자가 맞는지 확인 요청하는 과정
대내문서	기관 내 발송 문서
대외문서	기관 외 발송 문서
발송정보	문서의 발송 후 배부 및 수신 상태 정보
문서처리	결재요청, 검토, 결재, 접수 등 모든 문서처리행위를 포괄적으로 지칭
미도착	수신부서에 전자문서가 도착 전인 상태
미접수	수신부서에서 전자문서의 접수 전 상태
반 송	수신자가 발신자에게 문서를 돌려보내는 행위

5. 심리평가 보고서 작성

심리평가보고서는 각 내담자의 증상과 문제행동에 따라 선별된 검사를 실시하여 수치와 글자에 불과하던 여러 평가 자료의 의미를 해석하고, 그 해석한 바를 토대로 내담자에 대해 통합된 설명을 제공함으로써 내담자의 치료계획의 틀을 형성하는 기반이 되는 중요한 자료가 된다. 심리평가보고서의 내용은 내담자의 전체적인 모습을 잘 나타날 수 있도록 자세하게 기술하는 것이 중요하다.

심리평가보고서의 내용

- ■ **내담자의 인적사항**
  이름, 나이, 성별, 학력, 직업
- ■ **실시한 검사종류**
  검사 시행일, 시행된 검사의 종류
- ■ **평가사유**
  간단한 내담자의 병력과 보고서에서 답변해야 할 구체적인 사항
- ■ **행동관찰(수검태도 및 인상)**
  검사 시 환자의 행동 특징
- ■ **검사결과 및 해석**
  지능, 인지기능, 정서, 대인관계, 자아개념 및 핵심문제를 중심으로 기술. 정신병리 및 장점을 발견하여 기술
- ■ **진단적 제언**
  통합적으로 검사결과를 요약
- ■ **치료적 제언**
  특정 치료 책략이나 치료 목표

특히 평가사유는 내담자의 증상을 중심으로 언제부터 무슨 문제로 어떤 치료를 받았고 그 결과는 어떠하였는지, 이번에는 무엇 때문에 의뢰되었는지 구체적이고도 간결하게 기술한다. 행동관찰은 심리평가의 모든 과정에 해당하는 사항으로 검사 시의 내담자의 모습, 태도 및 행동 양상을 기술한다. 내담자의 체격, 옷매무새, 활동성의 정도, 위생 상태, 표정, 눈맞춤, 언어표현, 양상, 대화의 속도와 내용, 논리적 흐름, 이상행동의 양과 정도, 검사 및 검사자에 대한 태도를 적절히 언

급한다. 특히 의뢰문제와 관련되는 행동에 대해 수렴적이고 구체적으로 기술한다.

〈표28〉 심리평가 행동관찰 요령

관찰대상	구체적인 고려 사항
1. 목소리와 말	① 크기나 강도(지나치게 크거나 지나치게 부드럽고 단조로운) ② 목소리의 고저(낮은, 높은, 단조로운) ③ 말의 속도(일반적으로 느리거나 빠른, 단조로운, 변덕스러운) ④ 말하기의 용이성(주저하거나 단절) ⑤ 자발성(자발적이거나 이끌어지는) ⑥ 반응시간(느리거나 빠른) ⑦ 관련성(관련성이 있는 또는 없는) ⑧ 말투(형식적이거나 이완되거나 지나치게 친밀한) ⑨ 뚜렷한 언어의 일탈(신조어, 반향음, 단어가 분명치 않고 혼합된) ⑩ 어휘(제한되거나 폭넓은) ⑪ 목소리의 질(거친, 쉰, 지나친 비음, 비음이 너무 없는) ⑫ 유창성(반복, 교정, 미완성 구문, 부서진 단어, 끄는 소리)
2. 비언어적 행동	① 운동행동(매너리즘, 협응 수준, 행동수준 : 과잉행동, 행동부진, 틱, 경련, 전율, 몽롱함, 동요, 찌푸림, 자기자극, 흔드는 움직임, 판에 박은 행동) ② 자세변화(구부린, 이완된, 긴장된, 곤두선, 웅크린, 기대는) ③ 표정과 면접 내용에 대한 적절성(경계하는, 멍한, 온화한, 찡그 린, 웃는, 당황한, 불안한, 화난, 걱정하는 슬픈) ④ 시선접촉(전혀없는 것에서 지속적인 것)
3. 개인적인 용모	① 내담자의 옷, 머리모양, 옷차림
4. 정 동	① 내담자의 활동 수준과 검사가 진행됨에 따라 변화하는 활동 수준 ② 감정과 관련된 주제를 다룰 때 감정의 적절성(표정이 대화 내용 과 일치하는가) ③ 몸의 움직임과 제스처의 의미
5. 신체적, 신경학적 발달	① 운동 행동 ② 키, 몸무기, 안색, 전반적인 용모

검사 결과를 제시할 때 내담자의 의뢰자, 의뢰목적 등 여러 가지를 고려하여 어떤 구조를 택할지 결정하고 핵심 부분은 중점적으로 강조한다. 흔히 인지(cognition), 사고(thought), 정서(emotion), 대인관계(interpersonal relationship)로 나누며 내담자에 따라 더욱 세부적으로 구분하기도 한다. 각 영역에 따라 언급해야 할 내용은 다음과 같다.

(1) 인지영역 -지적능력

지능 지수(IQ), 뇌의 기질적 손상 여부, 기억력, 판단력, 논리적 추리력, 추상적 사고력 및 주의집중력을 기술한다. 제반 인지기능 간에 편차가 있는지, 자신의 지적능력에 준하는 수행을 보이는지, 인지 기능이 정서적 스트레스의 영향으로 저하되지는 않았는지 여부도 언급한다.

(2) 인지영역 -사고

지각적 왜곡이 있는지, 사고장애나 현실 검증력의 장애가 있는지, 있다면 그 양상이 어떠한지 기술한다. 인지양식이나 인지적 오류 등에 대해서도 언급한다. 사고장애와 관련하여 개념형성이 논리적인지, 사고형태가 구체적이거나 자폐적인지, 사고과정이 양적으로 팽창되어 있는지 혹은 빈곤한지, 연상의 이완이나 사고의 비논리성이 있는지, 사고내용상 과도하게 몰두하는 영역이나 망상이 있는지 등이 여기에 포함된다.

(3) 정서(emotion) 및 감정(feeling) 영역

내담자가 현재 주관적으로 느끼는 감정 상태, 내담자가 인식하지는

못하나 검사 반응에서 추론되는 내면의 억압된 감정, 내담자의 발병에 가장 영향을 주었음직한 핵심 감정, 감정 및 충동조절능력과 방어기제 및 그 효율성 등을 기술한다. 특히 정서적 곤란의 근원, 발전과정, 내담자의 생활에 끼친 영향, 내담자의 대처 방법과 효율성 및 내담자가 부여하는 의미가 중요하게 다루어져야 한다.

㉠ 현상적 정서

우선 내담자의 일반적인 감정 상태(general emotional tone), 즉 어떤 감정을 어떻게 느끼고 있는지를 기술한다. 우울한지 불안한지 아니면 화가 나 있는지, 각 감정의 양상은 구체적으로 어떠한지(우울의 예를 들면 슬픈지, 불행감이 드는지, 혹은 아무런 흥미나 관심이 생기지 않는지 등), 감정이 자발적으로 우러나는지(spontaneous) 수동적(passive)이고 현실회피적(withdrawn)인지, 정서적 고통에 신체증상이 동반되는지 그렇다면 그 양상이 어떠한지 등을 자세히 묘사한다. 또한 감정표현양상이 어떠한지에 대해서도 언급한다. 예를 들어 감정반응이 적절한가 부적절한가, 감정이 둔화되거나 과도하게 억제되어 있는가, 진솔한 감정을 느끼고 표현할 수 있는가 혹은 감정표현불능증이거나 신체증상으로 감정을 표현하는가 등에 대해 기술해야 한다.

㉡ 정서통제(emotional control)와 스트레스에 대한 반응(response to stress)

감정과 내면의 충동을 어떻게 통제하고 조절하는지, 내적 혹은 외적 원인에서 오는 정서적 자극에 어떻게 반응하는지, 스트레스에 효율적으로 대처하는지 등에 대해 언급한다.

㉢ 역동(dynamics)과 병인(etiology)

내담자의 성격이나 정신병리는 내담자의 과거력, 대인관계 양상, 현재 처한 상황과 역동적인 관련성이 있으며, 특히 초기 애착관계와 부모의 양육방식, 충격의 경험(trauma)이 큰 영향을 미친다. 이렇게 내담자의 증상과 관련된 핵심감정 및 역동을 기술하고 내담자가 자신의 고통을 어떻게 방어하고 있는지, 그 방어기제가 얼마나 효과적이고 효율적인지, 내담자의 통제력을 저해하는 스트레스는 무엇인지를 언급한다.

(4) 대인관계

현재 내담자의 대인관계 양상을 기술하고, 그와 관련된 자기지각 및 타인지각 혹은 대상표상, 공감능력 등을 언급한다. 즉 자기개념, 자존감 및 자존감 조절기제, 자아정체감 확립 여부, 타인에 대한 감정이입적 공감능력이 어떠한지 기술한다. 스스로를 편하게 느끼는지 부적절감이 많은지, 사람들과 함께 있을 때 편한지 혹은 긴장하고 불편해하는지, 대인관계를 두려워하며 회피하는지 적대적으로 대하는지, 상대에게 요구가 많은지 아니면 지나치게 요구하지 않으려 하는지, 자기충족적인지 혹은 의존적인지 등을 세분화하여 묘사한다.

마지막으로 심리평가 결과를 모두 기술하고 나면 이를 토대로 진단적 제언과 치료적 제언을 기술한다. 진단 시에는 국제 표준인 ICD-10 (World Health Organization, 1992)과 미국에서 발행한 DSM-Ⅳ(American psychiatric Association, 1994)에서 제안하는 진단기준을 주로 사용한다. 그러나 DSM-Ⅳ 진단은 같은 질환 특성들을 하나로 묶어서 하나의 진단으로 부르도록 하려는 통계적 판단에 따른 진단분류이므로 각각의 진단에서 가능한 공통점을 제거하여 진단한다. 즉 내담자의 겉으로 드러나는 행동(증상)이 다르면 진단이 달라진다는 제한점을 가지고 있으므로 주의 깊게 진단해야 할뿐더러 치료적 목적을 위해서라면 굳이 진단을 내리지 않을 것을 권유한다. 치료적 제언에는 우선 치료목표와 전략을 기술하는데 심리평가 결과를 바탕으로 내담자가 자신의 증상이나 문제행동을 어떻게 이해하고 있는지 생물학적 (biological) 심리적(psychological), 사회적(social) 영역에서 단기·장기적인 치료 목표와 계획 및 그 논리적 근거는 무엇인지, 어떠한 치료방법을 선택하면 좋을지, 이 방법을 도입했을 때의 결과나 반응은 어떠할 것인지, 내담자의 역량 및 예후는 어떠할 것인지를 기술한다 (김중술, 2003).

※ 심리평가보고서 서식 예시

심리평가보고서(Psychological Assessment Report)

이 름	: 김 ㅇㅇ	성 별	: 여
나 이	: 만 14세 ○개월	학 력	: 중 2 재학
생년월일	: 1998년 ○월 ○일	의 뢰	: ○○ 클래스
직 업	: 무(학생)	검사일	: 2012년 ○월 ○일
심리검사	:	K-WISC-Ⅲ, BGT, Rorschach, HTP, KFD, SCT, K-CBCL, MMPI, 모MMPI, 모 SCT, 부모자녀면접지	

1. 평가사유

초등학교 3학년 때부터 우울하고 학교생활이……(중략)……관계가 멀어져 등교를 거부하고 괴로워하고 있는 상황으로 이에 대한 정확한 상태를 파악하고자 심리 평가 의뢰됨.

2. 행동관찰(수검 태도 및 인상)

보통 키에 다소 통통한 체격으로……(중략)……잘 모르는 사항이 나올 때 미간을 찌푸리며 곤란해 하였고 소극적이고 내성적인 태도가 지배적이었음.

3. 검사결과 및 해석

1) 일반지능(General Intelligence)

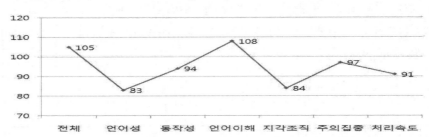

한국판 웩슬러 아동 지능검사(K-WISC-Ⅲ)로 평가한 전체 지능
지수는 94로⋯⋯(중략)⋯⋯문제 상황을 맞닥뜨리면 수동적이고 회
피적으로 행동할 가능성이 커 보임.

2) 성격 및 정서적 행동(Personality & Emotional Behavior)
<MMPI>

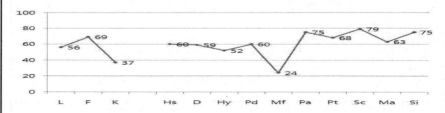

내담자는 정신적으로 매우 혼란스러운 상태이며 사고를 명확하게⋯⋯(중략)⋯⋯
심리적 혼란을 야기시키고 있는 것으로 여겨짐(K-CBCL, 우울/불안=87, 위
축=80, 사고의 문제=74, 내재화=84; SCT, '나의 좋은 점은 없는 것 같다').
모(MMPI, SCT): 심리적인 고통을⋯⋯(중략)⋯⋯양육 방식을 교

```
육하면 좋을 것으로 생각됨.


4. 요약 및 제언
    내담자의……(중략)…… 시급히 요청하는 바임.
                                    2012년 ○월 ○일
```

6. 상담관련 홍보

1) 홍보개요

홍보(弘報)란 보다 많은 사람들에게 내가 알리고 싶은 내용을 정확하고 신속하게 알리는 일이다. 목적은 기관에 관한 소비자나 지역주민 또는 일반의 인식이나 이해 또는 신뢰감을 높이고 합리적이고 민주적인 기초 위에 양자의 관계를 원활히 하려는 데 있다. 홍보는 대부분 기관차원에서 이루어지며, 기관 단위, 업무 단위, 담당자 단위 등 다양한 집단별 단위를 대상으로 홍보한다. 홍보의 기본방향은 첫째, 기관 설립 목적 및 방향성을 제시하고, 둘째, 기관의 성격과 유용성에 대한 홍보뿐만 아니라 서비스 이용절차에 대한 내용도 포함한다. 홍보전략은 대상이나 방법, 지역특성을 고려하여 홍보내용이 차별화되어야 하며 기간과 활동 계획을 세분화 한다.

2) 홍보물 종류

홍보물에는 가장 널리 활용되는 것이 인쇄물이다. 인쇄물로는 전반적인 기관 활동과 이용방법을 중심으로 제작하여 기관 내 또는 관련 기관, 유관기관에 발송하거나 주 대상자들이 많이 모이는 장소에 비치하기가 용이한 리플릿이 있고, 월간, 연간 등 기간단위로 기관 활동, 이용실적, 이용수기 등의 내용으로 발행되는 소식지, 여러 장소에 다양하게 홍보할 수 있는 포스터, 책자, 전단지, 현수막, 스티커, 명함, 봉투, 쇼핑백 등이 있다. 다음으로 많이 사용하는 것이 기념품인데, 기념품에는 학용품(샤프, 연필, 수첩, 볼펜, 지우개 등), 컵, 개인 휴대 위생품(휴대용 화장지, 휴대용 치약, 칫솔, 손수건), 무릎덮개, 손거울, 핸드폰 고리 등 특정계층들의 관심 있는 물품으로 생활과 밀접하고 활용도가 높은 물품을 중심으로 제작한다. 반면 홍보비가 많이 소요되기는 하나 생명력이 오랫동안 지속될 수 있는 영상물이나 미디어 홍보가 있다. 특히 미디어 홍보는 홈페이지 배너, 개인 블로그, E-mail, 카페 등 인터넷을 활용한다. 마지막으로 언론홍보가 있는데 종류로는 신문(중앙신문, 생활 정보지), 방송(공중파, 지역 케이블 방송), 책자(월·주간 잡지 등) 등이 있다.

이 중에 가장 활용도가 높은 신문 등에 보도하는 방법을 제시하면 다음과 같다. ① 짧고 간결하게 하고 제목은 하나의 주제로 한다. ② 본문에는 사실을 제공하고, 길이는 최대 400단어 정도가 좋으며 구성은 소개, 본문, 결론으로 한다. ③ 소개는 뉴스 가치가 있는 주제에 관하여 간단하게 설명하며, 본문은 신뢰성을 구축하기 위한 사실 및 인용과 아울러 뉴스 가치가 있는 주제에 대한 상세한 정보를 설명하고, 결론은 담당자와 기관정보(주소, 홈페이지주소, 전화번호, fax)를 포함한다. 보도 자료는 보편적으로 월요일과 목요일을 활용한다. 주의사항으로는 ① 내용을 과장하거나 왜곡하지 않도록 하며, ② 기사는 사회의 상황 및 시기에 적절한 내용을 기사화 하는 게 중요하고, ③ 사진 등 부가설명이 가능한 자료를 첨부하는 게 좋다.

* 보도자료 작성 예시

1. 보도 자료란?

  기자와 언론사의 편의를 위해 정리해 제공하는 기사를 위한 기초자료로 PR 주체들이 알리고자 하는 정책이나 사업, 행사의 중요내용을 기자가 이용하기 좋도록 6하 원칙에 따라 정리하는 문건

2. 보도 자료에는 어떤 내용이 들어가나?

기본정보
(자료발송기관명, 게제 희망 일자, 담당자 및 문의 전화번호, 첨부자료 등)

❶제 목

❷부제목

보도내용 (❸리드와 ❹본문)

※ 첨부자료(사진이나 통계, 근거자료 등)

Tip) 보도자료 주제가 분명해야 한다. 하나의 보도 자료에는 하나의 주제가 담기는게 바람직하다.

---

  ❶ 제목 : 10~20자 가량에 보도 자료의 핵심적인 내용을 담아준다. 제목이라고 해서 한 줄로 작성해야 할 필요는 없으며 눈에 띄는 내용으로 작성하면 더 좋다.

  ❷ 부제목 : 기사의 핵심을 단문으로 요약해서 작성한다.

  ❸ 리드 : 기사의 첫 부분을 말하며 완전한 문장으로 내용을 풀어가는 '화두'

에 해당한다. 기사의 내용을 요약하면서 독자의 관심을 끄는 역할을 한다. 보도자료의 리드는 정직하고 간결한 것이 좋으며, 일자, 시간, 장소 참석인원 등 내용의 핵심적인 내용을 간단하게 작성한다.

　❹ 본문 : 본격적인 내용은 리드(첫머리)와 본문으로 이어지도록 쓴다. 사실위주로 정확하게 쓰며 외래어나 전문용어 사용을 피하고 일상언어로 풀어쓰는 것이 좋다.

　3. 본문작성하기(보도자료 문장 5원칙)

　① 정확한 내용

　원칙적으로 보도자료는 기사가 아니다. 기사를 작성하는 건 기자의 몫이다. 보도자료는 전달하고픈 내용을 명확히 기록하는 역할만 제대로 해내면 된다. 매끄러운 문장보다는 정확한 팩트(사실)와 논리를 담는게 중요하다.

　② 맞춤법에 맞는

　보도자료에서 오탈자는 특히 조심해야 한다. 오자(잘못 쓴 글자)나 탈자(빠진 글자)가 많은 글을 보면 그 홍보인의 수준을 의심하게 되고 더 나아가 그 회사의 수준도 싸잡아 저평가할 수 있다.

　③ 쉬운 말을 사용해

　보도자료는 '누가 읽어도 이해가 되도록' 쓰는 것이 좋다. 전문용어 사용은 자제하는 것이 좋으며 어쩔 수 없이 써야 하는 경우라면 부연설명을 달아준다.

　④ 짧고 명료하게

　지나치게 장광설을 늘어놓는 건 피하는 게 좋다. 미사여구 사용도 가급적 자제하고 문장도 되도록 짧게 쓰는 게 좋다. 의미 구조가 복합된 본문보다는 간단한 단문이 의미를 명확히 전달한다.

　⑤ 객관적으로 쓴다.

　감정을 담지 말고 독자 입장에서 객관적으로 받아들일 수 있는 수준에서 써야한다. 구어체 사용은 피하고 상급자라 하더라도 존칭사용은 금한다.

7. 지역사회 연계

　현대사회는 사회복지에 대한 욕구가 복잡·다양하고 전문성을 요구하는 시대이다. 공급주체 또한 공적부문에서 민간부문, 지역사회, 이웃, 가족 등으로 다원화되면서 이들 간의 네트워크가 중요하게 부각되고 있다. 이러한 네트워크의 구축은 내담자의 다양한 문제와 복합적인 요구를 신속하고 전문적으로 개입함으로써 보다 효과적으로 충족시킬 수 있고, 기관간에는 상호 의존함으로써 전문성을 극대화할 수 있다.

　효율적인 지역사회 연계를 위해서는 첫째, 지역사회의 특성에 따른 자원을 이해하여야 한다. 각각의 자원들에 대한 조직과 운영, 방향성 등에 대한 이해가 반드시 필요하며, 그 자원의 고유의 특성은 지역사회에 따라 상이할 수 있음을 이해한다. 둘째, 자원의 다양성과 지역사회 네트워크의 다양함을 인정하여야 한다. 네트워크는 자원과 자원의 연결이며 연대이기에 자원의 다양함 못지않게 네트워크의 구성과 형태 역시 매우 다양하므로 네트워크를 성공적으로 수행하기 위해서는 서로의 다양함을 인정할 수 있어야만 진정한 연대가 가능할 수 있음을 이해하여야 한다. 셋째, 각 자원들의 이해와 협력을 위한 노력과 시간이 필요하다. 지역사회 자원들의 네트워크를 위해서는 기본적인 의사소통과 상호작용이 필요하며 이는 어느 순간 이루어지는 것이 아니라 시간과 노력의 투자를 통해서만 가능하다. 당장의 사업성과를 위해 서두르기만 한다면 장기적인 네트워크에는 실패할 수밖에 없으므로 지역사회 자원과의 내실 있는 연대를 위해서는 많은 시간과 노력을 필요로 한다. 넷째, 지역사회 자원의 네트워크를 위해 구체적인 사업이나 운동의 목적과 목표를 뚜렷하게 마련하여야 한다. 자원간의 막연한 연대란 불가능하므로 현실적이고 구체적이며 실질적인 목적과 목표가 뚜렷해야만 네트워크가 가능하다. 다섯째, 네트워크의 중심이 되기 위해서는 수용력과 전문성이 요구된다. 다양한 네트워크 간에는 수평적이긴 하나 나름대로의 중심을 이끌어 갈 수 있는 네트워크의 핵심이 필요하다. 현실적으로는 완벽한 역할분배란 매우 힘든 일이기 때문에 사업에 따라서는 공동참여의 실행위원회나 추진위원회가 조직되어야 하며 그 조직 안에서도 사업에 따른 전문성이 요구된다. 각각의 특성을 갖고 있는 자원들에게는 사업방향에 따라 네트워크의 중심으로 요구되어지기도 하는데 그를 적절히 수행하기 위해서는 다양한 자원들의 요구와 특성을 수용할 수 있는 수용능력과 사업 수행을 위한 전문성을 필요로 한다.

상담자 육성정책

제5장

5장 상담자 육성 정책

상담 전문화는 체계적인 훈련과 지식을 쌓은 유능한 상담자를 통해서 이루어진다. 상담자 육성은 국가차원에서 이루어지는 경우와 민간차원에서 이루어지고 있다. 국가에서 시행하는 상담자 육성 사업은 국가자격증을 통해서 이루지고 있는 바 전문상담교사제도, 청소년상담사. 직업상담사, 가정폭력상담원, 성폭력상담원 등이 있다. 그리고 국가 자격증은 아니지만 국가 시책을 수행하기 위하여 일정부분 자격을 인정하는 경우가 있다. 예를 들어 교육부에서 학교폭력예방과 근절을 위해서 어울림 전문상담사를 운영하고 있는 경우이다. 찾아가는 학습 클리닉에서 학습상담사를 활용하는 것, 국방부에서 병영생활 전문상담관 채용 시 군상담사를 선발하는 경우가 해당된다.

청소년상담복지센터, Wee센터 등에서 상담활동을 수행하고 있는 청소년상담사, 임상심리사 등 일부 자격증에 한해서 국가 자격증을 취득하고 있고 대부분의 경우에는 민간 자격증 소지자가 상담활동을 실시하고 있다. 결과적으로 전문성이 전무한 단체나 조직에서 상담관련 자격증을 남발하여 상담전문직종의 정체성을 훼손하고 있다.

이에 상담관련 대학 및 대학원에서는 국가 자격증은 아니지만 상담의 전문성을 확보하고 상담서비스의 질을 향상시키며 상담학위 취득자의 권리를 보호하고자 학회 협회 협의회 등을 결성하여 상담사 자격을 검정·제공하고 있다. 그럼에도 불구하고 국가 차원에서 상담육성 정책에 미비는 제대로 된 심리건강 서비스를 국민에게 제공하는데 한계를 가져오고 있다. 이에 본 장에서는 국가 차원의 상담자 육성정책과 신뢰할 만한 민간 차원의 상담자 육성에 관하여 살펴보고자 한다.

1. 국가차원의 상담사 육성

국가수준의 상담자 육성정책은 자격제도를 통한 상담자 육성과 학위 과정을 통한 육성정책으로 나누어 볼 수 있다. 자격증제도에는 전문상담교사, 청소년상담사, 가정폭력 및 성폭력상담원 등이 있다. 학위제도는 학부 및 대학원에서 소정의 교육과정과 수련을 마치고 학위를 취득하여 상담사가 되는 과정이다. 후자의 경우 학위를 취득하더라도 국가관련 자격증을 인정받지 못하는 실정이다. 이에 대한 논의 점은 추후 상담 발전 방향에서 다루고자 한다.

1) 자격제도

(1) 전문상담교사제도

1999년도에 초·중등 교육법 21조에 의거하여 학교 상담과 생활지도를 담당하는 교사의 명칭이 진로상담교사에서 '전문상담교사'로 변경되었다. 2005년도 통계에 의하면, 약 19,000명의 교사들이 전문상담교사 자격증을 취득하였다. 전문상담교사 제도는 교육의 추세가 대학원이 되었다는 점, 이수과목이 표준화 되었다는 점, 연수 교육시간을 9개 과목(18점) 및 실습시간이 포함되었다는 점에서 기존의 상담 육성제도와는 차이가 있었다(김계현외,2000). 그러나 전문상담교사 양성제도는 상담교사의 역할에 대한 구체적인 규정이 마련되지 않아 지속적 상담활동보다는 교감 승진을 위한 점수로 활동되는 폐단이 나타나기도 하였다. 이런 문제점이 지적이 되면서 2004년 초·중교육법 개정시, 전문상담교사 1급과 2급을 구분하고 전문상담교사 배치에 대한 조문을 신설하였다(이규미, 2006). 이후 학교폭력 문제가 심각해 지면서 2005년 9월 전문상담교사가 선발되어 지역교육청에 배치되기 시작한 이래로 2013년 현재 1,923명(교육부, 2013)의 전문상담교사들이 지역교육청 및 각급학교에서 전문상담활동을 하고 있다. 전문상담교사 배치와 관련한 법적인 근거는 초·중등교육법 및 동법 시행령, 학교폭력예방 및 대책에 관한 법률 등에 제시되어 있으나, "반드시 두어야한다"는 강행규정이 아니라 "둘 수 있다" "둔다" 등 임의규정으로 되어 있다.

2012년 9월 현재 전문상담교사의 단위학교 배치율은 9.8%(1,114명/11,359개교)로 약 10% 수준이다. 교육부에서는 2020년까지 학생수 101명이상 국·공립 초· 중등학교에 전문상담교사 1명씩 배치할 수 있도록 추진하고 있다. 공무원 총정원제에 적용되는 상담교사의 정원을 원하는 경우 행정안전부 및 기획재정부의 협조가 있어야 하기 때문에 쉽게 이루지는 것은 아니다.

정부의 계획이 순조롭게 진행되어 전문성을 갖춘 상담교사에 의해 학생들이 양질의 상담으로 건전한 학교생활을 할 수 있을 것으로 기대된다.

① 전문상담교사 자격 기준

전문상담교사에 대한 법적 규정은 초·중등 교육법 제21조(교원의 자격) 제2항에 근거하고 있다. 전문상담교사의 자격종별 표시를 종전에는 초등, 중등, 특수학교로 구분하였으나 2004년부터 학교급을 폐지하고, 전문상담교사 1급, 2급으로만 표시하고 있다. 초·중등교육법상의 전문상담교사 자격기준은 다음과 같다.

전문상담교사 1급 자격 기준

전문상담교사 1급은 2급 이상의 교사 자격증(유아교육법에 따른 2급 이상의 교사자격증을 포함한다)을 가진 사람으로서 3년 이상의 교육경력이 있는 사람이 교육부장관이 지정하는 교육대학원 또는 대학원에서 일정한 전문상담교사 양성과정을 마친 자이다. 또한 전문상담교사(2급) 자격증을 가진 사람으로서 3년 이상의 전문상담교사 경력을 가지고 자격연수를 받은 자이다.

전문상담교사 2급 자격 기준

전문상담교사 2급은 대학·산업대학의 상담·심리 관련 학과를 졸업한 사람으로서 재학 중 일정한 교직학점을 취득한 자이다. 또한 교육대학원 또는 교육부장관이 지정하는 대학원의 상담·심리교육과에서 전문상담 교육과정을 마치고 석사학위를 받은 사람이다. 그리고 2급 이상의 교사자격증(유아교육법에 따른 2급 이상의 교사자격증을 포함한다)을 가진 사람으로서 교육부장관이 지정하는 교육대학원 또는 대학원에서 일정한 전문상담교사 양성과정을 마친 사람이다.[8]

② **선발방법**

---

8) 전문상담교사 자격증은 전문상담교사 양성기관에서 전공과목 및 교직과정을 이수하여 일정학점을 취득한 자에게 무시험검정에 의해 수여되고 있다. 유치원 및 초등·중등·특수학교 등의 교사자격 취득을 위한 세부기준(개정 2011.3.2, 교육부 고시 제2011-15호)에 따르면 전공과목 50학점 이상(직무관련영역 50학점 이상, 기본이수과목 21학점(7과목) 이상 포함), 교직과목 22학점 이상(교직이론 및 교직소양 18학점 이상(교직소양 4학점 이상 포함), 교육실습 4학점 이상(교육봉사활동 2학점 이내 포함 가능) 이수해야 2급 전문상담교사 무시험검정에 합격할 수 있다. 기존에 제시되었던 자격기준은 전문상담교사(1급) 양성과정은 18학점 이상, 전문상담교사(2급) 양성과정은 42학점 이상을 이수해야한다.

　　전문상담교사 선발 방법은 전체적인 교사선발체제가 2008년 까지는 2단계 평가에서 2009년부터는 3단계 평가로 바뀜에 따라 1차 객관식 평가, 2차 논술 평가, 3차 상담실무능력 평가로 시행되게 되었다. 기존에는 1차 평가에서 주관식 평가로 전공평가가 이루어졌었으나 2009년부터는 1차 평가에서는 객관식 40문항 평가로, 2차 평가에서는 논술로 바뀌었다. 3차 평가는 상담실무능력 평가로서 각 교육청이 나름대로 선정하여 실시하였다. 2012년에는 전문상담교사 선발 방식을 조정하여 현직교사 중에서 전직임용 하는 방식과 신규임용 하는 이원화하여 선발하였다. 전직 임용 선발의 경우, 전문상담교사(1급 또는 2급) 또는 교도교사 자격증 소지자로서 중·고등학교에 5년 이상 근무하고 있으며 전직임용 후 7년 이상 근무가 가능한 자를 대상으로 지원 자격을 부여하였다. 1차 서면심사(50점), 2차 심층면접(50점) 성적을 합산하여 최종 합격자를 결정하였다. 1차 서면평가에서는 전문상담교사 교육활동 계획서, 학교장 추천서, 교과교사로 근무기간 중 상담관련 업무경력, 관련 학위 취득 여부, 상담관련 분야 연수 이수 실적, 연구 실적 등을 평가하였고, 2차 심층면접에서는 전문상담교사 역할 및 상담 이론의 이해, 학교폭력, 왕따 등 다양한 상담 상황 대처 역량에 대해 종합적으로 평가하였다.

　　신규 임용에서는 전문상담교사 2급 이상 자격증 소지자 중에서 학생 상담활동에 전문성을 갖춘 교사 중에서 공개전형을 통하여 선발하였다. 학교 현장성, 전문성을 가진 상담교사 채용을 위하여 현장사례 중심의 논술평가 및 상담전문가의 심층면접으로 평가하였다. 1차 시험 면제, 2차 전공논술, 3차 교직적정 심층면접을 거쳐 2차와 3차 성적을 합하여 고득점 순으로 합격자를 결정하였다. 전직 및 신규 임용 선발 모두 단위학교에 배치하기 전에 60시간의 학교 현장 중심의 직무연수를 이수하도록 하였다.

<표29> 전문상담교사 양성과정의 이수과목과 학점[9]

구분	이수영역 또는 과목	소요최저이수	
		1급	2급
필수	심리검사, 성격심리, 발달심리, 특수아상담, 집단상담, 가족상담, 진로상담, 상담이론과 실제	14학점 이상 (7과목이상)	14학점 이상 (7과목 이상)
	상담실습 및 사례연구		
선택	아동발달, 학습심리, 행동수정, 생활지도연구, 이상심리, 청년발달, 영재아상담, 학습부진아, 사회변화와 직업의 세계, 학교심리, 적응심리, 사이버상담, 성상담, 학습상담, 인지심리, 심리학개론, 사회심리, 생리(생물)심리, 인간관계론, 특수교육학개론, 학교부적응상담	4학점 이상 (2과목 이상)	28학점 이상 (14과목 이상)

비고 : 전문상담교사(1급) 양성과정의 경우 '상담실습 및 사례연구'는 학점(교과목) 이수는 하지 아니하나, 2종 이상의 사례연구·발표를 하고 20시간 이상의 실습을 하여야 한다.

③ 전문상담교사의 역할과 직무

전문상담교사는 Wee클래스가 설치되어 있는 학교에 배치되거나, 교육지원청의 Wee센터에 배치되어 학생상담과 관련된 활동을 한다. 전문상담교사의 역할은 학생 생활관련 지도 및 상담, 상담 관련 교사·학부모 연수 및 자문 활동, 학교내「상담실, Wee클래스」운영, Wee센터 운영, 학교폭력 가·피해 학생 상담 등이다. 특히, 사회문제로 대두되고 있는 학교폭력 문제에 효과적으로 대응하기 위하여 가해 학생(학부모)의 특별교육, 정서행동특성검사 지원 등의 업무를 하게 된다.

전문상담교사의 직무는 상담과 행정 업무로 나뉘어지고 상담으로는 개인상담, 집단상담, 심리평가, 자문, 교육 및 연수를 포함한다. 행

---

9) 교원자격검정령 시행규칙 제12조의2관련

정 업무는 상담환경을 구축하고 홍보 및 사례 관리와 평가, 사업 평가 및 슈퍼비전, 지역사회 네트워크 등을 담당하게 된다. 전문상담 교사의 직무를 구체적으로 살펴보면 다음과 같다.

<표30> 전문상담교사의 직무활동

직무 활동		내용
개인상담		주당 2~4사례, 사례당 5~6회기, 회기당 40~50분
집단상담	소규모 집단상담	주당 1~3집단, 회당 40~50분
	학급단위집단 교육프로그램	주당 1회, 5개 학급 이내, 회당 40분
심리평가		주당 10건 이상, 사례당 30분 이내
자문		30분 이내의 교사/부모 대상 자문 활동
교육 및 연수		년 3회 이내의 교육 및 연수 참여
행정업무	상담환경	상담실 구축, 심리검사 구비, 관련 책자 구비
	홍보	학생, 교사, 학부모 대상 연간 상담실 운영 및 프로그램 소개
	사례관리 및 평가	사례관리, 년 4회 이내의 사례평가
	사업평가 및 수퍼비전	개인 및 집단프로그램 효과성 검증, 자문회의 및 개인 상담사례 지도감독 교육
	지역사회 네트워크	연계체계 구축, 자원 활용

(2) 청소년상담사

청소년상담사는 2004년 개정된 청소년기본법과 2005년 2월 청소년활동진흥법 및 청소년복지지원법 시행령에 의해 지역사회에서 청소년의 욕구에 부응하여 전문적 상담서비스를 제공 하기위해 만들어졌다. 청소년상담사는 청소년기본법 시행령 제22조 제2항의 규정에 따라 1급·2급 및 3급으로 구분된다. 청소년상담사의 자격검정은 여성가족부장관이 실시한다. 다만, 여성가족부장관이 필요하다고 인정하는 때에는 자격검정을 법 제42조의 규정에 의한 한국청소년상담원에 위탁하여 실시할 수 있는 것으로 되어 있다.

① 청소년상담사 응시자격

청소년상담사 자격검정 응시자격의 기준은 1급 청소년상담사 응시자격 기준 제1호에서 "여성가족부령이 정하는 상담 관련분야"라 함은 상담의 이론과 실제(상담원리·상담기법), 면접원리, 발달이론, 집단상담, 심리측정 및 평가, 이상심리, 성격심리, 사회복지실천(기술)론, 상담교육, 진로상담, 가족상담, 학업상담, 비행상담, 성상담, 청소년상담 또는 이와 내용이 동일하거나 유사한 과목 중 4과목 이상을 교과과목으로 채택하고 있는 학문분야를 말한다.

청소년상담사 2급은 청소년 필수영역에서 상담의 이론과 실제, 상담연구방법론의 기초, 심리측정 평가의 활용, 이상심리에 대해 필기시험을 실시한다. 선택영역에서는 청소년이해론, 청소년수련활동론 중 1과목을 선택하여 필기시험을 본다. 그리고 심층면접을 실시한다.

청소년상담사 3급은 필수과목으로 발달심리, 집단상담의 기초, 심리측정 및 평가, 상담이론, 학습이론에 대해 필기시험을 본다. 선택과목으로는 청소년이해론, 청소년수련활동론 중 1과목을 선택하여 필기시험을 본다. 그후 심층면접을 한다. 시험응시 자격기준을 살펴보면 다음 <표30>와 같다.

<표31> 청소년상담사 자격검정의 등급별 응시 자격기준

구분	자격요건
1급	1. 대학원에서 청소년(지도)학·교육학·심리학·사회사업(복지)학·정신의학·아동(복지)학 분야 또는 그 밖에 여성가족부령으로 정하는 상담 관련 분야(이하 "상담관련분야"라 한다)의 박사학위를 취득한 사람 2. 대학원에서 상담관련분야의 석사학위를 취득한 후 상담 실무경력이 4년 이상인 사람 3. 2급 청소년상담사로서 상담 실무경력이 3년 이상인 사람 4. 제1호 및 제2호에 규정된 사람과 같은 수준 이상의 자격이 있다고 여성가족부령으로 정하는 사람
2급	1. 대학원에서 상담관련분야의 석사학위를 취득한 사람 2. 대학 또는 다른 법령에 따라 이와 동등한 학력을 인정받는 기관에서 상담관련분야 학사학위를 취득한 후 상담 실무경력이 3년 이상인 사람 3. 3급 청소년상담사로서 상담 실무경력이 2년 이상인 사람 4. 제1호부터 제3호까지에 규정된 사람과 같은 수준 이상의 자격이 있다고 여성가족부령으로 정하는 사람
3급	1. 대학 및 「평생교육법」에 따른 학력이 인정되는 평생교육시설의 상담관련분야 졸업(예정)자 2. 전문대학 또는 다른 법령에 따라 이와 동등한 학력을 인정받는 기관에서 상담관련분야 전문학사를 취득한 사람으로서 상담 실무경력이 2년 이상인 사람 3. 대학 또는 다른 법령에 따라 이와 동등한 학력을 인정받는 기관에서 학사학위를 취득한 후 상담 실무경력이 2년 이상인 사람 4. 전문대학 또는 다른 법령에 따라 이와 동등한 학력을 인정받는 기관에서 전문학사학위를 취득한 후 상담 실무경력이 4년 이상인 사람 5. 고등학교를 졸업하고 상담 실무경력이 5년 이상인 사람 6. 제1호부터 제4호까지에 규정된 사람과 같은 수준 이상의 자격이 있다고 여성가족부령으로 정하는 사람

자료 : 청소년기본법 시행령 제23조 제2항.

② 선발방법

청소년상담사는 자격검정 필기시험과 면접시험을 통과한 후 자격

연수를 수료하여 선발된다. 청소년상담사 필기시험 검정은 매 과목 100점을 만점으로 하여 매 과목 40점 이상, 전 과목 평균 60점 이상 득점한 자로서 면접시험에 합격한 자를 합격자로 한다. 자격검정의 과목 및 방법은 <표32>와 같다.

<표32> 청소년상담사 자격검정의 과목 및 방법

등급	검정과목		검정방법	
	구 분	과 목		
1급 청소년상담사	필수영역	• 상담사 교육 및 사례지도 • 청소년 관련 법과 행정 • 상담연구방법론의 실제	필기시험	면접
	선택영역	• 비행상담 · 성상담 · 약물상담 · 위기상담 중 2과목	필기시험	면접
2급 청소년상담사	필수영역	• 청소년 상담의 이론과 실제 • 상담연구방법론의 기초 • 심리측정 평가의 활용 • 이상심리	필기시험	면접
	선택영역	• 청소년이해론 · 청소년수련활동론 중 1과목	필기시험	면접
3급 청소년상담사	필수영역	• 발달심리 • 집단상담의 기초 • 심리측정 및 평가 • 상담이론 • 학습이론	필기시험	면접
	선택영역	• 청소년이해론 · 청소년수련활동론 중 1과목	필기시험	면접

자료 : 청소년기본법 시행령 제23조 제2항.

　　필기시험에 합격한 이후 상담자로서의 자질 등에 대한 면접시험이 진행되는 바, 면접시험은 ① 청소년상담자로서의 가치관 및 정신자세, ② 청소년상담을 위한 전문적 지식 및 수련의 정도, ③ 예의·품행 및 성실성, ④ 의사표현의 정확성과 논리성, ⑤ 창의력, 판단력 및 지도력 등을 평가한다. 필기시험에 합격하고 면접시험에 불합격한 자에 대하여는 다음 회의 시험에 한하여 필기시험을 면제한다. 그밖에 시험에 관한 방법·채점기준 등은 여성가족부장관이 정하여 고시한다.

③ 역할과 배치

청소년상담사는 각급별에 따라 다양한 역할을 수행하고 있다. 1급 청소년상담사는 청소년상담을 주도하는 전문가로 지도인력의 역할을 수행하며, 2급 청소년상담사는 청소년 정신을 육성하는 청소년 상담사로 기관인력을 담당하게 되고, 3급 청소년 상담사는 효과적인 상담을 이끌 수 있는 신행역할을 감당하게 된다. 이들 하는 역할을 세부적으로 알아보면 다음과 같다. 청소년상담사는 청소년을 보호·선도하고 건전한 생활을 지도하며 수련활동의 여건을 조성하고 장려 및 지원하는 역할을 한다. 또한 청소년단체를 육성하고 그 활동을 지원하며 지역사회에서 청소년에게 유익한 환경을 조성하고 유해환경을 정화하는 등의 직무를 수행한다.

청소년 상담사는 다양한 상담기관에 진출하고 있다. 청소년 시설을 중심으로 보았을 때 청소년 상담사의 배치 대상과 기준은 다음 <표 33>와 같다.

<표33> 청소년상담사 배치기준

배치대상 청소년시설	배 치 기 준
지방청소년 종합상담센터	1급 청소년상담사 또는 2급 청소년상담사 3인 이상을 두고, 3급 청소년상담사 1인 이상을 둔다.
지방청소년 상담센터	2급 청소년상담사 또는 3급 청소년상담사 1인 이상을 둔다.
청소년쉼터	청소년상담사 1인 이상을 둔다.

자료 : 청소년기본법 시행령 제23조 제2항.

(4) 직업상담사

직업상담사는 한국산업인력공단에서 관장한다. 직업상담사는 노동부 지방노동관서, 고용안정센터, 인력은행 등 전국 19개 국립직업 안정기관과 전국 281개 시.군.구 소재 공공직업안정기관 및 민간 유·무료직업소개소 및 24개 국외유료 직업소개소 등의 직업상담원에 취업이 가능하다. 노동부 지방노동관서 등 직업소개 기관 직업상담원 채용시 직업상담사 자격소지자에게 우대할 예정이다.

직업상담사는 근로기준법을 비롯한 노동관계법규 등 노동시장에서 발생되는 직업과 관련된 법적인 일반적인 사항에 대한 일반상담 실시와 구인·구직상담, 창업상담, 경력개발상담, 직업적응상담, 직업전환상담, 은퇴후 상담 등의 각종 직업상담을 하는 상담사이다. 주요수행 하는 업무는 상담업무, 직업소개업무, 직업관련 검사 실시 및 해석업무, 직업지도 프로그램 개발과 운영업무, 직업상담 행정업무 등을 하게 된다. 또한 직업상담사는 구직자들의 교육, 경력, 기술, 자격증, 구직직종, 원하는 임금 등을 포함한 구직표를 정확하게 작성하도록 도와주며 구직표를 제출하면 정확하게 되었는지를 검토하며 필요하면 수정을 한다.

① 취득방법

직업상담사 시행처는 한국산업인력공단이 주관한다. 직업상담사는 대학 등에서 심리학과, 경영·경제학과, 법정계열학과, 교육심리학과 등과 기타 사회교육기관의 직업상담사과정 및 사설학원에서 준비할 수 있다.

시험과목은 필기로 직업상담학(20문제), 직업심리학(20문제), 직업정보론(20문제), 노동시장론(20문제), 노동관계법규(20문제)이다. 실시는 직업상담 실무를 하게 된다. 시험 검정방법은 필기는 객관식 4지 택일형 100문제 150분, 실기는 필답형으로 2시간 30분을 치루게 된다. 합격기준은 필기 매 과목 40점이상, 전 과목 평균 60점 이상이다. 실기는 60점 이상이다. 직업상담사 시험과목은 다음 <표34>와 같다.

<표34> 직업상담사 시험과목

구 분	시 험 과 목	합 격 결 정
1차시험 (객관식)	직업상담·심리학, 직업정보론(노동시장론 포함), 노동관계 법규 등	1차: 매과목 40점이상 평균60점이상 합격 2차: 60점이상 합격
2차시험	직업상담실무 (작업형, 필답형)	

② 직업상담사 직무

직업상담사는 구직자들에게 가장 적합한 직업이 무엇인지를 찾는 데 도와주며 적성, 흥미검사 등을 실시하여 구직자의 적성과 흥미에 알맞은 직업정보를 제공하고 청소년, 여성, 중·고령자, 실업자 등을 위한 직업지도 프로그램 개발과 운영을 한다. 그리고 취업이 곤란한 구직자(장애자, 고령자)에게 보다 많은 취업기회를 제공하고 구인난을 겪고 있는 기업에게 다양한 인력을 소개하기 위하여 구인처 및 구직자를 개척하는 데 상담업무를 하기도 한다.

수행직무는 인력·구직·취업알선상담·진학상담·직업적응상담 등 노동법규 관련 상담 노동시장, 직업세계 등과 관련된 직업정보의 수집, 분석하여 상담자에게 정보 제공한다. 또한 직업적성검사, 흥미검사 실시 및 해석하는 업무를 수행한다.

(5) 가정폭력상담원

가정폭력상담원은 1998년 11월3일 가정폭력방지 및 피해자보호등에 관한 법률시행규칙에 근거하고 있다. 가정폭력상담원의 자격은 여성가족부법령에 의거하여 가정폭력관련 상담원교육시설에서 100시간을 수료한 자이다. 교육과정은 소양분야, 전문분야 1, 전문분야 2, 전문분야 3으로 구분하여 교육을 받는다. 교육과목 및 시간은 다음 <표35>와 같다.

<표35> 가정폭력상담원 교육과목 및 시간

교육분야	교육 과목	시간
소양분야	• 가족복지 및 정책 • 여성학 · 여성복지 및 정책 • 한국가족의 특성과 가족문제 • 여성인권과 폭력	15
전문분야 I	• 가정폭력의 이해 • 가족법 및 가정폭력 관련 법 • 법률구조실무 • 법적 절차 및 대응 • 의료지원실무	30
전문분야 II	• 상담심리개론 • 상담의 기법 및 프로그램 • 상담자의 자세 및 윤리 • 대상별 상담과정	35
전문분야 III	• 상담 사례 연구 및 실무실습 • 역할연습	20
총계		100

② 자격기준

가정폭력상담원 교육을 받을 수 있는 자격은 고등교육법에 위한 대학 또는 전문대 졸업자, 사회복지사업법에 의한 사회복지사의 자격을 가진자, 사회복지시설 및 사회복지단체의 상근직임직원으로 3년이상 근무경력자, 대학에서 상근직임직원 상담원으로 근무한 경력이 있는자, 가정복지 기타 사회복지행정분야의 공무원으로 3년 이상 근무한 경력이 있는 자이다.

③ 조직 및 주요업무

가정폭력상담소는 소장 1인 상담원 2인(소장이 상담원으로 활동할 경우 1인)으로 구성하여 시장,군수,구청장에 신고하여 운영할 수 있다. 소장의 자격은 가정폭력상담원으로 5년 상근직 경험이 있는 자이여야 한다. 일부 시,군,구청에서 사회복지사 자격을 요구 하는 경우도 있다. 상담소는 행정실 1개, 전화상담실 1개, 면접상담실 1개가 준비되어야 한다.

가정폭력상담원의 주요업무는 가정폭력을 신고 받거나 상담에 응하는 일, 가정폭력피해자를 긴급보호하기 위해서 관련기관에 인도하는 일, 가정폭력 행위자 고발에 관련하여 대한변호사협회 및 법률구조법에 따라 법률 구조법인 등에 대한 필요한 협조와 지원 요청하는 일, 경찰관서 등에 인도받은 피해자등의 임시보호를 돕는 일, 가정폭력의 예방과 방지를 홍보하는 일, 그 밖에 가정폭력과 그 피해에 관한 조사 연구를 한다.

(6) 성폭력상담원

성폭력피해상담소, 성폭력피해자보호시설, 성폭력피해자통합지원센터의 장 및 상담원 등의 종사자는 제2호의 개별기준 요건을 갖춘 사람으로서 국가, 지방자치단체, 법률구조법인, 사회복지법인 또는 그밖에 성폭력방지 및 피해자보호를 주된 업무로 하는 비영리법인이나 단체에서 개설·운영하는 상담원 교육기관에서 소정의 교육과정을 이수한 사람이어야 한다. 다만, 통합지원센터에 근무하는 종사자의 자격기준은 여성가족부장관이 달리 정할 수 있다.

① 성폭력상담원 교육과목 및 시간

성폭력상담원교육은 64시간에서 보다 전문적인 상담서비스를 위해서 2006년에 100시간으로 변경되었다. 소양분야 15, 전문분야 Ⅰ, 30시간 전문분야 Ⅱ, 35시간, 전문분야 Ⅲ, 20시간으로 총 100이다.

<표36> 성폭력상담원 교육과목 및 시간

교육 분야	교육과목	이수시간
소양분야	여성학·여성복지 및 정책 성폭력의 개념과 특징 여성인권과 폭력	15
전문분야 Ⅰ	성폭력의 이해 / 성폭력 관련 법령 및 정책 법률구조실무 / 법적 절차 및 대응방식 의료지원 실무	30
전문분야 Ⅱ	상담원리와 기법 / 상담이론 상담자의 자세 및 윤리 대상별 상담과정	35
전문분야 Ⅲ	상담 사례 연구 및 실무실습 역할연습 등	20
총 계		100

② 성폭력상담소 자격기준

성폭력상담사는 상담소, 보호시설의 상담소, 통합지원센터에 다양한 곳에서 근무하게 된다. 그 기준은 다음과 같다. 이를 표로 제시하면 다음 <표37>와 같다.

<표37> 성폭력상담소 종사자 자격기준

구분		자격기준
상담소·보호시설의 장		1. 「사회복지사업법」에 따른 사회복지사 2급 이상의 자격을 취득한 후 성폭력방지 업무에 3년 이상 근무한 경력이 있는 사람 2. 국가 또는 지방자치단체에서 7급 이상의 공무원으로 성폭력방지 업무에 5년 이상 근무한 경력이 있는 사람 3. 성폭력 상담원의 자격을 취득한 후 성폭력방지를 목적으로 설립된 단체 또는 시설에서 5년 이상 근무한 경력이 있는 사람
상담소·보호시설 근무하는 상담원		1. 「고등교육법」 제2조제1호부터 제6호까지의 규정에 따른 학교 졸업자(이와 같은 수준 이상의 학력이 있는 사람을 포함한다) 2. 「사회복지사업법」에 따른 사회복지사의 자격을 가진 사람 3. 사회복지시설·사회복지단체의 임직원 또는 공무원으로서 성폭력방지 업무에 3년이상 근무한경력(단순노무자로 근무한 경력은 제외한다)이 있는 사람 4. 장애인 관련 단체 또는 시설에서 2년 이상 근무한 경력이 있는 사람(장애인상담소와 보호시설의 경우만 해당한다)
통합지원센터의 장		1. 「고등교육법」에 따른 대학 또는 이와 같은 수준 이상의 학력이 있다고 교육부장관이 인정하는 학교에서 사회복지학, 심리학, 아동학, 여성학 등을 전공하여 졸업한 사람으로서 관련 분야의 학위를 취득한 후 5년 이상 해당 분야에서 근무한 경력이 있는 사람 2. 「의료법」에 따른 소아청소년과, 소아정신과, 산부인과 전문의 자격을 취득한 후 3년 이상 해당 분야의 진료경력이 있는 사람 3. 변호사 자격을 취득한 후 3년 이상 해당 분야에서 근무한 경력이 있는 사람
통합지원센터에 근무하는 종사자	총괄팀장	1. 「고등교육법」에 따른 대학 또는 이와 같은 수준 이상의 학력이 있다고 교육부장관이 인정하는 학교에서 사회복지학, 심리학, 아동학, 여성학 등을 전공하여 졸업한 사람으로서 관련 분야의 학위를 취득한 후 4년 이상 성폭력 방지 관련 기관에서 근무한 경력이 있는 사람 2. 「의료법」에 따른 소아청소년과, 소아정신과, 산부인과 전문의 자격을 취득한 후 2년 이상 해당 분야의 진료경력이 있는 사람 3. 변호사 자격을 취득한 후 2년 이상 해당 분야에서 근무한 경력이 있는 사람
	임상심	「고등교육법」에 따른 대학 또는 이와 같은 수준 이상의 학력이 있다고 교육부장관이 인정하는 학교에서 심리학 또는 아동심리학을 전공하여 졸업한 사람으로서 관련 분야의 학위를 취득 후 병원에서 3년 이상 수련을 받은 사

리사심리치료사	람 「고등교육법」에 따른 대학 또는 이와 같은 수준 이상의 학력이 있다고 교육부장관이 인정하는 학교에서 사회복지학, 여성학, 심리학, 아동학 등을 전공하여 졸업한 사람으로서 관련 분야 학위를 취득한 후 병원 또는 성폭력방지 관련 기관에서 심리치료사로 3년 이상 근무한 경력이 있는 사람
간호사	간호사 자격을 가진 사람으로서 실무경력이 3년 이상인 사람
전문상담사	「고등교육법」에 따른 대학 또는 이와 같은 수준 이상의 학력이 있다고 교육부장관이 인정하는 학교에서 학위를 취득한 후 5년 이상 상담소 또는 보호시설의 상담원으로 근무한 경력이 있는 사람
행정	예산 및 회계업무에 1년 이상 경력이 있는 사람

③ 조직 및 주요업무

성폭력상담소는 소장 1인 상담원 2인(소장이 상담원으로 활동할 경우 1인)으로 구성하여 시장,군수,구청장에 신고하여 운영할 수 있다. 소장의 자격은 성폭력상담원으로 5년 상근직 경험이 있는 자이여야 한다. 일부 시, 군, 구청에서 사회복지사 자격을 요구하는 경우도 있다. 상담소는 행정실 1개, 전화상담실 1개, 면접상담실 1개가 준비되어야 한다.

성폭력상담원의 주요업무는 성폭력을 신고를 받거나 상담에 응하는 일, 성폭력피해자를 긴급보호하기 위해서 관련기관에 연계하는 일과 피해자를 의료기관에 인도하는 등 의료지원, 피해자에 대한 고소와 피해배상 청구 등 사법처리 절차에 관하여 대한변호사협회 및 법률구조법에 따라 법률 구조법인 등에 대한 필요한 협조와 지원 요청하는 일, 경찰관서 등에 인도받은 피해자등의 임시보호를 돕는 일, 성폭력의 예방과 방지를 홍보하는 일, 그밖에 성폭력과 그 피해에 관한 조사연구를 한다.

(7) 교육부 어울림 프로그램 전문카운슬러 운영

어울림 프로그램은 2012년 6월 25일 교육부 학교폭력근절과에서 "행복한 학교"를 위해 추진하고 사업이다. 이 프로그램은 학교장, 교사, 학생, 그리고 학부모 서로가 공감과 소통이 이루어질 때에 학교폭력예방이 될 수 있다는 것을 목표로 추진되고 있는 교육부의 브랜드 프로그램으로 시작하였다. 학교폭력예방을 위한 어울림 프로그램은 2012년 7월 12일부터 전국 16개 시도에서 실시되었다. 그동안 학교폭력의 대책은 가해자 피해자를 구분하여 개인 및 집단상담의 형태로 진행되었다면, 어울림 프로그램은 학교장과 교사, 학생과 학부모가 공감과 소통이라는 주제 아래 함께 참여하여 예방하고 해결책을 찾으려는 특징을 가지고 있다. 2012년 7월 12일부터 12월20일까지 42개 학교에 적용되었다. 어울림 프로그램은 두 번에 성과보고를 가졌다. 성과보고는 일선학교의 효과성 보고와 전문위원들의 보고 형식으로 이루어졌다.[10] 어울림 프로그램은 2013년 1월 8일 학교폭력예방 국제세미나[11] 이후 현재 학교폭력예방을 위한 국가 표준 프로그램으로

---

10) 성과보고는 2012년 9월 27일 교총회관 컨벤션홀에서 가졌다.

11) 2013년 1월 8일 한국종합무역센터(COEX) 3층 홀E에서 한국교육개발원이 주최하고 교육과학기술부가 후원하여 『KEDI-MEST 학교폭력예방 국제세미나』를 "학교폭력예방 프로그램 개발과 적용(Development Application of School Bullying Prevention Programs)" 이라는 주제로 개최 되었다. 이 세미나에 한국, 미국, 필란드, 싱가폴 4개 나라가 참가하였다. 한국은 **"어울림 프로그램"**으로 김상인교수가 참가하였고, 미국은 Dorothy Espelage 교수가 **"Second Step"**으로 참가했으며, 필란드는 투르쿠대학교 선임연구원인 Sanna Herkama가 **"KiVa Koulu"**으로 싱가폴은 국립교육원 교수인 Jasmine Sim가 **"Character and Citizenship Education"**으로 각각 참가하였다(한국교육개발원, 학교폭력예방 프로그램 개발과 적용, 2013, 학교폭력예방 국제세미나 자료집). 이 세미나에서 한국의 **"어울림 프로그램"**이 효과성 검증을 받아 2013년 1월 14일 교육과학기술부가 대통령 인수위원회에 보고하였고, 그 결과 어울림 프로그램을 "학교폭력예방을 위

개발 진행되고 있다.

① 자격기준

어울림 프로그램 전문카운슬러는 2012년 6월 29일 교육부 공개모집에 의하여 구성되었다. 어울림 카운슬러의 자격은 어울림 카운슬러의 자격은 상담관련 석사 또는 박사학위 소지자과 전문상담 자격증소지자(집단상담, 청소년상담, 폭력예방상담. 학습상담, 군상담, 가족상담, 미술치료 및 음악치료 전문가 등)로서 집단상담 경력 3년이상 된 자이다. 전문위원은 상담관련박사학위자로 대학교 교수 경력자이다.

② 직무

어울림 프로그램의 전문위원은 프로그램에 대해 전문카운슬러들에게 전달교육 하는 것과 학교장, 교사, 학부모 대상으로 실질적인 교육을 한다. 전문카운슬러는 전문위원들에게 교육을 받은 프로그램을 가지고 일선 학교 학생들에게 프로그램을 진행하게 된다.

③ 운영

어울림 프로그램은 국가 프로그램은 개발 및 운영이 진행되면서 2013년 17개도시에 300개 학교를 대상으로 운영하고 있다. 2014년은 500개 학교, 2015년은 1,000개 학교를 대상으로 실시할 예정에 있다. 이러한 과정을 통해서 국가 표준 프로그램을 완성하여 전국에 있는 초·중고등학교에 기본모듈 4차시 심화모듈 6차시로 맞춤형 선택유형으로 적용 될 예정이다. 어울림 프로그램의 총 48모듈로 개발 될

한 국가 표준프로그램" 으로 개발이 시작되었다.

예정이다. 현재까지 개발되어 시행되는 모듈은 "공감, 의사소통, 학교폭력인식 및 대처"이 2013년 적용 운영되었으며 2014년에 "자아존중감, 감정조절, 갈등해결" 모듈을 시작으로 일선학교에 운영 될 예정이다. 총 48개의 모듈은 공식홈페이지에 탑재되어 효율적으로 운영될 예정이다.

　　어울림 프로그램은 교육부 학교폭력근절과와 교육개발원의 학교폭력예방연구지원특임센터를 두고 프로그램 개발과 지원을 하고 있다. 실질적인 운영은 전국교육청을 중심으로 전문기관[12]에 위탁하여 어울림 프로그램 운영학교로 선정된 일선학교와 협력하여 운영되고 있다. 어울림 프로그램 지원대상 학교는 "시범학교, 생활지도특별지원학교, 모듈 운영지원학교, 교원 연수지원학교" 등으로 구분하여 운영하고 있다.

　　④ 어울림 프로그램 개발 내용

핵심구성요소 (모듈)	세 부 내 용	달성목표
1. 공감·배려	타인이해, 타인조망수용능력, 관점채택능력, 배려행동 증진	사회성
2. 의사소통 대인관계기술	경청 및 자기주장 훈련, 대화의 중요성 및 의사소통 기술 획득	
3. 갈등해결 문제해결능력	또래중재 기술과 행동요령 또래관계에서의 갈등상황 대처방법	
4. 자기이해 및 자아 존중감	긍정적인 자기 수용과 미래상 형성	정서
5. 감정조절	미해결된 부정적 감정 인식 및 표현 공격성, 충동성, 분노조절, 우울, 불안감, 무력감 조절	
6. 학교폭력 인식 및 대처	학교폭력 행동유형 및 학교폭력에 대한 심각성인식, 학교폭력 상황에서 가해자, 피해자, 방관자 입장에 따른 적절한 대처방법 탐색	학교폭력 예방 역량

---

12) 상담, 심리, 교육관련 대학교 및 사단법인 상담관련 전문기관.

2. 대학차원의 상담사 육성

학위 과정을 통하여 상담사를 육성하는 것은 학부과정과 대학원 과정으로 구분된다. 학부 과정의 경우 상담 교육과정을 수행하는 과나 학회의 특성에 따라 교육과정이 상이하다. 예를 들어 학부의 심리학과에서 개설하는 경우, 교육학과에서 개설하는 경우, 청소년 상담학과나 평생교육학과에서 개설하는 경우 유사한 과목도 있으나 학과 특성을 반영한 과목을 우선 배치하고 상담 관련 과목을 선정하여 운영하고 있다.

대학원의 경우 상담학 관련 지원자가 증가함에 따라 유사 학과를 개편하여 다양한 형태로 운영하고 있다. 예를 들어 일반 대학원에서 제공하는 경우, 보건복지대학원에서 제공하는 경우, 상담대학원에서 제공하는 경우, 교육대학원에서 제공하는 경우, 기타 행정대학원이나 지역사회개발대학원 등에서 상담교육을 제공하는 경우가 있다.

(1) 4년제 대학 상담, 심리학과 교과과정

위에서 언급한 바와 같이 학부의 상담 교과과정은 학교의 특성이나 교수자원 등에 따라 다양하게 운영되고 있다. 이는 학과가 어디에 소속되어 있느냐에 따라 다르게 운영되고 있다. 상담은 현재 학부에서는 심리학과, 교육학과, 청소년교육학과, 상담학과, 상담심리학과, 평생교육학과, 아동교육상담학과, 상담복지학과 등에서 개설되고 있다.

결과적으로 학부에서의 상담자원 육성은 공통된 역량이나 교육과정보다는 학교나 학과의 특성에 따라서 상이하게 운영되고 있다고 볼 수 있다. 상담학이 이런 특성에 따라 운영되는 경우 전문화된 학문 영역으로 자리매김 하기보다는 사회적 수요나 학생들을 유인하기 위한 수단으로 간주될 위험성이 있다.

현재 상이한 학과에서 제공하는 교과목을 예시해 보면 다음과 같다. 여기서는 순천향대학교 청소년교육, 상담학과, 연세대학교 심리학과, 광주대학교 평생교육학과, 대전대학교 아동교육상담학과의 교육과정을 제시하였다.

<표38> 대학 상담·심리학과 교과목

대학(학과명)	교과목정
순천향대학교 (청소년교육, 상담학)	가족상담, 교육복지론, 교육통계, 교육학개론, 사회기업가론 사회조사방법론, 상담실습, 상담실습, 상담이론과 실제, 상담지도 성격심리, 성인학습 및 상담, 심리검사, 심리치료, 여가와 레크레이션 인간자원개발, 인턴쉽, 전통문화활동, 직업정보, 진로상담, 집단상담 청년발달, 청소년교육개론, 청소년국제교류, 청소년문제와 보호 청소년문화, 청소년복지, 청소년상담, 청소년수련실습, 청소년심리학 청소년육성제도론, 청소년지도방법론, 청소년지도자론 청소년프로그램개발과 평가, 청소년활동, 평생교육경영, 평생교육론 평생교육방법론, 평생교육실습, 평생교육실습, 학습심리
전주대학교 (상담심리)	가족상담, 건강심리학, 긍정심리학, 기독교상담, 노인상담 놀이치료, 발달심리학, 보육실습, 부모교육 및 상담 상담과 문화, 상담기술, 상담실습, 상담이론과 실제, 상담학개론 상담행정실무, 성격심리학, 성심리학, 수련활동과 상담, 심리통계 심리평가, 심리학개론, 임상심리학, 임상현장실습, 진로상담 집단상담, 청소년상담, 특수아 상담, 학습심리학, 행동치료
광주대학교 (청소년상담, 평생교육)	교육실습, 레크레이션 활동, 발달심리, 상담연구방법론의 기초 성인학습 및 상담, 심리측정 및 평가, 원격교육 활용론 인간자원 개발론, 지역사회교육론, 진로상담 청소년 심리 및 상담, 청소년 지도 방법론 청소년 프로그램개발과 평가, 청소년교육론, 청소년문제와 보호 청소년문화, 청소년복지론, 집단상담의 기초 청소년수련 활동론, 청소년 육성 제도론, 평생교육개론 평생교육경영론, 평생교육방법론, 평생교육실습 평생교육 프로그램 개발론
대전대학교 (아동교육상담)	가정 교과교재연구 및 지도법, 가정교과 교육론, 가정 교수법 가정생활교육, 가정자원 관리, 가족과 문화, 가족복지론 보육과정 가족상담, 건강 가정론, 게임 놀이치료, 교재교구 및 개발 놀이치료, 다문화 가족론, 모래놀이치료, 방과 후 아동지도론 미술치료, 발달심리, 보육 및 가족정책론, 보육실습, 주거와 실내디자인 보육학개론, 부모교육, 아동복지론, 상담실습 및 슈퍼비전 상담실습, 상담심리학, 심리평가, 심리학 개론, 아동건강 교육 아동미술, 아동발달, 아동생활지도, 아동수과학지도 아동음악과 동작, 언어지도 , 영유아 교수 방법론 영유아프로그램 개발과 평가, 임상실습 및 슈퍼비전, 정신건강론 집단상담, 창의성교육, 청소년복지론

그러나 상이한 대학들이 공통적으로 '상담학'과 관련하여 제공하는 교과목을 살펴보면 다음과 같다.

<표39> 대학교 공통 및 유사과목 현황

학과	대학교 공통 및 유사과목
심리학과	가족상담 또는 가족치료, 광고 및 소비자 심리학, 노인심리학 발달심리학, 범죄심리학, 사회심리학, 산업심리학 상담심리학, 생물 및 생리 심리학, 성격심리학, 심리검사 심리학 개론, 심리학사, 이상심리학, 인지심리학 임상 현장실습 및 상담실습, 임상심리학, 조직 심리학 지각 심리학, 진로상담, 집단상담, 청소년 및 청년심리학 학습심리학
아동, 청소년 상담학과	가족상담, 발달심리, 상담 및 교육실습, 상담이론 심리평가 및 심리검사, 진로상담, 집단상담

(2) 대학원 상담 교과과정

학부와 마찬가지로 대학원 교과과정도 소속 대학원과 학교 특성에 따라 다양하게 운영되고 있다. 이들 상담관련 대학원들은 전체 교과목에서 상담과목 개설 비율, 실습 및 슈퍼비전의 유무와 기간 및 요구사항, 상담실습 장소의 유무, 상담 전공 교수와 유사 전공 교수의 비율 등에서 상당한 차이를 보이고 있다. 상이한 형태의 대학원에서 개설하고 있는 교과목을 예시하면 다음과 같다.

<표40> 대학원 상담, 심리학과 교과목

대학원	교과목
평택대 상담대학원 (상담학과)	가족치료, 부부치료, 상담실습 및 슈퍼비전, 상담연구 방법론 상담의 이론과 실제, 상담자 정신 건강과 윤리 아동상담의 이론과 실제, 이상 심리학, 인간발달 정신분석 심리치료, 표현 예술 치료, 집단상담 청소년 상담 이론과 실제.
가천의과학대 보건복지대학원 (심리인지치료학)	가족치료이론과 사례분석, 대상관계 심리치료, 모래놀이치료 발달놀이치료, 부모상담 프로그램개발과 적용 분석심리학, 상담 및 심리치료 이론, 성격이론과 사례분석 심리검사이론 및 실습, Practicum Training(심리상담) 심리상담 치료 사례 세미나, 연구방법론, 인간발달과 이상심리 인지학습 이론과 치료 정서·사회성 발달과 치료, 정신의학 집단심리 치료 프로그램 개발과 적용, 통계학.
건양대학교대학원 상담심리학과	고급성격심리학, 고급심리통계, 발달심리학, 상담면접 기법 상담슈퍼비전, 상담실습, 상담심리학 세미나 상담의 과정과 방법, 상담의 이론과 실제, 성격심리학 심리측정 및 검사, 심리치료와 고급상담이론 심리평가, 심리학개론, 연구방법론, 유아동 심리학 이상심리, 정신병리학, 집단상담.
가톨릭대학교 상담심리대학원	가족 및 부부상담, 대상관계, 발달심리 상담면접 및 실습, 상담방법 실습, 상담사례 교육지도, 상담연구법 심리검사, 아동상담세미나, 이상심리 집단상담, 청소년 문제 상담.
침례신학대학교 상담대학원	가족치료세미나 고급 상담 및 임상실습, 고급 상담 이론과 실제, 고급 심리평가 측정, 고급 아동 심리와 상담, 고급 이상 심리학, 고급 집단상담 고급 청소년심리 상담 상담심리 연구방법론, 임상실습
한동대학교 상담대학원	가족상담 고급 발달 심리학, 고급 상담 심리학, 고급 성격 심리학 고급 심리 검사, 고급 이상 심리학 상담실습, 심리통계학, 연구방법론, 임상현장실습 집단 상담과 심리치료, 학회참여 100시간.

대학원 수준에서 제공하고 있는 상담관련 교과목 가운데 공통 과목을 찾아보면 다음과 같다.

<표41> 대학원 공통 및 유사과목 현황

학과	대학원 공통 및 유사과목
심리 학과	가족상담(가족치료), 광고 및 소비자심리학 노인심리학, 발달심리학, 범죄심리학, 사회심리학 산업심리학, 상담심리학, 생물 및 생리심리학, 성격심리학 심리검사, 심리학 개론, 심리학사 이상심리학, 인지심리학, 임상실습, 임상심리학 조직심리학, 지각심리학 진로상담, 집단상담, 청소년 및 청년심리학, 학습심리학
상담 학과	가정상담 및 부부치료, 발달심리, 상담실습 상담연구방법, 상담이론과 실제, 심리측정 또는 검사 아동 및 청소년 상담, 이상심리, 집단상담
상담 심리	가족상담, 발달심리 상담실습, 상담이론과 실제 성격심리학, 심리검사 아동상담 및 아동발달, 이상심리 진로상담, 집단상담, 청소년 상담 및 청년발달, 특수아상담 학교·학습상담, 학교·학습심리학
교육 심리 상담 교육	발달심리, 상담 또는 교육연구방법 상담이론, 심리검사 진로상담, 집단상담 학습심리 및 교육심리

2. 민간차원의 상담사 육성

늘어나는 상담수요에 대응하고 상담 전문성을 강화하기 위하여 민간차원에서는 학회, 협회, 협의회 등을 통하여 상담자를 육성하고 있다. 이들은 상담교육 및 연수를 제공하고 민간 자격 심사 및 검증을 통하여 상담 자격증을 부여하여 상담 전문성을 제고하고자 노력하고 있다. 이들은 전문화된 영역과 대상에 대하여 자격 검정, 연수, 교육 훈련을 제공하는 바, 그 전문성은 ① 회원의 자질-관련 전공자 유무, ② 정기적 연수와 수련, ③ 학회지 발간, ④ 윤리 규정의 유무 등에 따라 구분할 수 있다.

이들은 개별전공자들이 회원으로 있는 기관도 있고, 공공성을 담보할 수 있는 대학의 학부 및 대학원이 회원인 기구도 있다. 전자의 경우는 한국상담학회, 한국상담심리학회, 한국학습상담학회 등이 있고, 후자는 한국상담전공대학원협의회가 있다.

1) 학회 및 협회

학회 및 협회의 경우 다수가 상담관련 전공자를 대상으로 전규적인 연수와 수련을 제공하고 있으며 학회지를 발간하고 있다. 나아가 윤리규정을 설정하여 회원의 학문적 정체성과 전문성을 강화하고 있다. 대표적으로 한국상담학회, 한국상담심리학회, 한국학습상담학회, 한국군상담학회 등이 있다. 이들은 대상이나 영역별로 특화된 상담서비스를 제공하고자 노력하고 있다. 그러나 상담이라는 공통의 정체성, 개념정립이 불확실하여 상호협력 또는 내적서비스를 제공하는 네트워크가 부족하다.

<표42> 학회 및 협회 자격검증 과목

구 분	1급 교과목	2급 교과목

한국학습상담학회	상담이론 및 학습상담 40시간 진로상담 40시간 학교 급별 또는 교과별 학습전략 학습방법 40시간	상담이론 및 학습상담 40시간 진로상담 40시간 학교 급별 또는 교과별 학습전략 학습방법 40시간
한국군상담학회	군가족상담, 군상담이론 병영문화론, 상담이론 위기상담	군상담이론, 군집단상담 상담이론 심리검사
한국상담학회	가족상담, 상담이론 성격과 정신건강, 심리검사 진로상담(택2개), 집단상담 학습과 발달	가족상담, 성격과 정신 건강 진로상담 중 택 2 학습과 발달
한국상담심리학회	상담 및 심리치료이론 성격심리 및 정신병리 심리진단 및 평가 심리통계 및 연구방법론 집단상담 및 가족치료	발달심리학 상담심리학, 심리검사 이상심리학, 학습심리학
한국폭력예방상담학회	가해자 피해자 사례분석 다중인격과 상담 상담윤리, 심리검사 Psycho-pass상담 정신병리와 폭력, 중독상담 폭력 가해자 및 피해자 특성 폭력예방의 패러다임 폭력의 애착과 자아분아 폭력의 중재와 재범 피해자의 휴유증과 상담	가족치료, 가해자심리와 상담 발달장애와 폭력심리 심리검사, 이상심리와 폭력 폭력 가해자 및 피해자 특성 폭력예방의 패러다임 행동장애와 상담 ● **가정폭력상담원 및 성폭력상담원교육 중 1개 이상의 교육은 필수.**
대한임상미술치료학회	그림 검사 평가 매체·명화·인지학과 임상미술치료 발달심리학, 상담심리 I 스트레스와 임상미술치료 심리검사 I 역동적 치료와 동양상담 심리치료 임상미술치료 사례연구 임상미술치료의 이론 임상미술치료의 이해 및 현황 작업치료와 임상미술치료 특수교육과 임상미술치료	가족임상미술치료 그림검사평가의 실제 동서의학과 동서미술치료 매체 및 프로그램 연구 상담심리 II 예술심리학 임상미술치료 척도 검사 임상미술치료와 심리학 II 통합의학에서의 임상미술치료

전국음악치료사 협회	심리학 연구방법론 음악이론 및 실기 인간발달학 정신의학 특수교육학	노인음악치료, 성인음악치료 아동음악치료, 음악치료 인턴십 음악치료 임상관찰 음악치료 임상실습 음악치료 진단 및 평가 음악치료개론, 음악치료기법 음악치료기술, 음악치료세미나 음악치료연구, 음악치료철학 청소년음악치료

2) 협의회

현재 공식적인 상담관련 학위과정을 개설한 학부 및 대학원이 주축된 전문상담협의회는 두 기관이 있다. 하나는 한국상담전공대학원협의회가 있고, 또 다른 하나는 전국대학상담학과협의회가 있다. 전자는 2002년 8월에 발족되어 대학원 수준의 상담 정체성 확립, 공통된 교육과정의 운영 등을 통하여 보다 전문화된 상담서비스를 제공하고 각 회원교의 권익과 증진과 관련된 정보교환, 연구, 협의 및 회원교 상호간의 친목을 도모하고 있다. 후자는 2006년에 결성되어 대학 상담학과와 상담학의 활성화를 목적으로 하고 있다.

양 기관은 다른 학회 및 협회와는 구분되는 뚜렷한 특성을 지니고 있다. 첫째 상담전공 학과들로 구성되어 있고, 상담관련학과가 아니라 상담전공학과를 대상으로 하고 있다는 점이다. 이는 타 학회나 협회와는 달리 상담의 독특성, 전문성, 독자성을 보여 줄 수 있는 단체이다.

두 번째는 상담전공 또는 관련 개인을 대상으로 단체가 아니라 교육부로부터 정규 상담전공으로 인가받은 대학이나 대학원이 회원인 단체이다.

〈표43〉 협의회 자격검증 과정

전국대학상담학과 협의회	한국상담전공대학원협의회
1급은 본 협의회 소속 4년제 대학의 상담학과에서 필수 1개 영역에서 1과목 이상, 4개 필수선택영역 중 2개 영역 이상에서 각각 1개 과목 이상, 기타 일반선택영역을 포함하여 총 6과목, 18학점 이상의 상담관련 과목을 이수하고 졸업하여야 한다. 필수영역은 상담 및 지도 영역이며, 필수선택영역은 가족, 검사 및 진단, 집단, 성격 영역 이며, 일반선택영역은 발달, 학습, 진로, 정신건강 영역이다. (2) 2급은 본 협의회 소속 2년제 또는 3년제 대학의 상담학과에서 필수 1개 영역에서 1과목 이상, 4개 필수선택영역 중 2개 영역 이상에서 각각 1개 과목 이상, 기타 일반선택영역을 포함하여 총 4과목, 8학점 이상의 상담관련 과목을 이수하고 졸업하여야 한다.	1급은 본 협의회 소속 회원교에서 박사수료자 및 취득자로서 협의회가 인정하는 임상수련과정을 수료하고 학술세미나 6회 이상 참석자에 한에서 자격검증을 통과한 자이다. 2급은 본 협의회 소속 회원교에서 상담관련 석사학위를 취득한자서 협의회가 인증한 임상수련과정을 수료하고 학술세미나 2회 이상 참석자에 한에서 자격검증을 통과한 자이다. 1급 가족상담, 개인상담 및 심리치료 이론 발달심리 또는 인간발달, 상담연구방법론, 상담윤리, 심리검사 및 평가, 정신병리, 집단상담 2급 가족상담, 개인상담 및 심리치료 이론 발달심리 또는 인간발달, 집단상담 심리검사 및 평가.

상담관련 법률의 이해

제6장

6장 상담관련 법률의 이해

상담정책은 법률과 규정, 지침 등의 틀 속에서 진행된다. 학교폭력, 성폭력, 가정폭력 등 위기 학생에 대한 효과적인 상담활동을 수행하기 위해서는 이와 관련된 법률을 이해하는 것이 무엇보다도 중요하다. 상담자가 상담을 통하여 내담자의 심리상태와 위기에 처한 상황을 파악하고 있다고 하더라도 법에서 정하고 있는 조치와 규정을 모르고 있다면 잘못된 상담서비스 제공하게 되고, 이에 따른 심각한 문제를 야기할 수 있다. 따라서 상담서비스를 제공과 관련된 다양한 법을 이해하고 규정 및 규칙을 숙지하는 일은 매우 중요한 일이다. 이에 본 장에서는 현재 사회문제가 되고 있는 학교폭력, 성폭력, 가정폭력, 위기학생 상담과 관련된 법률을 중심으로 살펴보고자 한다.

1. 학교폭력 예방 및 대책에 관한 법률

학교폭력예방 및 대책에 관한 법률은 "학교폭력의 예방과 대책에 필요한 사항을 규정함으로써 피해 학생의 보호, 가해학생의 선도·교육 및 피해학생과 가해학생 간의 분쟁조정을 통하여 학생의 인권을 보호하고 학생을 건전한 사회구성원으로 육성하기" 위하여 2003년 12월 29일 국회를 통과하여 2004년 7월 30일부터 시행되고 있다. 이 법률은 2012년에 개정 되었는바, 학교폭력으로 인한 연이은 학생의 자살로 학교폭력에 대한 사회적인 우려가 커지고 있는 상황에서 피해학생에 대한 보호 및 가해학생에 대한 조치 강화 등을 통하여 학교폭력의 재발을 방지하지 하고자 하였다. 2012년에 개정된 법률의 주요 내용은 다음과 같다.

- 기존의 학교폭력의 범위를 학생 간에 발생한 사건에서 학생을 대상으로 발생한 사건으로 확대
- 학교폭력대책자치위원회 분기별 1회 이상 회의 개최
- 피해학생 보호를 위해 '전학 권고' 삭제
- 피해학생 치료를 위해 학교안전공제회에서 선보상 후 가해학생 보호자에게 청구
- 가해학생 '10일 이내 출석정지'를 '출석정지'로 기간 제한 삭제
- 가해학생 특별교육이수 또는 심리치료 의무화
- 가해학생 학부모 특별교육 의무화 및 미이수 보호자에 대한 300만원 과태료 부과
- 학교폭력 예방 및 사후조치를 위한 조사·상담 인력 지정
- 조사·상담·치유프로그램 운영을 위한 전문기관 설치 운영
- 학생과 교직원 및 학부모 대상 학교폭력 예방교육
- 학교폭력 실태조사

이러한 주요 내용들을 구체적으로 살펴보면 아래와 같다.

가) 학교폭력의 정의(법 제2조)

그동안 학교폭력 예방 및 대책에 관한 법률에서는 학생 간에 발생하는 폭력을 대상으로 하였으나 '12년에 개정된 법률에서는 학생을 대상으로 발생하는 폭력으로 개념을 확대하여 학업중단청소년 등에 의한 폭력 발생시에도 피해 보상을 받을 수 있도록 하였다. 또한, 정보

통신 기술의 발달에 따른 인터넷 게시판, 채팅, 문자, 카페 등을 통한 사이버 폭력을 학교폭력으로 추가하였다. 동 법률 제2조에서는 학교폭력을 "학교 내외에서 학생을 대상으로 발생한 상해, 폭행, 감금, 협박, 약취·유인, 명예훼손·모욕, 공갈, 강요·강제적인 심부름 및 성폭력, 따돌림, 사이버 따돌림, 정보통신망을 이용한 음란·폭력 정보 등에 의하여 신체·정신 또는 재산상의 피해를 수반하는 행위"라고 정의하고 있다.

이 중에서 따돌림이란 "학교 내외에서 2명 이상의 학생들이 특정인이나 특정집단의 학생들을 대상으로 지속적이거나 반복적으로 신체적 또는 심리적 공격을 가하여 상대방이 고통을 느끼도록 하는 일체의 행위를 말하며, 사이버 따돌림이란 "인터넷, 휴대전화 등 정보통신기기를 이용하여 학생들이 반복적으로 심리적 공격을 가하거나, 특정학생과 관련된 개인정보 또는 허위사실을 유포하여 상대방이 고통을 느끼도록 하는 일체의 행위를 말한다. 특히, 정보통신기기의 발달과 대중화로 사이버상에서 따돌림이 심각한 문제로 대두되어 2012년 개정법률에서 이러한 유형의 폭력을 학교폭력으로 정의하였다. 학교폭력은 학생을 대상으로 하는 폭력이므로 가해자가 학생이 아니더라도 피해자가 학생인 경우 반드시 피해학생에 대한 보호조치를 실시해야 하고, 가해자가 학생이 아닌 경우 해당 사안을 경찰 등 수사기관에 신고하여 처리할 수 있도록 해야 한다.

나) 학교폭력 관련 설치기구(법 제7조, 제9조, 제10조의2, 제12조)

학교폭력 예방 및 대책을 수립하기 위해 다양한 기구를 설치하도록 하고 있다. 중앙차원에서 교육부 차관이 위원장으로 하는 "학교폭력대책기획위원회"를 국무총리 소속 "학교폭력대책위원회"로 격상하였다. 시·군·구 단위 협의체가 없었으나, 시·군·구에도 "지역협의회"를 구성하도록 하여 기초단위 지자체도 학교폭력에 대한 관심을 가지도록 하였다. 학교폭력에 대한 추진체계는 중앙단위의 학교폭력대책위원회, 시·도 및 시·군·구 단위의 학교폭력대책지역위원회, 학교폭력대책지역협의회, 시·도교육청의 학교폭력예방 및 대책 담당 전담부서, 학교단위의 학교폭력대책자치위원회 등이다. 학교폭력 예방 및 대응을 위한 설치기구, 주요 내용 등을 살펴보면 다음 <표44>와 같다.

<표44> 학교폭력 예방 및 대책에 관한 법률에 따른 설치기구

구 분	설치기구	주요 내용
중앙	학교폭력 대책위원회	• (구성) 위원장 2명(국무총리, 민간전문가)을 포함하여 20명이내 • (기능) 학교폭력의 예방 및 대책에 관한 기본계획의 수립 및 시행에 대한 평가 등
시·도	학교폭력 대책지역위원회	• (구성) 위원장 1인(시·도의 부단체장)을 포함한 11인 이내 • (기능) 기본계획에 따라 지역의 학교폭력 예방대책을 매년 수립 등
시·군·구	학교폭력 대책지역협의회	• (구성) 위원장 1명(시·군·구의 부단체장)을 포함한 20명 내외 • (기능) 학교폭력예방 대책을 수립하고 기관별 추진계획 및 상호 협력·지원 방안 등을 협의
시·도교육청	학교폭력예방 및 대책담당전담부서	• (구성) 시·도교육청 및 지역교육청에 과·담당관 또는 팀 • (기능) 학교폭력 예방과 근절을 위한 대책의 수립과 추진에 관한 사항, 학교폭력 피해학생의 치료 및 가해학생에 대한 조치에 관한 사항 등
학교	학교폭력 대책자치위원회	• (구성) 위원장 1인을 포함하여 5인 이상 10인 이하 • (기능) 학교폭력의 예방 및 대책에 관련된 사항을 심의

학교폭력 사안이 발생했을 경우 사안을 처리하는 중요한 기구가 학교단위에 설치되어 있는 학교폭력대책자치위원회이므로. 자치위원회에 대해서 좀 더 자세하게 살펴보고자 한다.

① 학교폭력대책자치위원회의 설치·기능(법 12조)

학교폭력의 예방 및 대책에 관련된 사항을 심의하기 위하여 학교에 학교폭력대책자치위원회(이하 "자치위원회"라 한다)를 둔다. 다만, 자치위원회 구성에 있어 대통령령으로 정하는 사유가 있는 경우[13]에는 교육감의 보고를 거쳐 둘 이상의 학교가 공동으로 자치위원회를 구성할 수 있다. 자치위원회는 학교폭력의 예방 및 대책수립을 위한 학교 체제 구축, 피해학생의 보호, 가해학생에 대한 선도 및 징계, 피해학생과 가해학생 간의 분쟁조정 등의 사항을 심의한다.

② 자치위원회의 구성·운영(법 13조)

자치위원회는 위원장 1인을 포함하여 5인 이상 10인 이하의 위원으로 구성하되, 대통령령[14]으로 정하는 바에 따라 전체위원의 과반수를 학부모전체회의에서 직접 선출된 학부모대표로 위촉하여야 한다. 다만, 학부모전체회의에서 학부모대표를 선출하기 곤란한 사유가 있는 경우에는 학급별 대표로 구성된 학부모대표회의에서 선출된 학부모대표로 위촉할 수 있다.

자치위원회는 분기별 1회 이상 회의를 개최해야 한다. 자치위원회의 위원장은 자치위원회 재적위원 4분의 1 이상이 요청하는 경우,

---

13) 학교폭력 예방 및 대책에 관한 법률 시행령 제13조(자치위원회의 설치 및 심의사항) 법 제12조제1항 단서에서 "대통령령으로 정하는 사유가 있는 경우"란 학교폭력 피해학생과 가해학생이 각각 다른 학교에 재학 중인 경우를 말한다.

14) 학교폭력 예방 및 대책에 관한 법률시행령 제14조(자치위원회의 구성·운영)자치위원회의 위원은 다음 각 호의 어느 하나에 해당하는 사람 중에서 해당 학교의 장이 임명하거나 위촉한다.
   - 해당학교의 교감, 해당 학교의 교사 중 학생생활지도 경력이 있는 교사, 법 제13조제1항에 따라 선출된 학부모대표, 판사·검사·변호사, 해당 학교를 관할하는 경찰서 소속 경찰공무원, 의사 자격이 있는 사람, 그밖에 학교폭력 예방 및 청소년보호에 대한 지식과 경험이 풍부한 사람

학교의 장이 요청하는 경우, 피해학생 또는 그 보호자가 요청하는 경우, 학교폭력이 발생한 사실을 신고 받거나 보고받은 경우, 가해학생이 협박 또는 보복한 사실을 신고 받거나 보고받은 경우, 그밖에 위원장이 필요하다고 인정하는 경우 중 어느 하나에 해당하는 경우에 회의를 소집하여야 한다.

③ 전문상담교사 배치 및 전담기구 구성(법 제14조)

학교의 장은 학교에 대통령령15)으로 정하는 바에 따라 상담실을 설치하고, "초·중등교육법" 제19조의2에 따라 전문상담교사를 둔다. 전문상담교사는 학교의 장 및 자치위원회의 요구가 있는 때에는 학교폭력에 관련된 피해학생 및 가해학생과의 상담결과를 보고하여야 한다.

학교의 장은 교감, 전문상담교사, 보건교사 및 책임교사(학교폭력문제를 담당하는 교사) 등으로 학교폭력 문제를 담당하는 전담기구(이하 "전담기구"라 한다)를 구성하며, 학교폭력 사태를 인지한 경우 지체없이 전담기구 또는 소속 교원으로 하여금 가해 및 피해 사실여부를 확인하도록 한다.

전담기구는 학교폭력에 대한 실태조사와 학교폭력 예방 프로그램을 구성·실시하며, 학교의 장 및 자치위원회의 요구가 있는 때에는 학교폭력에 관련된 실태조사결과 등 활동결과를 보고하여야 한다. 피해학생 또는 피해학생의 보호자는 피해사실 확인을 위하여 전담기구에 실태조사를 요구할 수 있다.

다) 학교폭력 관련 상담기관 운영(법 제10조, 11조)

---

15) 학교폭력 예방 및 대책에 관한 법률시행령 제15조(상담실 설치)상담실은 다음 각 호의 시설·장비를 갖추어 상담활동이 편리한 장소에 설치하여야 한다.
- 인터넷 이용시설, 전화 등 상담에 필요한 시설 및 장비
- 상담을 받는 사람의 사생활 노출 방지를 위한 칸막이 및 방음시설

학교폭력 가·피해 학생에 대한 상담을 위하여 교육청별로 전문기관을 설치·운영하도록 하고 있다. 교육감은 지역위원회의 의견을 들어 상담·치료 및 교육을 담당할 상담·치료·교육 기관을 지정하여야 하고, 기관을 지정한 때에는 해당 기관의 명칭, 소재지, 업무를 인터넷 홈페이지에 게시하고, 그밖에 다양한 방법으로 학부모에게 알릴 수 있도록 노력하여야 한다(법 제10조). 또한, 학교폭력 등에 관한 조사·상담·치유프로그램 운영 등을 위한 전문기관을 설치·운영할 수 있다(법 제11조 9항). 이 조항에 따라 교육지원청 등에 Wee 센터를 설치하여 학생상담 활동을 지원하고 있다.

라) 학교폭력 예방교육(법 제15조)

그동안 학교폭력 예방교육은 학생, 교직원을 대상으로 하였으나 개정된 법률에서는 학부모도 포함시켰다. 법률 제15조에서는 "학교의 장은 학생의 육체적·정신적 보호와 학교폭력의 예방을 위한 학생들에 대한 교육(학교폭력의 개념·실태 및 대처방안 등을 포함하여야 한다)을 학기별로 1회 이상 실시하여야 한다. 또한, 학교폭력의 예방 및 대책 등을 위한 교직원 및 학부모에 대한 교육을 학기별로 1회 이상 실시하여야 한다. 학교폭력 예방교육 프로그램의 구성 및 그 운용 등을 전담기구와 협의하여 전문단체 또는 전문가에게 위탁할 수 있다."라고 명시하여 학생, 교직원, 학부모에 대한 학교폭력 예방교육을 강화하도록 하고 있다.

마) 피해학생의 보호조치(법 제16조)

학교폭력이 발생할 경우 가해학생이 아닌 피해학생이 전학 가는 상황이 발생하는 문제점을 개선하기 위하여 피해학생에 대한 보호조치 규정에 피해학생 '전학 권고' 규정을 삭제하였다. 법 제16조에서는 "자치위원회는 피해학생의 보호를 위하여 필요하다고 인정하는 때에는 피해학생에 대하여 다음 각 호의 어느 하나에 해당하는 조치를 할 것을 학교의 장에게 요청할 수 있다."라고 규정하여 피해학생에 대한 보호조치를 하도록 하였다. 이러한 조치에는 심리상담 및 조언, 일시 보호, 치료 및 치료를 위한 요양, 학급교체 등이 포함된다.

피해학생에 대한 보상에 있어서도 가해자가 불분명하거나 부담능력이 없는 경우 학교안전공제회가 피해학생에게 선보상 후 구상하도록 하였으나 개정 법률에서는 "학교장 또는 피해학생 보호자의 요청시 학교안전공제회에서 치료비 선보상 후 구상(제16조6항)"하도록 하여 피해학생의 신속한 치료 지원이 이루어지도록 하였다.

바) 가해학생의 조치(법 제17조)

학교폭력에 대하여 신고·고발한 학생들을 보호하기 위하여 가해학생이 이들에 대한 접촉을 금지하도록 하는 조항과 피해학생을 두텁게 보호하기 위하여 학교폭력의 경중에 따라 출석정지 기간을 정할 수 있도록 하기 위하여 기존의 10일 이내의 출석정지 기간을 삭제하였다. 법 제17조에 의하면, 가해학생에 대한 조치를 위하여 "자치위원회는 피해학생의 보호와 가해학생의 선도·교육을 위하여 가해학생에 대하여 다음 각 호의 어느 하나에 해당하는 조치를 할 것을 요청하여야 한다"라고 규정하고 있다. 이러한 조치사항에는 ① 피해학생에 대한 서면사과, ② 피해학생 및 신고·고발 학생에 대한 접촉, 협박 및 보복행위의 금지, ③ 학교에서의 봉사, ④ 사회봉사, ⑤ 학내외 전문가에 의한 특별 교육이수 또는 심리치료, ⑥ 출석정지, ⑦ 학급교체, ⑧ 전학, ⑨ 퇴학처분 등이 해당된다. 가해학생에 대한 각 조치별 적용 기준은 대통령령16)으로 정하며, 퇴학처분은 의무교육과정에 있는 가해학생에 대하여는 적용하지 아니한다.

가해학생에 대한 엄격한 조치와 더불어 가해학생 학부모에 대한 특별교육을 의무화하도록 하였다. 학교폭력이 발생하여 자치위원회로부터 특별교육이수를 부과 받은 학생의 학부모는 교육청이 지정한 기관 (Wee센터 등)에서 반드시 특별교육을 받아야 하고 이수하지 않을 경우에는 300만원의 과태료를 납부하도록 하고 있다.

사) 재심청구 및 분쟁조정(법 제17조의 2, 제18조)

피해학생 또는 그 보호자는 시·도에 설치된 지역위원회에 서면으로 재심을 청구하여야 하며, 지역위원회가 재심청구를 받은 때에는 30일 이내에 이를 심사·결정하여 청구인에게 통보하도록 하고 있다. 법률 제17조의 2에 의하면 재심청구에 대하여 "자치위원회 또는 학교의 장이 내린 조치에 대하여 이의가 있는 피해 학생 또는 그 보호자는 그 조치를 받은 날로부터 15일 이내, 그 조치가 있음을 안 날로부터 10일 이내에 지역위원회에 재심을 청구할 수 있다. 가해학생에 대한 조치사항 중 전학 및 퇴학처분에 대하여 이의가 있는 학생 또는 그 보호자는 그 조치를 받은 날로부터 15일 이내, 그 조치가 있음을 안 날로부터 10일 이내에 초·중등교육법에 따른 시·도학생징계조정위원회에 재심을 청구할 수 있다. 지역위원회가 재심청구를 받은 때에는 30일 이내에 이를 심사·결정하여 청구인에게 통보하여야 하며, 심사결

---

16) 학교폭력 예방 및 대책에 관한 법률시행령 제19조 (가해학생에 대한 조치별 적용 기준)법 제17조의제1항의 조치별 적용 기준은 다음 각 호의 사항을 고려하여 결정하고, 그 세부적인 기준은 교육부장관이 정하여 고시한다.
1. 가해학생이 행사한 학교폭력의 심각성·지속성·고의성
2. 가해학생의 반성정도
3. 해당 조치로 인한 가해학생의 선도 가능성
4. 가해학생 및 보호자와 피해학생 및 보호자 간의 화해의 정도
5. 피해학생이 장애학생인지 여부

정에 이의가 있을 경우에는 그 통보를 받은 날로부터 60일 이내에 행정심판을 제기할 수 있다."라고 규정하고 있다. 따라서 피해학생 등이 재심을 청구한 경우, 지역위원회는 최종적인 심사 및 결정을 하여 결정의 취지와 내용을 적어 청구인과 가해학생에게 서면으로 통보하고, 학교의 장에게 지역위원회의 결정에 따라 조치를 할 것을 요청하여야 한다.

또한, 자치위원회는 학교폭력과 관련하여 분쟁이 있는 경우에는 그 분쟁을 조정할 수 있다. 학교폭력과 관련한 분쟁조정에는 피해학생과 가해학생간 또는 그 보호자 간의 손해배상에 관련된 합의 조정, 그밖에 자치위원회가 필요하다고 인정하는 사항을 포함한다.

아) 학교폭력의 신고의무(법 제20조)

학교폭력을 예방하고 효과적인 대응을 위하여 학교폭력을 목격한 사람은 누구든지 신고하도록 하고 있다. 법 제20조에 의하면 "학교폭력 현장을 보거나 그 사실을 알게 된 자는 학교 등 관계 기관에 이를 즉시 신고하여야 한다. 신고를 받은 기관은 이를 가해학생 및 피해학생의 보호자와 소속 학교의 장에게 통보하여야 한다. 통보받은 소속 학교의 장은 이를 자치위원회에 지체 없이 통보하여야 한다."라고 규정하여 신고의무를 강조하고 있다.

이러한 규정에 따라서 국가 및 지방자치단체는 학교폭력을 수시로 신고 받고 이에 대한 상담에 응할 수 있도록 긴급전화를 설치·운영하고 있다. 교육청, 경찰청, 여가부 등에서 별도로 운영한 학교폭력 신고전화를 학교폭력근절종합대책('12.2.6)에 따라 경찰청 "117"로 통합하여 24시간 운영하고 있다. 1개소에 3-6명이 한 팀이 되어 상시 근무하며 학교폭력 신고접수 및 상담기관 연계·배분을 하고 있다. 신고센터는 현재 17개[17)] 운영되고 있으며 접수된 학교폭력 사안의 경중을 판단하여 경찰청 또는 학교폭력 원스톱지원센터(Wee센터, CYS-Net)로 사건을 이송하여 상담 지원을 받을 수 있도록 도와주고 있다.

자) 비밀누설의 금지(법 제21조, 22조)

학교폭력과 관련된 개인의 정보가 무분별하게 유출되는 것을 방지하기 위해 비밀누설 금지와 이를 위반할 경우 과태료를 부과하도록 하고 있다. 법 제21조 및 22조에 의하면 "학교폭력의 예방 및 대책과 관련된 업무를 수행하거나 수행하였던 자는 그 직무로 인하여 알게 된 비밀[18] 또는 가해학생·피해학생 및 신고자·고발자와 관련된 자료를 누설하여서는 아니 되며, 이를 위반할 경우에는 300만원이하의 벌금에 처하도록 한다"고 규정하고 있다.

또한, 자치위원회의 회의는 공개하지 않는다. 다만, 피해학생·가해학생 또는 그 보호자가 회의록의 열람·복사 등 회의록 공개를 신청한 때에는 학생과 그 가족의 성명, 주민등록번호 및 주소, 위원의 성명 등 개인정보에 관한 사항을 제외하고 공개하도록 하고 있다.

2. Wee프로젝트 사업 관련 법령

---

17) 세종시를 제외하고 시·도별 1개씩 운영하고 있음(경기도 2개)

18) 학교폭력 예방 및 대책에 관한 법률 시행령 제33조(비밀의 범위) 법 제21조제1항에 따른 비밀의 범위는 다음 각 호와 같다.
  1. 학교폭력 피해학생과 가해학생 개인 및 가족의 성명, 주민등록번호 및 주소 등 개인정보에 관한 사항
  2. 학교폭력 피해학생과 가해학생에 대한 심의·의결과 관련된 개인별 발언 내용
  3. 그밖에 외부로 누설될 경우 분쟁당사자 간에 논란을 일으킬 우려가 있음이 명백한 사항.

가정문제, 사회문제, 개인성격 등의 문제로 인하여 학업 중단 및 학교부적응을 겪는 위기학생이 증가함에 따라 이러한 위기학생들에 대한 대책으로 '08년 10월부터 'Wee프로젝트 사업'을 추진하고 있다. 진단, 상담, 치료의 전과정에 대한 One-stop 지원 서비스를 표방하며 추진되고 있는 이 사업은 법적인 기반이 부족하여 예산 확보 등 사업에 대한 안정적인 운영에 어려움이 있었다.

학교폭력근절종합대책의 일환으로 '12년에 초중등교육법시행령 및 훈령이 개정되면서 Wee프로젝트 운영을 위한 최소한의 법률적인 토대를 갖추게 되었다. 법률은 국회가 입법절차에 따라 제정하여 공표되는 법이며, 대통령령 및 부령은 법률에 근거하여 행정부에서 제정하여 공표하는 하위법령(시행령)이며, 훈령은 상급관청이 하급관청의 권한 행사를 지시하기 위해 하는 일반적 형식의 명령이다.

Wee클래스, Wee센터, Wee스쿨은 초·중등교육법 제28조와 동법시행령 제54조에 따라 예산 사업으로 실시하고 있다. 초·중등교육법 제28조(학습부진아 등에 대한 교육)에서는 "국가와 지방자치단체는 학습부진이나 성격장애 등의 사유로 정상적인 학교생활을 하기 어려운 학생과 학업을 중단한 학생들을 위하여 대통령령으로 정하는 바에 따라 수업일수와 교육과정을 신축적으로 운영하는 등 교육상 필요한 시책을 마련하여야 한다."고 규정하여 Wee프로젝트 사업 추진의 근거를 제공하고 있다.

동법 시행령 제54조('12.4.20 개정)에서는 "교육부장관 및 교육감은 정상적인 학교생활을 하기 어려운 학생에 대하여 진단·상담·치유 프로그램 등을 제공하는 사업을 실시하여야 한다. 지원사업 대상학교의 선정기준, 대상학교의 선정절차 등 지원사업에 관하여 필요한 세부사항은 교육감의 의견을 들어 교육부장관이 정하여 고시한다."고 규정하고 있으며, Wee프로젝트 사업 관리 및 운영에 대한 구체적인 사항을 정하기 위해 "위(Wee) 프로젝트 사업관리·운영에 관한 규정(훈령,

'12.12.18. 제정)"을 처음으로 개정하였다. 제정된 훈령의 주요 내용을 살펴보면 다음과 같다.

- ○ **(학생상담지원센터-Wee센터)** 교육지원청 단위에 설치하고, 당해 교육지원청 단위에 설치하고 , 당해 교육지원청의 장 또는 수탁기관의 장이 위 센터의 장이 됨.

- ○ 사업의 원활한 추진을 위하여 특별시·광역시·특별자치시·도 및 특별자치도 교육청 또는 직속기관에 Wee센터를 설치할 수 있으며, 이 경우 위 센터의 장은 당해 교육감 또는 직속기관의 장이 됨.

- ○ 사업 수행을 위해 일정한 자격을 갖춘 자 중에서 사업기관장이 근무 계약을 맺은 인력인 전문상담사를 Wee클래스-센터-스쿨에 배치

- ○ **(Wee프로젝트 위원회 설치)** 사업기관의 설치, 관계자 연수, 운영 평가 등에 관한 자문을 수행하기 위하여 사업 관련 공무원, 사업종사자, 관련 단체 및 지역사회 인사 등 15인 이내의 위원으로 구성(위원장 : 부교육감)

- ○ **(상담기록관리시스템)** 사업기관의 장은 상담처리의 내용과 과정, 통계수치 등을 상담기록관리시스템에 기록관리하여야 하며, 운영을 위하여 필요한 경우 '위 프로젝트 지원 전담기관' 지정, 위탁 가능

- ○ **(Wee프로젝트 지원 전담기관)** 장관은 사업의 관리, 컨설팅, 평가 등 관련 업무를 전담·수행하는 '위 프로젝트 지원 전담기관'을 지정하고 업무를 위탁할 수 있으며, 장관과 교육감은 필요한 재정지원 가능

3. 청소년복지 지원법

　가정 문제가 있거나 학업 수행 또는 사회 적응에 어려움을 겪는 등 조화롭고 건강한 성장과 생활에 필요한 여건을 갖추지 못한 청소년을 지원하기 위하여 교육부 및 여가부 등에서 관련 법령에 근거하여 사업을 추진하고 있다. 교육부에서는 학교폭력예방법 및 초·중등교육법에 따라 Wee프로젝트 사업을 추진하고 있으며, 여성가족부에서는 청소년기본법 및 청소년복지 지원법에 근거하여 지역사회 청소년통합지원체계(CYS-Net)를 구축·운영하고 있다. 특히 청소년복지 지원법에 따라 청소년 쉼터, 청소년상담복지센터 등에 상담사가 배치되어 활동하고 있다.

　CYS-Net은 청소년상담복지센터가 주축이 되어, 쉼터, 복지관, 자활지원기관, 정신보건센터, 법률기관 등의 지역사회 연계망을 통해 청소년 위기탈출 해소를 지원하고 있다. 본 절에서는 청소년 쉼터, 청소년상담복지센터 설치·운영을 지원하고 있는 청소년복지 지원법에 대하여 설명하고자 한다.

가) 지역사회 청소년통합지원체계의 구축·운영(제9조)

　여성가족부에서는 위기 청소년의 문제행동을 예방의 관점에서 바라보고 이에 대한 사회 안전망을 구축함으로써 보다 효과적인 서비스 구축체계를 수립하기 위하여 지역사회 청소년통합지원체계인 CYS-Net(Community Youth Safety-net)를 운영하고 있다. 법 제9조에서는 "지방자치단체의 장은 관할구역의 위기 청소년을 조기에 발견하여 보호하고, 청소년복지 및 「청소년기본법」 제3조제5호에 따른 청소년보호를 효율적으로 수행하기 위하여 지방자치단체, 공공기관, 「청소년기본법」제3조제8호에 따른 청소년단체 등이 협력하여 업무를 수행하는 지역사회 청소년통합지원체계를 구축·운영하여야 하며, 국가는 통합지원체계의 구축·운영을 지원하여야 한다"고 규정하고 있다. 2005년 시범사업으로 5개 시·도(서울, 경기, 부산, 광주, 경남)에서 시작된 CYS-Net은 2012년 9월 현재, 174개가 구축·운영되고 있으며, 245개 지자체에 모두 설치를 목표로 지속적으로 확대하고 있다.

나) 상담과 전화 설치(법 12조)

국가 및 지방자치단체는 모든 청소년이 필요한 사항에 관하여 전문가의 상담을 받을 수 있도록 하여야 하며, 상담을 위하여 전화를 설치·운영하거나 정보통신망을 운영하여야 한다. 이러한 조항에 따라 한국청소년상담복지개발원, 16개 시·도 청소년상담복지센터, 174개 시·군·구 청소년상담복지센터의 상담전화와 연결되어 운영되고 있는 직접전화연결 서비스인 1388전화를 통해 청소년 유해환경 신고 및 다양한 정보제공, 그리고 전문가와의 즉각 상담 서비스를 제공하고 있다.

시·군·구 청소년상담복지센터는 9시부터 18시까지 전화상담이 가능하며, 시·도 청소년상담복지센터에서는 24시간 전화상담이 가능하다. 2012년 학교폭력근절종합대책에 따라 운영되고 있는 "117"신고 센터에서도 가출, 가정폭력, 학교폭력 등 긴급을 요하는 상황에 처한 청소년에 대하여 전화 상담 서비스를 제공하고 있다.

다) 상담 및 교육(법 13조)

국가 및 지방자치단체는 위기청소년의 가족 및 보호자에 대하여 상담 및 교육을 실시하고 있으며, 특히 일정 소득 이하[19]의 가족 및 보호

---

19) 청소년복지 지원법 시행규칙 제8조 : 법13조제3항에서 "여성가족부령이 정하는 일정

자의 경우에는 예산의 범위에서 여비 등 실비를 지급하고 있다. 법 13조에서는 "국가 및 지방자치단체는 위기청소년에게 효율적이고 적합한 지원을 하기 위하여 위기청소년의 가족 및 보호자에 대한 상담 및 교육을 실시할 수 있으며, 위기청소년의 가족 및 보호자는 국가 및 지자체가 상담 및 교육을 권고하는 경우에는 이에 협조하여 성실히 상담 및 교육을 받아야 한다"고 규정하여 위기 극복을 지원하고 있다.

라) 한국청소년상담복지개발원(법22조)

청소년의 올바른 인격형성과 조화로운 성장을 위한 상담·복지 연구 및 프로그램 개발, 상담·복지 전문인력양성, 위기청소년 통합지원, 취약청소년 자립지원 사업 등을 수행하기 위하여 법 22조에 따라 "한국청소년상담복지개발원"을 설립·운영하고 있다. 전국 청소년 상담·복지 관련기관을 총괄하는 중추기관으로서 '12년 현재 55명의 직원으로 구성되어 있다(원장, 교수 11명, 상담원 25명, 행정직원 18명).

주요 기능으로는 ① 청소년 상담·복지 관련 정책의 연구개발, ② 청소년 상담기법의 연구 및 상담자료의 제작·보급, ③ 국가자격제도 청소년상담사 자격검정 및 연수, ④ 청소년상담복지센터 직무교육 및 전문연수, 부모교육, 또래상담, 품성계발 등 청소년의 건전한 가치관 정립 프로그램 운영, ⑤ 위기청소년 지역사회 통합지원체계 운영지원 및 지역 청소년상담복지센터 지도지원, ⑥ 사이버상담 등 청소년상담 사업의 운영, ⑦ 취약계층 청소년 자립지원 사업, ⑧ 인터넷 중독 기숙형 치료학교 운영 등 인터넷 중독 예방사업, ⑨ 그 밖에 여성가족부장관이 지정하거나 상담원의 목적수행을 위하여 필요한 사업 등이다.

마) 청소년상담복지센터(법29조)

소득"이란 '국민기초생활 보장법' 제6조에 따른 최저생계비의 100분의 150을 말한다.

위험노출 청소년에 대한 긴급구조 및 자활지원, 사후관리, 약물남용 예방 및 치료사업 등을 위하여 지자체 단위에 청소년상담복지센터를 설치·운영하고 있다. 2012년 현재 174개 센터에 2,452명의 상담관련 인력이 채용되어 활동하고 있다. 법 제29조에서는 "특별시장·광역시장·도지사 및 특별자치도지사 및 시장·군수·구청장은 청소년에 대한 상담·긴급구조·자활·의료지원 등의 업무를 수행하기 위하여 청소년상담복지센터를 설치·운영할 수 있다"고 동센터 설치 근거를 제시하고 있다.

동법 시행령 제14조에서는 청소년상담복지센터의 사업으로 ① 청소년과 부모에 대한 상담·복지지원, ② 상담·복지 프로그램의 개발 및 운영, ③ 상담 자원봉사자와 청소년지도자에 대한 교육 및 연수, ④ 청소년 상담 또는 긴급구조를 위한 전화 운영, ⑤ 청소년 폭력·학대 등으로 피해를 입은 청소년의 긴급구조, 법률 및 의료 지원, 일시 보호 지원, ⑥ 청소년의 자립능력 향상을 위한 자활 및 재활 지원, ⑦ 그 밖에 청소년 상담 및 복지지원 등을 위하여 필요하다고 특별시장·광역시장·도지사 또는 특별자치도지사가 인정하는 사업 등이다. 또한, 동법시행령 14조에서는 청소년상담복지센터에는 관리업무, 실무업무, 행정업무 등을 수행하는 직원을 두도록 하고 있는데, 시·도 청소년상담복지센터 종사자의 자격기준을 살펴보면 다음 <표45>과 같다.

<표45> 시·도 청소년상담복지센터 종사자의 자격기준

구 분	자격 기준
센터의 장	1. 상담복지 분야 박사학위를 취득하거나 박사 과정을 이수한 사람으로서 청소년상담복지 관련 실무 경력이 3년 이상인 사람 2. 상담복지 분야 석사학위를 취득한 사람으로서 청소년상담복지 관련 실무 경력이 5년 이상인 사람 3. 상담복지 분야의 4년제 대학을 졸업하거나 이와 같은 수준 이상의 학력이 있다고 다른 법령에서 인정받은 사람으로서 청소년

	상담복지 관련 실무 경력이 7년 이상인 사람 4. 청소년상담복지 관련 실무에 5년 이상의 경력이 있는 사람으로서 청소년상담복지에 대한 능력과 자질이 있다고 전문기관 및 단체에서 추천하는 사람 중 시·도지사가 인정하는 사람
관리 업무 수행 직원	1. 상담복지 분야 박사학위를 취득하거나 박사 과정을 이수한 사람으로서 청소년상담복지 관련 실무 경력이 1년 이상인 사람 2. 상담복지 분야 석사학위를 취득한 사람으로서 청소년상담복지 관련 실무 경력이 3 이상인 사람 3. 청소년상담사 1급 4. 청소년상담복지센터에서 청소년대상 실무업무를 3년 이상 수행한 사람
청소년 대상 실무 업무 수행 직원	1. 상담복지 분야 석사 이상의 학위를 취득한 사람으로서 청소년 상담복지 관련 업무를 수행할 수 있다고 시·도지사가 인정하는 사람 2. 상담복지 분야의 4년제 대학을 졸업하거나 이와 같은 수준 이상의 학력이 있다고 다른 법령에서 인정받은 사람으로서 청소년 상담복지 관련 실무 경력이 1년 이상인 사람 3. 4년제 대학을 졸업하거나 이와 같은 수준 이상의 학력이 있다고 다른 법령에서 인정받은 사람으로서 청소년 상담복지 관련 실무 경력이 3년 이상인 사람 4. 청소년상담사 2급 이상 5. 청소년상담사 3급, 청소년지도사 2급 또는 사회복지사 2급 이상인 사람으로서 청소년상담복지 관련 실무경력이 2년 이상인 사람
생활지도 직원 (일시보호 시설근무)	1. 상담복지 분야 학사학위 이상을 취득한 사람으로서 청소년상담복지 관련 업무를 수행할 수 있다고 시·도지사가 인정하는 사람 2. 전문대학을 졸업하거나 이와 같은 수준 이상의 학력이 있다고 다른 법령에서 인정받은 사람으로서 청소년상담복지 관련 실무경력이 1년 이상인 사람 3. 청소년상담사, 청소년지도사 또는 사회복지사로서 청소년상담 복지 관련 실무 경력이 1년 이상인 사람

※ 상담복지 분야란 상담학, 교육학, 심리학, 사회복지(사업)학, 청소년(지도)학 및 상담복지와 관련하여 시·도지사가 인정하는 분야를 말한다.

※ 청소년상담복지 관련 실무란 다음 각 목의 어느 하나에 해당하는 경우
• 청소년 관련 기관단체에서 청소년을 대상으로 상담복지에 관한 업무를 상근으로 수행한 경우
• 중앙행정기관 또는 지방자치단체의 청소년 관련 부서에서 청소년 정책 관련 업무를 상근으로 수행한 경우 * 자료 : 청소년복지 지원법 시행령 제14조제4항 관련 <별표2>

바) 청소년복지시설(법 31조, 32조, 34조)

「청소년기본법」 제17조에 따른 청소년복지시설[20]은 청소년쉼터, 청소년자립지원관, 청소년치료재활센터 등이 있다. 국가 또는 지방자치단체는 청소년복지시설을 설치·운영하여야 한다. 국가 또는 지방자치단체 외의 자가 청소년복지시설을 설치·운영하려면 해당 시설이 있는 지역을 관할하는 특별자치도지사 또는 시장·군수·구청장에게 신고하여야 한다.

청소년복지시설에는 각 시설의 사업 수행 및 운영에 필요한 종사자를 두어야 하며, 여성가족부장관 또는 지방자치단체의 장은 청소년복지시설 종사자를 양성하고 전문성을 높이기 위한 교육·훈련을 실시하여야 한다. 청소년복지시설 종사자의 자격 및 배치기준을 살펴보면 다음 <표456>, <표47>와 같다.

<표46> 청소년복지시설 종사자의 자격기준

구 분	자격 기준
시설장	1. 상담복지 분야 박사학위를 취득하거나 박사 과정을 이수한 사람으로서 청소년상담복지 관련 실무 경력이 3년 이상인 사람 2. 상담복지 분야 석사학위를 취득한 사람으로서 청소년복지시설 실무 경력이 5년 이상인 사람 3. 청소년상담사, 청소년지도사, 사회복지사, 임상심리사 및 가족상

---

20) 청소년복지 지원법 제31조(청소년복지시설의 종류)
　가. 청소년쉼터 : 가출청소년에 대하여 가정·학교·사회로 복귀하여 생활할 수 있도록 일정 기간 보호하면서 상담·주거·학업·자립 등을 지원하는 시설
　나. 청소년자립지원관: 일정 기간 청소년쉼터의 지원을 받았는데도 가정·학교·사회로 복귀하여 생활할 수 없는 청소년에게 자립하여 생활할 수 있는 능력과 여건을 갖추도록 지원하는 시설
　다. 청소년치료재활센터 : 학습·정서·행동상의 장애를 가진 청소년을 대상으로 정상적인 성장과 생활을 할 수 있도록 해당 청소년에게 적합한 치료·교육 및 재활을 종합적으로 지원하는 거주형 시설

	담 전문가 등 청소년보호 및 지원을 위한 전문자격을 소지한 사람으로서 청소년상담복지 관련 실무경력이 5년 이상인 사람 4. 청소년상담복지 관련 실무에 5년 이상의 경력이 있는 사람으로서 청소년 보호 및 지원에 대한 능력과 자질이 있다고 전문기관 및 단체에서 추천하는 사람 중 특별자치도지사 또는 시··군·구청장이 인정하는 사람
보호·상담원 자립지원 요원	1. 상담복지 분야의 4년제 대학을 졸업하거나 이와 같은 수준 이상의 학력이 있다고 다른 법령에서 인정받은 사람 2. 4년제 대학을 졸업하거나 이와 같은 수준 이상의 학력이 있다고 다른 법령에서 인정받은 사람으로서, 청소년상담복지 관련 실무 경력이 2년 이상인 사람 3. 상담복지 분야의 전문대학을 졸업하거나 이와 같은 수준 이상의 학력이 있다고 다른 법령에서 인정받은 사람으로서, 청소년상담복지 관련 실무경력이 2년 이상인 사람 4. 청소년상담사, 청소년지도사, 사회복지사, 임상심리사 및 가족상담전문가 등 청소년보호 및 지원을 위한 전문자격을 소지한 사람 5. 「근로자직업능력개발법」에 따른 직업능력개발훈련교사 자격을 가진 사람 6. 그 밖에 이와 동등한 자격이 있다고 인정되는 사람
행정 업무 수행직원	1. 초·중등교육법에 따른 고등학교 이상 졸업한 사람으로 해당업무를 수행할 능력이 있다고 인정되는 사람 2. 그 밖에 이와 동등한 자격이 있다고 인정되는 사람
취사원	조리사 자격증을 취득하거나 조리 경력이 2년 이상인 사람으로 해당 업무 수행이 가능한 사람

※ 상담복지 분야란 상담학, 교육학, 심리학, 사회복지(사업)학, 청소년(지도)학 및 상담복지와 관련하여 시·도지사 또는 시장·군수·구청장이 인정하는 분야
※ 청소년상담복지 관련 실무란 다음 각 목의 어느 하나에 해당하는 경우
• 청소년 관련 기관단체에서 청소년을 대상으로 상담복지에 관한 업무를 상근으로 수행한 경우
• 중앙행정기관 또는 지방자치단체의 청소년 관련 부서에서 청소년 정책 관련 업무를 상근으로 수행한 경우

자료 : 청소년복지 지원법 시행규칙 제18조제1항 관련 <별표1>

<표47> 청소년복지시설 종사자의 직종별 배치기준

구 분	일시 청소년 쉼터	단기 청소년 쉼터				중장기 쉼터	청소년 자립 지원관
		10인 미만	10~15인 미만	15~20인 미만	20~25인 미만		
시설장	1	1	1	1	1	1	1
보호· 상담원	4	2	3	5	6	2	-
자립지도 요원	-	-	-	-	-	-	1
행정원	-	-	1	1	1	-	-
취사원	-	-	-	1	1	-	-
합 계	5	3	5	8	9	3	2

※ 복지시설의 장은 상근이어야 하며, 다른 기관의 업무를 겸임할 수 없다. 다만, 복지시설의 재정 여건 등 불가피한 사유가 있는 경우 시설장과 보호·상담원을 겸임할 수 있다.

자료 : 청소년복지 지원법 시행규칙 제18조제1항 관련 <별표2>

4. 성폭력방지 및 피해자보호 등에 관한 법률

성폭력 피해의 경우 1차 피해로 끝나는 것이 아니라 이후 조사 상담과정에서 자칫 잘못하면 2차, 3차 피해에 노출되게 된다. 또한 성폭력방지 및 피해자보호 등에 관한 법률 지식이 없는 경우 법적 책임을 지게 될 수도 있다. 따라서 관련법을 명확히 주지하고 상담 진행시 관련 법규를 준수하여야 한다. 본 절에서는 성폭력 예방교육과 신고의무, 피해자를 위한 통합지원센터 설치·운영에 대해 고찰해보고자 한다.
이 법은 성폭력을 예방하고 성폭력피해자를 보호·지원하는데 목적이 있다. 이 법에서 사용하고 있는 "성폭력"은 「성폭력범죄의 처벌 등에 관한 특례법」 제2조제1항에 규정된 죄에 해당하는 행위를 말하며, "성폭력행위자"란 「성폭력범죄의 처벌 등에 관한 특례법」 제2조제1항에 해당하는 죄를 범한 사람을 말한다. 또한 "성폭력피해자"란 성폭력으로 인하여 직접적으로 피해를 입은 사람을 말한다.

가) 성폭력 예방교육(법 제5조)

성폭력 사안에 효과적으로 대처하는 것도 중요하지만 이를 사전에 예방하는 것이 더욱 의미가 있다고 생각된다. 법률 제5조에서는 "국가와 지방자치단체는 청소년을 건전하게 육성하기 위하여 청소년에 대한 성교육 및 성폭력 예방에 필요한 교육을 실시하여야 한다. 유아교육법 제7조에 따른 유치원의 장, 영유아보육법 제10조에 따른 보육시설의 장 및 초·중등교육법 제2조에 따른 각급학교의 장은 성에 대한 건전한 가치관 함양과 성폭력 예방에 필요한 교육을 실시해야 한다."고 규정하여 성폭력 예방교육의 필요성, 주체 등을 제시하고 있다.

나) 신고의무(제9조)

성폭력 사안이 발생한 사실을 인지할 경우에는 반드시 수사기관에 신고해야 한다. 법 제9조에서는 "19세 미만의 미성년자(19세에 도달하는 해의 1월 1일을 맞이한 미성년자는 제외한다)를 보호하거나 교육 또는 치료하는 시설의 장 및 관련 종사자는 자기의 보호·지원을 받는 자가 피해사실을 알게 된 때에는 즉시 수사기관에 신고하여야 한다."고 규정하고 있다.

다) 상담소의 설치·운영 및 상담소의 업무(제10조~11조)

국가 또는 지방자치단체는 성폭력피해상담소를 설치·운영할 수 있다. 국가 또는 지방자치단체 외의 자가 상담소를 설치·운영하려면 특별자치도지사 또는 시장·군수·구청장에게 신고하여야 한다. 상담소의 설치·운영 기준, 상담소에 두는 상담원 등 종사자의 수 및 신고 등에 필요한 사항은 여성가족부령(성폭력방지 및 피해자보호 등에 관한 법률 시행규칙)으로 정하도록 하고 있다. 동 법률에 근거하여 설치된 상담소는 ① 성폭력피해의 신고접수와 이에 관한 상담, ② 성폭력피해자보호시설 등의 연계, ③ 의료 지원, ④ 피해자에 대한 수사기관의 조사 등에의 동행, ⑤ 성폭력 예방을 위한 홍보 및 교육 등의 업무를 수행한다.

라) 피해자를 위한 통합지원센터의 설치·운영(제18조)

국가와 지방자치단체는 성폭력 피해상담, 치료, 그 밖에 피해구제를 위한 지원업무를 종합적으로 수행하기 위하여 성폭력피해자통합지원센터를 설치·운영할 수 있다. 통합지원센터에 두는 상담원 등 종사자의 수 등에 필요한 사항은 여성가족부령(성폭력방지 및 피해자보호 등에 관한 법률 시행규칙)으로 정하도록 하고 있다.

마) 상담원 등의 자격기준(제19조)

성폭력 센터 종사자는 그 업무 특성상 상담원 등의 자격기준을 제한하는 경우가 있다. 이를 살펴보면 미성년자, 금치산자 또는 한정치산자, 파산선고를 받고 복권되지 아니한 사람, 금고 이상의 형을 선고받고 그 집행이 종료되지 아니하였거나 그 집행을 받지 아니하기로 확정되지 아니한 사람, 성폭력 또는 아동·청소년의 성보호에 관한 법률의 죄를 범하여 형 또는 치료감호를 선고받고 그 형 또는 치료감호의 전부 또는 일부의 집행이 종료되거나 집행이 유예·면제된 날부터

10년이 지나지 아니한 사람은 상담소, 보호시설 및 통합지원센터의 장 또는 상담원이 될 수 없다고 규정하고 있다. 따라서 센터의 장 또는 상담원을 채용하는 경우 이러한 자격 제한기준에 해당하는지 반드시 확인해야 한다.

5. 아동·청소년의 성보호에 관한 법률

이 법은 아동·청소년 대상 성범죄의 처벌과 절차에 관한 특례를 규정하고 피해아동·청소년을 위한 구제 및 지원절차를 마련하는 데 있다. 또한, 아동·청소년대상 성범죄자를 체계적으로 관리함으로써 아동·청소년을 성범죄로부터 보호하고 아동·청소년이 건강한 사회 구성원으로 성장할 수 있도록 하는데 목적이 있다. 동 법률에서 규정하고 있는 아동·청소년은 19세 미만의 자를 말한다.

가) 성범죄의 신고·응급조치와 지원(제22조, 25조)

누구든지 아동·청소년대상 성범죄의 발생 사실을 알게 된 때에는 수사기관에 신고할 수 있다. 법률 제22조에서는 "유치원, 학교, 의료기관, 아동복지시설, 장애인복지시설, 어린이집, 교습소, 성매매피해상담소, 한부모가족복지시설, 가정폭력관련상담소 및 가정폭력피해자 보호시설, 성폭력피해자보호시설, 청소년활동시설, 청소년상담복지센터 및 청소년쉼터, 청소년보호·재활센터의 장과 그 종사자는 직무상 아동·청소년대상 성범죄의 발생 사실을 알게 된 때에는 즉시 수사기관에 신고하여야 한다."고 규정하여 아동·청소년을 보호하고 있는 기관의 장 및 종사자의 책무성을 강조하고 있다.

성범죄 피해를 입은 아동·청소년에 대한 국가의 지원에 관한 규정도 마련되어 있다. 법률 제25조에서는 "국가는 피해아동·청소년 등의 신체적·정신적 회복을 위하여 청소년상담복지센터로 하여금 피해아동·청소년, 피해아동·청소년의 보호자 및 형제·자매 등에게 상담이나 치료 프로그램을 제공하도록 요청할 수 있다."고 규정하고 있다.

나) 상담시설 및 프로그램 운영 등(제31조~32조)

아동·청소년 대상 성범죄와 관련된 신고, 상담, 지원 등과 관련되어 운영되고 있는 시설은 여성가족부 산하의 청소년상담복지센터이다. 청소년복지 지원법에 따른 청소년상담복지센터는 아동·청소년 대상 성범죄 신고의 접수 및 상담, 대상아동·청소년과 병원 또는 관련 시설과의 연계 및 위탁, 그밖에 아동·청소년 성매매 등과 관련한 조사·연구 등의 업무를 수행하고 있다.

국가와 지방자치단체는 아동·청소년의 건전한 성가치관 조성과 성범죄 예방을 위하여 아동·청소년대상 성교육 전문기관을 설치하거나 해당 업무를 전문단체에 위탁할 수 있다[21]. 또한, 아동·청소년을 성적 착취와 학대 행위로부터 보호하기 위하여 보호시설이나 상담시설은 다음과 같은 업무를 수행하고 있다. 이는 대상아동·청소년의 선도보호,

---

21) 아동· 청소년의 성보호에 관한 법률 시행령 제6조의5제2항(성교육 전문기관에 두는 종사자 등 직원의 자격기준)
　가. 성교육 전문기관의 장 : 아동학, 청소년학, 여성학, 사회복지학, 교육학, 심리학, 사회학, 간호학을 전공한 후 아동· 청소년, 여성, 노인 및 복지 관련 단체에서 3년 이상 성교육 관련 실무경력이 있는 사람 / 청소년상담사, 청소년지도사, 사회복지사, 교사의 자격증을 취득한 후 아동· 청소년, 여성, 노인 및 복지 관련 단체에서 3년 이상의 성교육 관련 실무경력이 있는 사람
　나. 팀원 및 전문강사 : 아동학, 청소년학, 여성학, 사회복지학, 교육학, 심리학, 사회학, 간호학을 전공한 후 아동· 청소년, 여성, 노인 및 복지 관련 단체에서 1년 이상의 성교육 관련 실무경력이 있는 사람 / 청소년상담사, 청소년지도사, 사회복지사, 교사의 자격증을 취득한 후 아동· 청소년, 여성, 노인 및 복지 관련 단체에서 1년 이상의 성교육 관련 실무경력이 있는 사람

피해아동·청소년과 대상아동·청소년의 치료·안정회복과 사회복귀를 돕는 프로그램 운영, 피해아동·청소년과 대상아동·청소년의 법정대리인 등을 위한 교육·상담 프로그램 운영, 아동·청소년대상 성폭력범죄의 가해아동·청소년과 그 법정대리인 등의 교육·상담 프로그램 운영 등의 업무를 말한다.

6. 가정폭력방지 및 피해자보호 등에 관한 법률

가정에서 일어난 폭력을 대부분 가정폭력으로 정의하고 있는데 물리적인 폭력만이 아니라 가족 구성원 사이의 신체적, 정신적 또는 재산상 피해를 수반하는 모든 행위를 말한다. 최근 사회문제가 되고 있는 성폭력, 학교폭력과 더불어 가족해체로 까지 이어지는 가정폭력문제도 우리 사회가 해결해야 할 중요한 사안으로 대두되고 있다. 따라서 이 법에서는 가정폭력을 예방하고 가정폭력의 피해자를 보호·지원하는 데 있다.

초·중등교육법에 따른 각급학교의 장은 대통령령으로 정하는 바에 따라 가정폭력의 예방과 방지를 위하여 필요한 교육을 실시하여야 한다. 국가나 지방자치단체는 피해자나 피해자가 동반한 가정 구성원이 아동인 경우 주소지 외의 지역에서 취학할 필요가 있을 때에는 그 취학이 원활히 이루어지도록 지원하여야 한다.

여성가족부장관 또는 특별시장·광역시장·도지사·특별자치도지사는 피해자의 신고접수 및 상담, 관련 기관·시설과의 연계, 피해자에 대한 기급한 구조의 지원 등의 업무를 수행하기 위하여 긴급 전화 센터를 설치·운영하여야 한다. 여성긴급전화 1366, 보건복지통합콜센터 129 등을 설치하여 이러한 업무를 수행하고 있다.

가) 상담소의 설치·운영(법 제5조)

국가나 지방자치단체는 가정폭력 관련 상담소를 설치하여 피해자를 지원하는 업무를 수행하도록 하고 있다. 법률 제5조에서는 "국가나 지방자치단체 외의 자가 상담소를 설치·운영하려면 특별자치도지사·시장·군수·구청장에게 신고하여야 한다. 상담소에는 상담소장 1명, 상담원 2명 이상 등 상담 및 임시 보호업무에 필요한 종사자를 두어야 한다. 다만, 상담소의 재정여건 등 불가피한 사유가 있는 경우 상담소의 장과 상담원은 겸임할 수 있다. 상담원의 근무시간은 평일 8시간을 원칙으로 한다."고 규정하여 상담소 설치 및 운영에 관한 사항을 제시하고 있다.

나) 상담소의 업무(법 제6조)

동 법률에 의거하여 설치된 상담소는 가정폭력과 관련한 상담, 피해자 보호 등의 업무를 수행하고 있다. 구체적으로 살펴보면 ① 가정폭력을 신고 받거나 이에 관한 상담에 응하는 일, ② 가정폭력으로 정상적인 가정생활과 사회생활이 어렵거나 그밖에 긴급히 보호를 필요로 하는 피해자 및 피해자가 동반한 가정구성원을 임시로 보호하거나 의료기관 또는 가정폭력피해자 보호시설로 인도하는 일, ③ 경찰관서 등으로부터 인도받은 피해자등의 임시 보호, ④ 가정폭력의 예방과 방지에 관한 홍보 등의 업무를 말한다.

다) 보호시설의 설치 및 종류(법 제7조, 8조)

국가, 지방자치단체, 법인 등에서 가정폭력으로 인한 피해자를 보호하기 위한 시설을 설치하여 운영할 수 있다. 법률 제7조에서는 "국가나 지방자치단체는 가정폭력피해자 보호시설을 설치·운영할 수 있다. 「사회복지사업법」에 따른 사회복지법인과 그 밖의 비영리법인은 시장·군수·구청장의 인가를 받아 보호시설을 설치·운영할 수 있다."라고 규정하고 있다.

아울러 보호시설에는 상담원을 두어야 하고, 보호시설의 규모에 따라 생활지도원, 취사원, 관리원 등의 종사자를 둘 수 있다. 보호시설에 수용하는 인원에 따라 3~5명의 보호시설의 장 및 상담원으로 인력을 구성할 수 있는데, 구체적인 내용은 다음과 같다.

〈표48〉 보호시설 인력배치 기준

구 분	단기 / 장기 / 외국인 보호시설			장애인 보호시설
	5명이상 10명 이하	11명이하 30명 이하	31명 이상	
보호시설의 장	1	1	1	1
상담원	2	3	4	1
계	3	4	5	2

자료 : 가정폭력방지 및 피해자 보호 등에 관한 법률 시행규칙 제6조[22]

라) 보호시설에 대한 보호비용 지원(법 제7조의5)

---

22) 보호시설의 종류
① 단기보호시설 : 피해자등을 6개월의 범위에서 보호하는 시설
② 장기보호시설 : 피해자등에 대하여 2년의 범위에서 자립을 위한 주거편의 등을 제공하는 시설
③ 외국인보호시설 : 배우자가 대한민국 국민인 외국인 피해자등을 2년의 범위에서 보호하는 시설
④ 장애인보호시설 : 장애인복지법의 적용을 받는 장애인의 피해자등을 2년의 범위에서 보호하는 시설

국가나 지방자치단체는 보호시설에 대한 비용을 지원하고 있다. 법률 제7조의5에서는 "국가나 지방자치단체는 보호시설에 입소한 피해자나 피해자가 동반한 가정 구성원의 보호를 위하여 필요한 경우 보호비용을 보호시설의 장 또는 피해자에게 지원할 수 있다. 다만, 보호시설에 입소한 피해자나 피해자가 동반한 가정 구성원이 「국민기초생활 보장법」 등 다른 법령에 따라 보호를 받고 있는 경우에는 그 범위에서 이 법에 따른 지원을 하지 아니한다."라고 보호비용 지원에 관한 사항을 규정하고 있다. 보호비용의 종류에는 생계비, 아동교육지원비, 아동양육비, 그 밖에 대통령령으로 정하는 비용(의료비) 등이다.

마) 보호시설의 의무(법 제8조)

가정폭력 피해자등을 보호하고 있는 시설은 숙식 제공, 상담 및 치료, 의료지원 등의 업무를 수행한다. 법 제8조에서는 보호시설의 업무를 다음과 같이 정하고 있다. 다만, 피해자가 동반한 가정 구성원에게는 제1호 외의 업무 일부를 하지 아니할 수 있고, 장기보호시설은 피해자등에 대하여 제1호부터 제5호까지에 규정된 업무(주거편의를 제공하는 업무는 제외한다)를 하지 아니할 수 있다.

1. 숙식의 제공
2. 심리적 안정과 사회적응을 위한 상담 및 치료
3. 질병치료와 건강관리를 위한 의료기관에의 인도 등 의료지원
4. 수사기관의 조사와 법원의 증인신문에의 동행
5. 법률구조기관 등에 필요한 협조와 지원의 요청
6. 자립자활교육의 실시와 취업정보의 제공
7. 다른 법률에 따라 보소시설에 위탁된 사항
8. 그 밖에 피해자등의 보호를 위하여 필요한 일

바) 상담소 및 보호시설 종사자의 자격기준(법 제8조의2)

법 제8조의2에서 규정하고 있는 결격사유에 해당할 경우, 긴급전화센터의 장, 상담소의 장, 보호시설의 장 또는 그 밖에 긴급전화센터·상담소 및 보호시설 종사자가 될 수 없다. 법률에서는 결격 사유로 ① 미성년자, 금치산자 또는 한정치산자, ②파산선고를 받은 자로서 복권되지 아니한 자, ③금고 이상의 형을 선고받고 그 집행이 끝나지 아니하거나 집행이 면제되지 아니한 자로 규정하고 있다.

사) 보수교육의 실시(제8조의4)

가정폭력 보호시설 등에 근무하는 종사자에 대한 전문성 확보를 위하여 정부에서는 보수교육을 실시하고 있다. 법 제8조의4에서는 "여성가족부장관 또는 시·도 지사는 긴급전화센터·상담소 및 보호시설 종사자의 자질을 향상시키기 위하여 보수교육을 실시하여야 한다."고 규정하고 있다. 이러한 조항에 따라 여성가족부장관 또는 시·도지사는 교육에 관한 업무를 고등교육법 제2조에 따른 대학, 전문대학 또는 대통령령으로 정하는 전문기관[23]에 위탁하여 수행하고 있다.

아) 수사기관의 협조(제9조의2)

긴급전화 센터, 상담소 또는 보호시설의 장은 피해자를 긴급히 구조할 필요가 있는 경우 관할 경찰관서의 장에게 그 소속 직원의 동행을 요청할 수 있다. 이 경우 요청을 받은 경찰관서의 장은 특별한 사유가 없으면 이에 따라야 한다.

---

23) 1. 국가나 지방자치단체가 설치·운영하는 여성정책 관련기관
    2. 법률구조법에 따른 법률구조법인이 설치·운영하는 교육기관
    3. 그밖에 가정폭력 방지 및 피해자 보호를 주된 업무로 하는 비영리법인이나 단체가 설치·운영하는 교육기관

자) 시설의 폐지, 감독, 인가의 취소 등(법 제10조~12조)

가정폭력 피해자등을 지원하기 위하여 운영되고 있는 상담소·보호시설의 장이 그 시설의 운영을 일시적으로 중단(1년 이내로 한정)하거나 폐지하려면 여성가족부령으로 정하는 바에 따라 폐지 또는 휴지 신고서에 다음의 서류를 첨부하여 관할 시장·군수·구청장에게 신고하여야 한다.

1. 입소자의 조치계획서(보호시설의 경우만 해당)
2. 시설의 재산에 관한 사용, 처분계획서(부동산을 임차한 경우에는 제외)
3. 상담소 신고증, 보호시설 인가증(폐지의 경우에만 해당)
4. 상담소 및 보호시설 종사자의 인사기록카드(폐지의 경우에만 해당)

보호시설 등의 효율적인 운영을 위하여 여성가족부장관 또는 시장·군수·구청장은 상담소·보호시설의 장에게 그 시설에 관하여 필요한 보고를 하게 할 수 있으며, 관계 공무원으로 하여금 그 시설의 운영 상황을 조사하게 하거나 장부나 그 밖의 서류를 검사하게 할 수 있다. 따라서 상담소·보호시설의 장이나 종사자는 관계법령에 따라 예산을 집행하고 기관 설립 목표를 달성하는데 노력해야 한다.

지방자치단체의 장은 상담소 등이 일정한 기준에 미달하거나 운영사항을 허위로 보고하는 등 위법한 사항이 발생할 경우에는 인가의 취소 등의 조치를 할 수 있다. 법 제12조에서는 "시장·군수·구청장은 상담소·보호시설 또는 교육훈련시설이 ① 설치기준이나 운영기준에 미달, ② 상담원이나 강사의 수가 부족하거나 자격이 없는 자를 채용한 경우, ③ 정당한 사유 없이 제11조1항에 따른 보고를 하지 아니하거나 거짓으로 보고를 한 경우 또는 관계 공무원의 조사·검사를 거부하거나 기피한 경우, ④ 영리를 목적으로 상담소·보호시설 또는 교육 훈련시설을 설치·운영한 경우 중 어느 하나에 해당하면 시설의 폐쇄, 업무의 폐지 또는 6개월의 범위에서 업무의 정지를 명하거나 인가를 취소할 수 있다"고 규정하고 있다.

차) 경비의 보조, 영리목적 운영 금지(제13조, 제15조)

국가나 지방자치단체는 이 법에 따른 상담소나 보호시설의 설치·운영에 드는 경비의 일부를 보조하고 있다. 따라서 누구든지 영리를 목적으로 상담소·보호시설 또는 교육훈련시설을 설치·운영하여서는 아니된다. 다만, 교육훈련시설의 장은 상담원교육훈련과정을 수강하는 자에게 여성가족부장관이 정하는 바에 따라 수강료를 받을 수 있다.

카) 벌칙 및 과태료(제20조, 22조)

법률에서 정한 사항을 위반할 경우에는 벌금과 과태료를 부과하고 있으므로 상담소 등의 장은 법률에 저촉되는 사항을 사전에 숙지하고 운영해야 한다. 법률 제20조에서는 신고를 하지 아니하거나 인가를 받지 아니하고 상담소·보호시설 또는 교육훈련시설을 설치·운영한 자, 업무의 정지·폐지 또는 시설의 폐쇄 명령을 받고도 상담소·보호시설 또는 교육훈련시설을 계속 운영한자, 비밀 엄수의 의무를 위반한 자 중 어느 하나에 해당할 경우에는 1년 이하의 징역 또는 500만원이하의 벌금에 처하도록 하고 있다. 정당한 사유 없이 제11조 1항에 따른 보고를 하지 아니하거나 거짓으로 보고한 자 또는 조사·검사를 거부하거나 기피한 자, 제17조에 따른 유사명칭 사용금지를 위반한 자 중 어느 하나에 해당할 경우에는 300만원이하의 과태료를 부과 하고 있다. 과태료는 대통령령으로 정하는 바에 따라 여성가족부장관 또는 시장·군수·구청장이 부과·징수한다.

상담윤리

제7장

7장 상담윤리

　　상담이 국민들의 삶에서 전문 조력 서비스로 자리 잡고, 다양한 형태의 전문성을 요구함에 따라, 상담사가 제공하는 서비스가 "진짜 도움이 되는가" 하는 전문성의 문제와 더불어 "적절한 서비스를 제공하고 있는가?"하는 책무성과 윤리에 대한 관심이 증대되고 있다.

　　상담이라는 전문 영역의 역사가 일천하고, 아직까지는 "볼 수 없는 영역에 대한 심리적 서비스" 라는 점에서 상담의 윤리는 매우 중요한 문제이다. 상담윤리는 상담을 건강하게 진행시키는데 중요한 요소이자 내담자 회복을 위한 기술이라고 할 수 있다. 이제 한국 상황에 있어서 상담은 윤리에 대해서 신중하게 고려해야 할 시점에 서 있다. 상담관련 각 기관, 학회, 협회, 협의회 등에서는 상담자의 윤리문제로 인하여 고심할 정도의 사건을 접하게 됨과 동시에 법적인 소송문제도 제기되고 있는 실정이다. 상담윤리의 문제는 상담자의 자질과 전문성 결여, 내담자와의 성문제, 비밀보장 등 매우 다양하게 나타난다. 상담자 윤리는 상담에 있어 윤리적 문제가 발생하면 중요한 역할을 한다.

　　그래서 미국에서는 이미 각 상담기관마다 별도의 윤리요강이 있고, 우리나라에서도 역시 상담윤리 문제를 고려하여 상담윤리 강령은 물론 상담윤리위원회를 운영하고 있는 실정이다. 그동안 각 상담관련 기관에서 이미 마련한 윤리강령이 한 문서에 그치고 있었다면, 최근에 와서는 그 역할을 되새김하게 되고 실제로 발휘되고 있다. 이제는 상담윤리에 대해 새롭게 인식하여 "상담윤리" 라는 주제를 심도 있게 논의할 때가 되었다.

1. 상담윤리의 기본 원칙

1) 자율성의 원칙

상담 진행 과정에서 상담자는 내담자의 자율성을 최대한으로 존중해야 한다. 상담자는 타인의 권리를 침해하지 않는 한 내담자가 결정한 선택과 행동을 존중해야 한다. 상담자는 내담자의 정서적 갈등과 고통을 회복하는 과정에서 내담자의 자율성이 효과적으로 활용될 수 있도록 도와야 한다. 이는 내담자가 개인의 삶에 대한 책임을 질 수 있고 또한 자신에게 유리한 방향으로 결정할 것이라고 하는 믿음에 근거한다.

2) 선행의 원칙

상담자는 상담과정에서 내담자의 성장과 복지 향상을 최우선해야 한다. 따라서 상담자는 내담자의 회복과 성숙한 자아를 우선하여 상담 진행의 구조화와 목표를 세워 나아가야 한다.

3) 무해성의 원칙

상담자는 어떠한 경우에도 내담자에게 피해를 입혀서는 안 된다. 상담 진행 과정에서 상담자는 경제적, 정신적, 심리적, 시간적으로도 내담자에게 손해를 입혀서는 안 된다. 예를 들어 자신이 훈련받지 않은 영역에 대하여 상담을 진행할 경우 상담자는 효과적인 조력을 제공하지 못하고 결국 경제적, 심리적, 혹은 시간적 손실을 내담자에게 줄 수 있다. 따라서 무해성의 원칙은 상담자의 훈련, 내담자의 수혜정도 등을 포함하는 개념이다.

4) 정의 및 공정의 원칙

상담자는 어떠한 경우에도 내담자를 차별해서는 안 된다. 상담자는 인종, 경제 및 외모 등 모든 면에서 내담자를 차별해서는 안 된다. 상담자의 경우 "YAVIS (Young, attractive, verbal, intelligence, successful)24) 내담자라고 하여 젊고, 매력적이고, 언어적이고, 지적이며 성공한 내담자를 은연중에 선호하는 경향이 있다고 한다. 그러나 상담자는 인간의 가치를 존중하고 모든 내담자들이 동일한 심리 조력 서비스를 받을 수 있도록 해야 한다. 또한 문화나 인종 등에 따라 개인이 가지고 있을 수도 있는 편견 등을 점검하여 공정한 서비스를 제공하도록 노력해야 한다.

5) 성실의 원칙

상담자는 내담자를 상담 할 때에 신뢰를 바탕으로 성실하게 상담에 임해야 한다. 상담자는 내담자에게 충실하고 약속을 이행하는 성실한 태도로 상담을 진행해야 한다. 가령, 자신이 심리적으로 탈진한 상담자의 경우 내담자의 문제를 건성으로 듣거나 상담실에는 들어가지만 "아, 저사람 갔으면 좋겠다"라는 생각을 가지고 상담을 진행하면 성실의 원칙을 위배하는 것이다. 따라서 상담자는 상담 진행 전과 상담 중, 그리고 상담 후에 성실한 자세로 내담자를 대해야 한다.

---

24) 미네소타 대학 William Schofield(1964)가 말한 개념으로 이런 모형의 내담자를 조력할 때 조력 전문가들이 더 열심히 일을 하는 경향이 있다고 지적함.

2. 윤리강령 구성요소

이상에서 상담윤리의 기본원칙을 살펴보았다. 이에 따른 상담윤리의 구성요소는 무엇일까? 아직 상담의 역사가 일천하고 국내의 경우 법적 지위를 획득하지 못하였기 때문에 엄격한 윤리 구성요소를 규정하기에는 다소 어려움이 따른다. 따라서 본 절에서는 미국과 한국의 각 학회와 협회의 윤리강령 비교하여 상담윤리 구성요소를 제시해 보고자 한다.

먼저 미국의 경우 미국 심리학회의 윤리규정과 미국 상담학회의 윤리규정이 있는바, 이는 상담관계, 비밀보장, 교수 및 훈련지도, 윤리문제의 해결 등으로 구성되어 있다. 한국의 경우 상담심리학회와 상담학회가 대표적인 학회로 상담자의 전문적 태도, 비밀보장, 윤리적 의사결정 등의 내용으로 구성되어 있다.

<표49> 미국 및 한국의 상담·심리학회의 상담윤리 강령 구성요소

학회	상담윤리 강령 구성 요소
ACA(미국상담학회)	1. 상담관계 2. 비밀노트 3. 전문적 책임 4. 다른 전문가들과의 관계 5. 평가 · 요구조사 · 해석 6. 교수 · 훈련 그리고 감독 7. 연구와 출판 8. 윤리적 논제 결정
APA(미국심리학회)	1. 일반규범 2. 감정, 평가 및 중재 3. 광고 및 기타 공적진술 4. 치료 5. 사생활과 비밀보호 6. 교육 · 훈련 · 지도 · 감독 · 연구 · 발표 7. 법정 활동 8. 윤리문제 해결
KCA(한국상담학회)	1. 사회관계 2. 전문적 태도 3. 내담자 복지 4. 상담관계 5. 정보의 비밀 6. 상담연구 7. 심리검사 8. 타 전문직과의 관계 9. 윤리문제 해결
KCPA(한국상담심리학회)	1. 전문가의 태도 2. 사회적 책임 3. 인간권리와 존엄성에 대한 존중 4. 상담관계 5. 정보의 비밀 6. 상담연구 7. 심리검사 8. 윤리문제 해결

위의 <표49>에 나타난 바와 같이 상담윤리의 요소에 있어서 미국과 한국은 학회의 차이에도 불구하고 상당한 공통점을 가지고 있음을 볼 수 있다. 이는 후발 주자격인 한국의 학회들이 미국 학회의 윤리규정을 참조한 이유도 있고 또한 상담에서 요청되는 윤리적 특성이 특수하기 때문이기도 하다. 이들의 공통점을 추출해 보면 전문가의 태도, 사회적 책임, 내담자에 대한 책임, 상담관계, 타 전문기관의 관계, 비밀보장, 내담자와의 성적 관계, 심리검사, 재정적 합의, 홍보 및 광고, 윤리적 문제해결 등이다. 이를 구체적으로 설명하면 다음과 같다.

1) 전문가의 태도

상담자는 내담자의 문제에 대해 대처, 회복, 치유, 성장을 돕기 위해서 상담전공 분야에서 높은 수준의 전문성을 갖추어야 한다. 상담자로서의 능력과 전문성을 발전시키고 유지하기 위하여 지속적인 교육, 연구, 훈련, 임상수련, 지도감독을 받아야 한다. 상담자는 자신의 전문 영역 밖의 지식과 경험이 요구되는 상담서비스를 제공하고자 할 때에는 이와 관련된 교육과 수련 및 지도감독을 받아야 한다. 전문적 태도는 첫째, 상담에 대한 이론적·경험적 훈련과 지식을 갖추어야 하고 내담자를 보다 효과적으로 도울 수 있는 방법에 관하여 꾸준히 연구·노력하는 것을 의무로 삼는다. 둘째, 상담자는 내담자의 성장 촉진, 문제의 해결 및 예방을 위하여 최선을 다한다. 셋째, 상담자는 자기의 능력 및 기법의 한계를 인식하고, 전문적 기준에 위배되는 활동을 하지 않는다. 만일, 자신의 개인 문제 및 능력의 한계 때문에 도움을 주지 못한다고 판단할 경우에는, 다른 전문 상담사 또는 관련 기관에 의뢰한다.

2) 사회적 책임

상담자는 자신이 소속된 기관의 목적과 방침을 따르고 이와 모순된 활동을 하지 말아야 한다. 또한 상담자는 일반사회 윤리 기준을 존중하여 지켜야 하며, 상담소가 속한 지역사회와의 도덕적 윤리적 공익을 공유하는 가운데 상담서비스를 해야 한다. 이상의 관계를 지키지 못 할 경우 그 기관에서 상담서비스에 종사하지 말아야 한다.

3) 내담자에 대한 책임

상담자는 내담자와 그의 가족 구성원 개개인의 복리 향상을 위하여 서비스를 제공하여야 한다. 내담자의 도움 요청을 존중하고 그에 따른 적절한 상담관련 서비스를 제공하도록 최선의 노력을 해야 한다.
상담자는 인종, 연령, 민족, 사회 경제적 지위, 장애, 성별, 건강상태, 종교, 출신국가, 성적선호와 관련하여 어떠한 차별 없이 전문적인 도움을 제공해야 한다. 상담자는 상담 진행 과정에 대해서 내담자와 합의 하에 서비스를 제공한다. 예를 들면, 상담 장소, 시간, 상담료, 심리검사 여부 등에 대하여 내담자와 합의하여 진행하여야 한다.

4) 상담관계

상담자는 상담을 진행함에 있어서 비윤리적인 행위를 하지 말아야 하며, 해당 적용 법률을 준수해야 한다. 전체적인 상담 진행과정을 내담자가 이해 할 수 있도록 충분히 설명하고, 필요시에는 문서를 작성하여 합의 하에 진행해야 한다. 자신의 이익을 위해서 내담자와의 상담관계를 이용해서는 안 되며, 내담자의 결정 권리를 존중해야 한다. 내담자에게 도움을 주는 경우에만 상담관계를 지속해야 하며, 더 이상 도움을 제공하지 못 할 경우에는 다른 상담서비스를 찾는 것에 도움을 주어야 한다. 상담내용을 녹화, 녹음, 혹은 제3자의 관찰을 실시할 때에는 내담자로부터 사전에 동의를 얻어야 한다. 상담 관계는 첫째, 상담 전에 상담의 절차 및 있을 수 있는 주요 국면에 관하여 내담자에게 설명한다. 둘째, 자신의 주관적 판단에만 의존하지 않고, 내담자와의 협의 하에 상담 관계의 형식·방법 및 목적을 설정하고 결과를 토의한다. 마지막으로 내담자가 이해 수용할 수 있는 한도에서 상담의 기법을 활용한다.

5) 타 전문직과의 관계

타 전문직과의 관계에 있어서 상담자는 첫째, 상호 합의한 경우를 제외하고는 타 전문인으로부터 도움을 받고 있는 내담자에게 상담을 하지 않는다. 공동으로 도움을 줄 경우에는 타 전문인과의 관계와 조건에 관하여 분명히 할 필요가 있다. 둘째, 자기가 아는 비전문인의 윤리적 행동에 관하여 중대한 의문을 발견했을 경우, 그러한 상황을 시정하는 노력을 할 책임이 있다. 마지막으로 자신의 전문적 자격이 타 전문직을 손상시키는 언어 및 행동을 삼가 한다.

6) 비밀보장

상담자는 상담과정에서 내담자와 합의되지 않는 사항에 대해서는 그 어떤 것에서도 비밀을 보장해야 한다. 내담자의 상담내용을 상담 사례 발표와 같은 공개 여부 시에 반드시 내담자에게 서면 동의를 얻어야 한다. 내담자의 동의를 얻었다고 해도 이름이나 그 내용에 있어서 극도의 수치심과 스트레스를 받을 만한 사항에 대해서는 공개 하지 말아야 한다. 이 기준은 내담자의 판단보다는 상담자의 전문성과 일반적인 윤리적 기준을 고려한다.

개인 정보의 보호와 관련된 비밀보장 사항을 살펴보면 다음과 같다.

첫째, 상담자는 내담자의 개인 및 사회에 임박한 위험이 있다고 판단될 때 극히 조심스러운 고려 후에만, 내담자의 사회생활 정보를 적정한 전문인 혹은 사회 당국에 공개한다.

둘째, 상담에서 얻은 임상 및 평가 자료에 관한 토의는 사례 당사자와의 경우 및 전문적 목적에 한하여 할 수 있다.

셋째, 내담자에 관한 정보를 교육 장면이나 연구용으로 사용할 경우에는 내담자와 합의한 후 그의 정체가 전혀 노출되지 않도록 해야 한다. 가정폭력특례법의 비밀엄수 의무의 위반은 특례법 제18조 1항에 규정되어 있는 바, 이 의무를 위반한 경우 1년 이하의 징역이나 2년 이하의 자격정지 또는 1천만원 이하의 벌금에 처하도록 되어 있다. 2항에는 언론 및 출판 매체를 통해서 보도 되었을 때에는 500만원이하의 벌금에 처하도록 규정하고 있다.

7) 내담자와의 성적 관계

상담자는 내담자와 성적 관계를 맺어서는 안된다. 내담자에게 어떠한 성적 괴롭힘을 해서도 안된다. 상담과정에서 상담자는 내담자와 그 어떤 성적 유혹, 신체적 접촉, 또는 근본적으로 성적인 의미가 있는 언어적, 비언어적 품행을 금지해야 한다. 상담관계에서 전이와 역전이를 잘 다스려 하며, 이를 극복 하지 못할 때에는 수련감독의 지도를 요청하거나 상담을 종결하고, 다른 상담자에게 의뢰하여 내담자가 상담서비스를 지속적으로 받을 수 있도록 도와주어야 한다.

상담 종결이나 마지막 접촉이 있은 이후 최소 2년 동안은 이전의 내담자와 성적친밀관계를 금지하여야 한다. 내담자와의 신뢰와 의존관계를 이용하지 않으려는 노력의 방법으로 상담이 있은 후 2년이 지난 이후에도 이전의 내담자와 성적 친밀관계를 맺지 말아야 한다. 상담 종결 혹은 마지막 접촉 이후 2년이 지난 후에도 내담자와 성적 친밀관계를 맺는 경우에는 이 관계가 착취적인 특성과 그 내담자와 내담자의 가족(친인척)에게 어떠한 해도 없다는 것을 철저하게 검증해야 하는 의무와 책임을 진다.

8) 심리검사

상담자는 내담자의 정신 및 정서, 신체적인 현상들을 진단하기 위해서 공인되고 표준화된 검사지를 가지고 내담자와 합의 하에 심리검사를 실시할 수 있다. 심리검사는 상담자 자신이 임상적 훈련을 받지 않았을 경우 심리전문기관이나 전문가에 의뢰해야 한다. 검사 결과는 내담자에게 결과의 수치만을 알리거나 제3자에게는 알리지 않는다. 또한 내담자의 정신과 정서적 반응을 고려하여 적절한 수준에서 결과를 알려 주어야 한다. 특별히, 상담자는 내담자에게 검사의 결과가 반드시 절대적인 것이 아님과 통계적인 산출 결과임을 잘 이해 시켜야 한다.

9) 재정적 합의

상담자는 상담비용에 대해서 타 전문 서비스의 관례에서도 납득되는 합리적 수준에서 재정적인 합의를 한다. 상담료는 상담기관이 정한 규정에 의해서 진행해야 한다. 상담자는 내담자가 또는 자신이 상담시간 및 회기 약속을 위반 했을 때에 환불규정, 상담회기 상담서비스 연장 및 종결 등의 규정을 사전 설명하고 합의 하여 서명하고 상담을 진행해야 한다.

10) 홍보 및 광고

상담소와 상담사의 홍보 및 광고를 통해서 일반 대중과 상담서비스를 받고자 하는 사람들에게 정확한 정보를 제공할 의무가 있다. 상담사는 상담소와 자신의 전문성, 자격 및 활동에 대해서 진실하게 홍보하고 광고해야 한다. 또한 상담소 소재지, 홈페이지, 상담전화 등에 대해서 일반적인 홍보와 광고 윤리규정을 준수하는 가운데 홍보와 광고를 해야 한다. 예를 들면, 상담소 입간판 설치 및 규정 등을 준수해야 한다.

11) 윤리적 문제해결

상담자는 자신이 상담사 자격증을 취득한 학회, 협회, 협의회 등에서 서약한 윤리규정을 준수함은 물론, 상담소 자체의 윤리 기준을 철저히 숙지한 가운데 상담서비스를 제공해야 한다. 또한 다른 상담기관의 윤리규정도 충분히 숙지하는 가운데 서비스를 제공해야 한다. 상담서비스 지원 과정에 윤리적인 문제의 불확실성에 대한 문제와 의구심이 유발되는 문제에 대해서는 소속 윤리위원회에 통보·의뢰하여 그 결정을 준수해야 한다.

상담자는 윤리적인 문제가 발생하여 소속된 기관의 윤리위원회가 개입 하여 처리해야 하는 문제에 대해서 적극 협조 하여야 한다. 소속 기관의 윤리규정과 윤리위원회의 결정을 따라야 하며, 부당하다고 생각될 때에는 정식절차에 따라서 자신의 의견과 입장을 관찰시켜서 한다.

3. 상담윤리강령의 기능과 한계성

상담윤리 강령의 기능은 다음과 같다. 첫째, 상담자가 직무수행 중의 갈등을 어떻게 처리해야 할지에 관한 기본 입장을 제공한다. 둘째, 내담자에 대한 상담자의 의무를 분명히 하고 이러한 의무를 이행하도록 함으로써 내담자를 보호한다. 즉 내담자의 복지를 증진시키고 내담자의 인격을 존중하는 의무기준을 제시한다. 셋째, 각 상담자의 활동이 전문직으로서의 상담의 기능 및 목적에 저촉되지 않도록 보장한다. 넷째, 상담자의 활동이 사회윤리와 지역사회의 도덕적 기대를 존중할 것임을 보장한다. 다섯째, 상담자로 하여금 자신의 사생활과 인격을 보호하는 근거를 제공한다. 즉 상담자는 내담자가 요구하는 과도한 상담요구 때문에 고통을 받지 않도록 윤리기준에 명시되어야 할 것이다.

Mabe와 Rollin(1986)은 상담윤리요강 활용의 한계를 다음과 같이 지적하였다.

첫째, 상담윤리 요강으로 해결할 수 없는 문제가 있음을 알아야 한다. AACD 윤리요강(1988년 개정)에는 "회원의 최우선 의무는 내담자를 존중하고 내담자의 복지증진에 힘쓰는 것이다"(Section.B.I)라고 되어 있다. 그러나 이 조항을 잘 살펴보면 내담자를 존중한다는 즉 내담자의 "자율성"을 인정한다는 원칙과 내담자의 복지증진(내담자를 보호하기 위해서 자율성을 제한할 수 있다)을 위해 노력해야 한다는 원칙 사이에 갈등이 있음을 알 수 있다.

둘째, 상담윤리 요강을 회원들이 지키도록 강요하는 것이 그리 쉽지 않다. 처벌을 내린다고 윤리요강이 지켜진다는 보장이 없다. 즉 상담윤리 요강을 꼭 지키도록 하는 적절한 방법이 없다.

셋째, 상담윤리 요강을 제정하는 과정에서 내담자의 관심을 체계적으로 반영할 수 있는 길이 막혀있다는 점이다. 상담이 내담자를 도와주는 것을 중요한 목적으로 하기 때문에 내담자의 관심을 고려해서 상담윤리 요강이 제정되는 것이 당연하다. 그러나 내담자가 상담윤리 요강의 제정에 참여하여 그들의 관심을 표시할 기회를 가지지 못했고, 그들이 소외된 상황에서 제정된 상담윤리 요강에는 내담자의 관심이나 요구, 권리 등이 잘못 전달되었을 위험성이 있다는 것이다.

넷째, 상담윤리 요강 때문에 갈등이 일어날 수 있다는 점이다. 즉 상담자의 가치와 윤리요강의 내용이 불일치할 때 문제가 일어날 수 있다. 예를 들면, 임신중절을 죄악으로 생각하고 있는 상담자가 내담자의 복지를 위해야 한다는 윤리요강과 갈등을 일으킬 수 있다. 또 내담자가 타인에게 피해를 줄 우려가 있을 때, 내담자의 비밀을 보장해야 한다는 항목과 타인이 해를 입어서는 안 된다는 상담자의 가치 사이에 갈등을 일으킬 수 있다.

다섯째, 법정판결과 같은 공개석상에서 상담윤리와 관련된 결과가 상담윤리요강에서 기대했던 결과와 다르게 나타나는 경우이다. 즉 내담자가 제3자에게 피해를 줄 위험이 있을 때 법에서는 상담자가 제3자에게 그 사실을 알려야 할 의무가 있다고 규정하고 있지만 상담윤리요강에서는 비밀을 보장해야 할 의무가 강조되고 있다(Applebaum, 1981).

상담자의 윤리는 상담의 목적만큼 매우 중요하다. 비록 상담자가 상담의 문제를 해결 했을지라도 윤리적인 부분이 고려되지 않았다면, 언젠가는 문제가 발생하게 된다고 볼 때에 소홀이 할 수 없는 도덕적 덕목이다. 따라서 상담윤리는 상담자를 양성하는 관련기관의 철저한 관리와 상담자 스스로의 철저한 준수를 요구하고 있다. 또한 관련기관은 그 시대와 상담현장을 고려하여 상담윤리 요소를 지속적으로 발굴하고 추가하여 상담자와 내담자를 보호해야 한다.

4. 상담 윤리의 실제

상담윤리 강령이 실제 상담현장에서 적용되는 과정은 일반적으로 생각하는 기준 이상으로 복잡하고 때로는 어떤 결정을 내려야 할지 모호할 경우가 많다. 따라서 상담자는 상담윤리의 이론적인 숙지는 물론 실제를 중심으로 상담자의 윤리관을 확립해야 한다. 상담자가 상담 과정에서 윤리적으로 실제 고려해야 하는 부분들에 대해서 주제별로 살펴보고자 한다.

1) 내담자의 복지와 비밀유지 윤리

내담자의 일반적 복지(안전)와 비밀유지 중 어느 것을
선택해야 하는가?

상담자는 때로 내담자의 비밀유지와 일반적 복지 문제에 대해서 딜레마에 빠질 때가 있다. 대부분의 상담자가 상담윤리의 우선이 내담자의 비밀유지라고 인식하고 있다. 그러나 상담자는 내담자의 일반적 복지와 안전이 문제가 될 때에는 비밀유지 의무를 깨뜨릴 수 있다. 예를 들어, 청소년 내담자가 상담을 받는 도중에 자신을 괴롭히는 친구들을 죽이겠다고 상담자에게 말을 했다면, 상담자는 이러한 사실에 대해서 내담자와 내담자에게 희생을 당할지 모를 친구의 가족에게 알려야 한다. 더 나아가서 경찰에게도 알려서 안전조치를 해야 한다. 만약에 내담자가 말한 대로 사건이 발생 했다면, 상담자는 가해자와 피해자 가족들로부터 법정 소송을 당할 수도 있다.

상담 신청시에 비밀 보장 의무와 이를 파기할 수 있는 규정을 공지하고 이를 기술한 비밀 보장 서식에 내담자가 서명하도록 요청하여야 된다.

학교상담사가 A군과 B군을 모두 상담하였다. 어느 날 A군이 B군을 폭행하였고 B군의 고소에 의해 경찰에 의해 수사를 받고 있는 중이다. 이때 B군의 부모가 학교상담사에게 A군을 상담한 내용 및 심리검사 결과를 공개해 달라고 요청해 왔다. 어떻게 해야 하는가?

동일한 상황에서 경찰이 수사상 필요하다고 상담관련 자료 사본을 요청하는 공문이 왔다. 어떻게 해야 하는가?

수사가 진행되어 검찰에서 이 사건을 맡게 되었다. 검찰에서 참고문서로 활용하고자 상담관련 기록 일체를 제시해 달라는 구두 요청을 받았다. 어떻게 할 것인가?

A군과 B군이 서로 합의에 이르지 못하여 결국 법원의 판단을 받게 되었다. 양측 변호사가 상담 관계 자료를 제시해 달라고 문서를 보내왔다. 어떻게 할 것인가?

법원의 심리 도중 판사가 관련 자료를 제출하라는 문서 송부 촉탁명령을 내렸다. 이 경우에는 상담자는 어떻게 해야 하는가?

이에 대한 답은 마지막 경우를 제외하고는 상담관련 문서를 제공하거나 공개해서는 안된다. 검찰의 경우 필요하다면 수색영장을 발부받아올 때 자료를 제출해야 하고 상대편에 의한 일방적 자료요청은 상담자와 내담자의 비밀보장을 우선시하는 것이 더 합당한 것으로 판단된다. 법원의 경우에도 내담자 또는 보호자 동의 없이 모든 자료를 제출할 것인지에 대해서는 다툼의 여지가 있다.

제목 : 이런 상황에서

미성년 내담자와 3회기에 걸친 상담을 진행하였다. 심각한 문제를 발견하고 부모와 전화, 이메일, 직접 방문 등을 통하여 수차례 만나고자 하였으나 결국 만남이 불가능하였다. 이 와중에 법원에서 내담자 상담자료 제출을 요청 받았다. 보호자의 동의가 없기에 연락처를 남긴 고모에게 전화를 하였다. 도움을 청하기 위하여 고모에게 상담내용을 설명하여도 되는가?

자살할 것이라고 말하는 내담자의 비밀유지를 해야 하는가?

상담자는 구체적인 자살 내용이나 타인에게 해를 끼치는 상담내용이나 미성년자 학대와 같은 경우에는 비밀유지를 깨뜨리고 공개할 수 있다는 것을 사전에 내담자에게 설명해야 한다. 또한 미성년자나 사전동의를 할 능력이나 자격이 없는 성인 내담자의 경우에도 사전허락을 받는 것이 필요하다. 사전동의(informed consent)와 허락(assent)은 정신과 치료 등과 같은 의료분야에서 자주 사용하는 것인데 상담 서비스 분야에도 사용되는 유익한 윤리규정이다.

2) 비밀유지 윤리

상담자는 내담자의 상담내용에 대해 상담소에 함께 근무하는 다른 상담자들과 공유할 수 있는가?

상담자는 내담자의 상담내용에 대해 같은 상담실에서 근무하는 다른 상담자에게 전달하지 말아야 한다. 상담자는 상담내용에 대해서 다른 상담자에게 공개하지도 공유하지도 말아야 한다. 그러나 상담을 정규적으로 진행하다가 부득이 한 상황, 즉 교통사고나 질병으로 상담실에 얼마 동안 근무 할 수 없을 때에는 내담자의 동의를 얻어 다른 상담자에게 의뢰하는 과정에서 공유할 수 있다. 또는 상담실 내에 상담기록일지 서버가 구축되어 가동되는 상담실 경우에는 다른 동료 상담자들에게 공개 될 수 있다. 이 부분에 대해서는 프로그램 자체를 만들 때에 담당 상담자에게만 공개와 다른 상담자에게는 비공개로 구분하는 것도 한 방법이 된다. 이때에 반드시 서류적인 동의를 얻어야 한다. 또는 녹음이나 문자, 이메일 동의도 현대에서는 가능할 수 있다. 그러나 정신적으로 문제가 있는 경우에는 가족에게 동의를 받을 필요가 있다.

일반상담원은 자신의 상담내용에 대해서 상담소 소장이 요구할 때에 어떻게 해야 하는가?

이 경우에도 상담자는 내담자의 동의 없이는 상담내용을 공개해서는 안된다. 또한 내담자로 하여금 상담내용 공개에 대해 동의하게끔 유도하는 발언을 해서도 안된다. 오히려 상담소장에게 상담내용 공개 목적에 대하여 질의를 하고 그 내용이 내담자의 복지향상에 도움이 되는가를 판단하여야 한다. 도움이 된다고 판단되는 경우 내담자와 상의를 통하여 그리고 합의된 경우에 한하여 상담내용을 소장에게 공개할 수 있다. 단, 사전에 업무 규정에 따라 슈퍼바이저 역할 등으로 명시되어 있는 경우 사전에 내담자의 동의를 통하여 소장에게 전달할 수 있다.

동료 상담자의 비윤리적 행위에 대해서 비밀보장이 필요 하나요?

상담자는 동료 상담자의 비윤리적인 행위에 대해서까지 비밀보장을 해야 하는가? 결론은 동료 상담자의 비윤리적인 행위라면 비밀보장을 파괴해도 된다. 이는 상담자 전체의 공익성을 보호하고 건강한 상담서비스를 제공해야 할 상담자들이 보호 받아야 할 복지 차원에서도 그렇다. 동료 상담자의 비윤리적인면을 알게 되었을 때에 일차적으로 학회나 협회의 윤리규정에 따라서 스스로 판단하여 자격증을 반납하거나 상담을 중단하도록 적극적으로 권유하는 것도 좋은 방법일 수 있다. 동료 상담자의 비윤리적인 사실을 알게 된 상담자는 소속 윤리위원회에 보고할 의무가 있다.

이 경우에는 미성년자의 성보호를 위해 보호주체인 부모에게 알릴
의무가 있으므로 비밀보호의 원칙을 깨뜨릴 수 있다. 나아가 법률적으
로 미성년자와의 성적 행위는 인지한 직후 관계기관에 반드시 신고하
도록 규정되어 있다. 이는 비밀유지 의무 위반이 내담자의 복지를 향
상시키는 것이므로 내담자 복지 우선 법칙에 따라 더욱 합당한 것으
로 판단된다. 유사한 사례로 고등학교 1학년이 남자친구와 성관계 이
후 임신을 하였고 이 사실을 부모에게는 비밀로 해달라는 요청을 받
은 상담 경우이다. 이 경우에도 미성년자에 대한 보호의무가 보호자에
게 있으므로 부모에게 알리는 것이 내담자의 복지를 최우선하는 행위
가 된다.

단, 주의하여야 할 점은 이 사실을 부모님께 알리기 전에 내담자가
부모님과 이 사실을 직면하는 심리적 어려움 그리고 이후에 받을 심
리적 충격에 대해서 내담자와 충분한 시간을 두고 상의하며 내담자의
심리적 보호가 가능하도록 조치하는 일이 매우 중요하다.

내담자가 절대적인 비밀유지와 더불어 다양한 심리적 위협을 가하
는 경우가 있다. 이 경우 상담자는 더욱더 난감한 상태에서 내담자를
보호할 필요성 때문에 고민하는 경우가 있다. 예를 들면 이 사실을 부
모에게 알리면 "집을 나가겠다. 학교를 그만 두겠다. 죽어버리겠다"
등의 협박을 하는 경우이다. 상담자는 미성년인 내담자와 충분한 협의
와 동시에 부모와의 협력관계를 구축하고 일시적으로 개방된 비밀 상
태를 유지하는 방안을 고려해 볼 수 있다. 내담자가 극단적 행동을 취
하지 않도록 부모가 인지된 비밀내용을 학생과 직접 다루지 않는 전

략이 될 수 있다.

　여기에서 고민해야 할 또 다른 윤리는 내담자에게 진솔하게 이야기하지 못한 이유로 상담에 대한 신뢰를 떨어뜨릴 수 있는 문제이다. 부모에게 이야기하지 않는다고 하여서 비밀을 누설하면 추후 이 사실을 알게 된 내담자가 상담에 대하여 더 이상 믿음을 가지지 못할 수도 있다. 그러나 이때 주목해야 할 점은 자기의 성행위가 이에 따른 결과를 책임지기 위해 비밀유지를 원하는 것보다 그 사실이 알려졌을 때 돌아오는 비난과 질책, 실망에 대한 부담감으로 비밀로 해달라는 경우가 많다. 따라서 공개된 비밀 상태를 유지하는 것이 도움이 될 것으로 보인다.[25]

> **고2 여학생이 이성 또래 친구와 성관계를 맺은 경우 내담자를 보호하기 위하여 부모에게 알려야 하는가?**

　내담자의 극단적인 위험한 행동에 대해서 상담자는 어느 정도 비밀유지를 해야 하는가? 결론은 청소년이 위험한 행동을 계획하거나 할 때에는 미성년자 보호법에 의해서 비밀유지를 파괴해도 된다. 단 이 부분 역시 비밀유지의 한계에 대한 사전 동의와 허락이 필수적이라는 점을 상담자는 인식하고 실천해야 한다. 예를 들면, 자살 및 타살이나 타인의 공공성을 해치는 행위 등이다. 그러나 이성친구와의 합의된 성적 관계의 경우는 피임방법을 교육하고, 임신하지 않도록 철저히 교육하고 상담을 지속하면서 자신을 위한 책임 있는 행동과 선택

---

25) 이 문제는 앞으로도 다양한 논의를 거쳐 보다 명쾌한 윤리적 결정을 요구하는 쟁점사항이라고 할 수 있다.

을 할 수 있도록 상담을 진행해야 한다. 이 경우에는 이러한 사실을 내담자의 동의 없이 부모에게 비밀을 누설하면 상담을 지속할 수 없데 되어 그이 따른 더 큰 문제가 발생할 수 있다는 점에 고려되는 사례이다. 그러나 상담자는 미성년자라는 사실에 주목하고 전문가의 슈퍼비전과 더불어 잘 대처해야 한다.

상담자는 내담자가 에이즈 환자인 것을 알고 비밀유지를 해야 하는가?

상담자는 내담자가 에이즈 환자인 사실에 대해서 비밀유지를 해야 하는가? 이 경우의 답은 "그렇다"이다. 내담자는 자신의 인종, 성별, 신체 건강상태 등에 따라 차별 대우을 받아서는 안 된다. 따라서 에이즈 환자인 것을 비밀로 유지해야 한다. 법에서 마찬가지인 바, 후천성 면역결핍증 예방법 제7조에 의하면, 국가와 지방자치단체에서 후천성 면역결핍증의 예방, 관리와 감염인의 보호 지원에 관한 사무에 종사하고 있는 자는 퇴직 후에도 정당한 사유 없이 감염자에 관하여 업무상 알게 된 비밀을 유지할 것을 명시하고 있다.

보다 논란이 되는 것은 내담자가 자기만 감염된 것이 억울하다며 아무하고나 성관계를 맺어 다른 사람들도 감염시키고 싶다는 의도를 표하거나 실행에 옮겼을 경우이다. 이때에는 제 삼자의 감염을 방지하는 차원에서 내담자와 관계 맺고 있는 제삼자에게 정보를 공개할 수 있다. 이 부분은 한국과 미국의 경우 다른 점도 고려해야 한다. 비밀보장의 문제는 상담자와 내담자의 관계의 성립, 진단, 피해자 확인, 적절한 치료적 개입을 문제를 다루게 된다는 점에서 도움이 된다는 주장도 있다. 따라서 상담자는 내담자로부터 이러한 질병이 있다는 사실을 알게 된 후에는 다음과 같은 점을 고려해서 판단해야 한다. 내담자가 말한 대로 질병을 가지고 있는지의 진의 여부와 그 질병으로 인한 피해 정도와 감염경로 등 전문적인 정보에 대해 전문가를 통해서 공부할 필요가 있다. 그 다음에 내담자를 중심으로 제삼자의 피해자를 잘 파악하여 그 사람이 내담자의 질병에 대해서 알고 만나고 있는지 여부를 알아야 한다.

따라서 상담자는 제3자의 감염 위험자에게는 공개할 수 있는 것에 대한 서면사전 동의가 필요하다. 미국 APA에서는 내담자가 제삼자와의 성관계에서 위험행동을 삼가 하지도 않고 위험을 공개할 위도가 없을 경우 때를 제외하고는 내담자의 비밀을 보장하는 것으로 명시되어 있다. 에이즈 감염자의 경우 비밀보장을 받을 권리가 제삼자에게 비밀을 깨고 얻을 수 있는 이익보다 더 크다고 판단 될 경우 비밀보장을 할 수 있다. 그 다음에는 상담의 최고의 목표를 염두하고 내담자 스스로가 공개할 수 있도록 돕는 일이다.

상담자는 내담자가 동성애자인 것을 알고 집단상담에 참가 시켜야 하는가?

상담자는 자신의 내담자가 동성애자인 것을 말하고 집단상담을 참가할 것을 요청 했을 때에 어떻게 해야 하는가? 결론은 내담자의 인권보장 윤리적 측면에서 참가를 거부할 이유는 없다. 자신이 집단에서 자신의 입장을 공개하느냐의 여부도 전적으로 내담자에게 달려 있다. 또 다른 이유는 내담자가 순수하게 집단상담을 통해서 자신을 치유하고 싶어 한다면 상담자는 거절할 필요가 더 없다.

3) 이중관계 윤리

교수가 자신의 강의를 듣는 수강생을 개인상담을 할 수 있는가?

대학교 교수가 자신의 과목을 수강하는 학생이 개인상담을 요청했을 때에 상담을 진행해야 하는가? 초·중·고등학교 교사가 자신의 학생에 대해 개인상담을 할 수 있는가? 슈퍼바이저는 슈퍼비전을 하고 있는 슈퍼바이지가 요청한 개인상담을 해야 하는가?

이에 대한 윤리는 이중관계이기 때문에 하지 말아야 한다는 것이다. 이러한 경우 상담이 상위 직책에 있는 사람의 직위 또는 권위에 의한 라포형성에는 도움이 될 수 있지만 심리적 약자에 대하여 과도한 개방, 원하지 않는 내용의 공개 등으로 인하여 내담자의 솔직성과 개방성이 방해받게 되고 결국 상담의 효과성을 저해하게 된다. 이중관계는 친인척관계, 이성관계, 성적관계 등에도 적용된다.

상담자는 내담자로부터 물질적 도움을 받을 수 있는가?

효과적인 상담을 받은 내담자는 가끔 상담자에 인간적으로 물질적인 도움을 주고 싶어 한다. 그러나 상담자는 이 부분에 대해서 지혜롭게 거절해야 한다. 왜냐하면, 상담과정에서 내담자는 절대적인 도움을 받은 결과 때문에 상담자에게 고마움을 가지고 있는 것은 사실이다. 그러나 그러한 감정과 생각은 상담과정에서 비롯된 것으로써 합리적이지 않기 때문에 제공 받지 말아야 한다.

제목 : 이런 경우에는

상담을 받고 난 후에 감동을 받은 내담자가 상담센터를 공동으로 건립하자는 제안을 하였다. 비용은 본인이 전부 부담 하고, 상담자는 상담만 해주면 된다는 솔깃한 제안을 하였다. 심지어는 상담센터를 무상으로 기증하고 싶다는 제안도 하였다. 상담자는 어떻게 해야 하는가? 이 경우 사업이나 복지, 서비스 등 경제적인 동업자 관계를 가져서는 안 된다. 왜냐하면 상담과정에서 일어나는 다양한 심리적 경험은 일상적 관계와 차이가 있으며 상담자를 우월한 입장에 있는 사람으로 오인하여 나타나는 결과이므로 상담관계가 완전히 종료된 후 2-3년이 경과하고 동일한 제안이 있다면 검토할 수도 있을 것이다. 그러나 가급적 이중관계에 놓이지 않는 것이 바람직하다.

---

4) 자율성 윤리

상담자가 내담자의 개인적 취향과 선택을 어느 정도까지 간섭해야 하나?

상담자가 너무 지나치게 내담자를 간섭하는 것은 자율성 윤리에 저촉이 된다. 상담자의 선도, 조언, 지도 등이 지나치면 내담자가 스스로 결정할 권리를 방해 받는다. 또한 내담자를 무기력하게 만들어 상담의 효과성에 방해가 될 수 있다. 상담윤리에 있어서 자율성은 상담자의 역량, 전문적 자기공개, 주지된 동의, 사적권리, 비밀보장 등의 개념과도 관련이 있다.

5) 비해악성 윤리

> 상담자가 역전이와 비전문분야에 직면했을 때에 어떻게
> 해야 하는가?

상담자는 어떠한 상황에서도 내담자의 고통을 극소화시키거나 예방하도록 최대한 노력해야 한다. 이는 전문적 태도와 관련된 것으로 상담자는 자기분석과 관리에 소홀하여 역전이 문제를 일으키거나 개인적인 갈등 또는 미해결된 과제로 인하여 내담자에게 해악을 끼쳐서는 안 된다. 전문성 결여로 인하여 내담자에게 해를 주어서는 안 된다. 또한 상담자는 자신이 훈련이나 교육받지 않은 분야, 효과적으로 다룰 수 없는 분야에 대해서는 상담을 진행해서는 안 된다. 상담자는 지속적인 훈련과 자문, 슈퍼비전에 시간과 노력을 투자하고 전문성을 강화함으로써 의도하지 않은 손실이라도 내담자에게 끼치지 않도록 노력해야 한다.

6) 충실성 윤리

상담자가 내담자에게 흥미를 느끼지 못할 때 상담을 계속 해야
하는가? 중단해야 하는가?

상담자가 상담진행과정에서 흥미가 없다고 해서 상담을 중단해서
는 안 된다. 상담자가 내담자를 돕는 과정에서 자신의 느낌이나 진행
과정에서 흥미가 떨어졌다고 해서 상담자가 일방적으로 상담관계를
위반하는 것은 내담자의 이익을 침해하는 것일 수 있다. 이 경우 상담
자는 내담자의 어떤 점이 문제가 되며 자신이나 내담자의 어떤 특성
으로 인하여 그런 감정이 생기는 것인지를 파악하고 이를 생산적으로
활용하여 자신 및 내담자의 성장동력으로 만들어야 한다. 단 내담자의
문제가 처음 진단할 때와 달리 자신이 감당하기 어려운 판단이 들 때
에는 내담자와 상의하여 다른 상담자에게 의뢰해야 한다.

7) 정직성 윤리

어느 정도 상담이 진행되는 과정에서 내담자를 도울 수 있는
기법이나 기술이 없을 때에 상담자는 어떻게 해야 한다.

상담자는 자신이 잘 모르는 상담기법이나 훈련받지 않은 상담기술
은 사용하지 말아야 한다. 또한 상담을 진행하다가 내담자에게 필요한
상담기법에 대해서 자신의 전문분야가 아닐 경우에는 전문가의 도움
을 받아야 한다. 때로는 내담자의 동의를 얻어 상담을 의뢰하거나 도
움을 받아 상담을 진행해야 한다. 또한 내담자의 상담내용을 다 듣고

일단 해보자는 식의 상담은 지양해야 한다.

8) 인간존중 윤리

상담자는 내담자의 종교와 인종이 자신과 극도로 다를 때에 상담을
진행해야 하는가?

일반적으로 상담자는 내담자와 종교와 인종이 다르다는 이유로 상
담을 거절하거나 중단해서는 안 된다. 자신의 전문성이 부족하면 그
분야의 전문가에게 의뢰할 수 있지만 그렇지 않은 상황에서 종교와
사상 등이 같지 않다는 이유로 상담을 거부해서는 안 된다. 그러나 극
도의 차이로 인한 조력 효과성의 불투명, 상담자의 불편함으로 인한
역전이, 상담자와 내담자간의 심각한 가치 차이 등이 예상되는 경우
상담을 시작하기 전에 이를 피하도록 해야 한다.

9) 심리검사 윤리와 사전 동의와 허락 윤리

상담자가 심리검사를 직접 실시하고 그 결과를 해석하여
내담자에게 도움을 주는 것이 합당한가?

단순히 상담사 자격을 갖추었다는 사실과 단순한 심리검사 지식을
갖추고 심리검사를 실시하거나 해석하는 것은 비윤리적이다. 따라서
적합한 훈련과 자격을 갖추지 못한 경우 심리검사를 실시하거나 그

결과를 해석하는 것은 안 된다. 또한 유관검사라고 할지라도 본인이 수련을 받지 않은 내용이라면 그 결과를 해석하는 것은 안 된다.

내담자의 심리검사 결과에 대해서 상담사례 발표 때에 공개해도 되는가?

상담사례 발표 현장에 가면 종종 상담자들이 내담자의 심리검사를 공개 하는 경우를 보게 된다. 그러나 윤리적으로 부적절한 경우가 많다. 예를 들어 내담자의 동의를 받았다고 하더라도 그 내면을 들여다보면 단순히 상담자가 녹취해서 상담사례 발표에 소개하겠다는 것으로만 허락받았다는 것이 대부분이다. 그러나 분명한 사실은 심리검사를 하고 그 결과도 공개하려면 그 과정과 절차에 윤리적인 과정을 반드시 거쳐야 한다. 심리검사는 내담자의 복리와 이익을 주는데 있다. 심리평가의 단순한 결과가 오용되거나 해석 결과가 공개되는 데는 반드시 내담자의 사전 동의가 있어야 한다.

상담자는 내담자에게 심리검사의 결과가 어디까지 사용되고 공개될 수 있다는 것에 충분히 설명해야 한다. 심리검사 결과 공개에 대한 사전 동의는 내담자 상담효과에 도움이 될 것이 판단될 때, 법정요구가 있을 때, 심리검사의 전문가에게 내담자에게 이익이 있다고 판단될 때와 같이 공개 할 수 있다는 것에 사전에 서면 동의 받아야 한다. 예를 들면, 상담사례 때에 공개 하는 것은 내담자에게 그 분야에 전문가의 수퍼비전을 받아서 도움을 받을 수 있는 것을 설명하고 서면적인 동의를 받아 일부 필요한 부분을 공개(계약서, 상담이나 인터뷰, 혹은 설문지)할 수 있다. <u>청소년 미성년자는 법적인 대리인의 도의가</u>

있을 경우 공개하는 부분을 반드시 기억해야 한다.

10) 정의 윤리

> **사회적 약자가 내담자일 경우 초임 상담자가 하는**
> **것이 적절한가?**

상담자가 내담자를 선별하여 하는 문제는 윤리에 위반된다. 또한 내담자가 사회적 약자(가난하거나, 타 문화권의 사람)이라고 해서 경험이 없는 초임상담자에게 담당하게 하는 것은 상담윤리의 정의부분에 위반된다.

11) 성적윤리

> **상담자와 내담자 모두가 미혼일 때에 이성교제가 가능한가?**

상담자와 내담자가 이성일 경우 종종 이성교제와 성적인 문제가 발생하게 된다. 이때에 상담자가 선택할 수 있는 것은 이성교제와 성적관계를 중단하는 것이다. 미혼인 상담자와 내담자가 이성교제와 성적인 관계를 하려면 상담이 종결 된지 2년 후에 교제할 수 있으며 결혼할 수 있다. 이 관계는 이중관계 윤리에도 위반되는 문제이다.

12. 기타 미성년자 상담윤리

상담료를 낼 수 없는 청소년 상담을 부모 동의 없이
계속진행 해야 하는가?

상담자가 상담료를 지불 할 수 없는 청소년을 부모 동의 없이 상담을 진행해야 하는가? 그렇지 않다. 이 상담이 정상적으로 진행되기 위해서는 부모님의 동의를 얻어 상담을 진행해야 한다. 나중에 상담료를 지불하겠다는 청소년 상담일 경우에는 더욱더 중단해야만 한다. 또한 미성년자는 상담료와 상관없이 부모 동의하에 상담을 해야 한다.

상담행정의 발전과제

제8장

8장 상담행정의 발전 과제

아직까지 상담행정이라는 개념이 정착되거나 상담의 중요한 주제로 등장하지 못하고 있다. 그 결과 상담의 철학이나 가치, 국가적 수준의 정체성 확립, 체계적인 상담학의 발전, 상담 서비스 영역의 확보 등이 매우 미약한 실정이다. 현재 대부분의 상담활동은 법적, 행정적 보호 없이 진행되고 있으며 자격 또한 중구난방이며 누구라도 상담을 할 수 있다는 인식이 존재하고 있다.

학문적으로 보면 대부분의 대학교들이 상담관련 전공 학위과정을 개설하여 운영하고 있다. 일반 대학원을 중심으로 한 석사 및 박사과정이 개설되어 있고 특수대학원으로는 1997년 국내 최초 상담대학원이 설립된 이후 15년이 지나고 있다. 상담관련 대학 및 대학원의 양적 팽창이 이루어짐에 따라 질적 성장 또한 이루어지고 있으나, 동시에 다양한 문제점들이 드러나고 있다. 예를 들어 일부 대학들이 학문적 전문성 강화 차원이 아니라 사업 차원에서만 상담관련 학과를 운영하고 있는 것 등이다. 결과적으로 학생들이 상담과 관련하여 학위과정을 공부했음에도 불구하고 전문상담사로서 충분한 자질을 갖추지 못하고 졸업하고 있다.

또 다른 문제점은 상담사들이 정규 상담관련 학위과정을 마쳤음에도 불구하고, 졸업 후 상담과 관련하여 취직을 하기 위해서는 각종 학회와 협회 등에서 자격증과 관련한 훈련을 받아야 하는 것이다. 이러한 현실에서 학생들은 시간과 경제적인 면에서 크게 부담을 안고 있는 것이 사실이다. 이는 정부가 표준화된 혹은 국가 수준의 상담 자격

제도에 소극적으로 대처하여 일부 학회와 협회들에게 자격증 취득을 위한 사업을 할 수 있는 장을 마련해 준 결과가 되었다. 이러한 현실의 문제를 해결하기 위해서 상담행정의 발전과제는 무엇인가를 살펴보고자 한다.

제1장에서 강조한 바와 같이 효과적인 상담을 위해서는 상담행정이 차지하고 있는 부분이 매우 크다. 상담자가 상담행정에 익숙하지 못한다면, 내담자에게 올바른 서비스를 제공하기가 곤란하게 된다. 따라서 상담자는 상담훈련과정에 있어서 상담행정을 필수로 훈련받아야만 한다. 상담서비스는 점차적으로 국가적 차원에서 접근하고 있는 것이 사실이다. 국가적인 차원에서 상담서비스가 제공되고 있는 부분즉, 가정폭력 및 성폭력 상담, 청소년 상담, 학교폭력 예방 상담, Wee스쿨, Wee센터, Wee클래스 등은 관련 법률에 근거하여 운영되고 있다. 이 부분의 매뉴얼 대부분이 상담행정 절차과정을 담고 있으며, 시스템화 되어 진행되고 있다.

그럼에도 불구하고 상담행정이 강조되고 있지 않으며, 현장 상담사들의 이해도 높지 않을 뿐 더러 활용도가 저조한 편이다. 상담사들은 단순히 상담실 안에서 내담자와 대면하여 이루어지는 상담에만 많은 관심을 기울이고 있다. 이러한 현실은 내담자들의 좋은 상담서비스를 받기 힘들다.

상담은 이제 효과적인 상담을 위해서 상담환경, 사례관리 수퍼비전, 사업평가, 그리고 상담자들 간 또는 상담관련 사회복지, 관련법규 및 변호사 등과의 네트워크가 중요하다는 인식을 가져야 한다. 상담환경은 상담을 진행함에 있어 기본으로 준비되어야 하는 부분이다(제3장 참조). 상담환경은 건물의 구조와 같은 것으로 효과적인 상담서비스를 제공하고 위한 기차의 선로와 같은 것이다.

상담은 스스로 찾아오는 상담, 의뢰상담 등이 있지만, 상담소 자체의 상담서비스의 내용을 홍보로 인하여 대중적 서비스를 제공하는 기

능이 있다. 건강한 상담서비스 홍보는 국민의 정신건강에 도움을 주게
된다. 상담홍보는 그 내용에 있어서 전문성, 다양성, 그리고 명확한 정
보를 제공하는 것이 중요하다. 상담에 있어서 사례관리는 상담자의 필
수적 임상수련임과 동시에 상담행정의 필수 조건이 된다. 상담사례 관
리의 축적은 동일 문제를 가지고 있는 내담자들에 효과적인 서비스를
제공하는데 중요한 자료가 된다. 또한 초년 상담사들에 대한 판례로써
임상훈련을 제공하는 기능도 있다.

상담행정에 있어서 네트워크는 내담자에게 전문성과 신속성 있는
서비스를 제공하는데 도움이 된다. 상담사는 상담진행과정에 있어서
내담자의 문제 해결을 위해 다양한 부분에 대해 네트워크 시스템 구
축((협약)을 해야 한다. 상담관련 네트워크는 상담소 차원과 상담사 차
원에서 평상시에 준비해야 한다.

이제 상담행정은 선택사항이 아니라 필수가 되어야 한다. 상담사
훈련과정에서 필수로 숙지해야 하는 부분이며, 상담소 차원에서도 준
비하고 마련해야 하는 필수조건이 된다. 상담소와 상담사들이 분명하
고도 전문적인 상담행정을 습득하고 활용한다면, 내담자들은 보다 나
은 상담서비스를 제공받게 된다. 따라서 전문상담사들을 훈련하는 학
교(대학 및 대학원), 학회, 협회, 협의회에서는 상담사들이 상담행정에
대한 올바른 정체성을 확립 할 수 있도록 연구하고 노력을 해야 한다.

1. 학부 및 대학원 교육과정의 개선

상담 전공과 관련하여 학부 및 대학원의 교육과정은 이론과 실제,
인턴 및 슈퍼비전의 균형 있는 교육과정을 제시하지 못하고 있다. 나
아가서 각 학기 혹은 과정을 마쳤을 때 어떤 역량을 갖춘 상담사가

될 수 있는지 혹은 어떤 수준의 상담사가 될 수 있는지를 구분하여 제시하지 못하고 있다. 결과적으로 주먹구구식 상담전공자 육성에 그치고 있다. 나아가 각 학교마다 교육과정이 상이하여 합의된 상담 전공자 육성안이 없어 균질의 상담자를 확보하거나 사회적으로 전문성을 인정받는 데에는 한계가 있다. 이러한 문제점을 해결하기 위한 대안을 제시하면 다음과 같다.

첫째, 상담관련 학교들은 상담역량 모델에 기초하여 교육과정을 편성하여야 한다.

현재 학부 및 대학원의 교육과정은 그 과정을 마쳤을 때 어떤 역량을 갖춘 상담사를 배출하는지에 대한 확신을 제공할 수 없다. 이는 타 전공이나 유관 기관 종사자와 비교하였을 때 상담자의 독특성이나 전문성을 확보하지 못하고 누구라도 "경험만 있으면 상담할 수 있다"고 하는 오해를 야기하고 있다. 따라서 상담자들이 전문성을 확보하거나 독특한 업무 영역을 창출하기 위해서는 표준 상담자 역량모델을 구축하고 이러한 역량을 함양할 수 있도록 교육과정을 설계하여야 한다. 그렇지 않은 경우 상담 교육 정도와 관계없이 부적절한 상담자를 양산할 수도 있다. 즉, 이론적 지식은 상당하나 실제 상담을 진행할 수 없는 상담사, 일반적인 상담 지식은 있으나 자신이 수행하는 전문적인 상담능력이 부족한 상담사, 경험적 상담은 많이 수행하였으나 이론에 기초한 상담을 진행할 줄 모르는 상담사 등이 있다. 따라서 대학 수준 이상의 교육과정에서는 현장의 업무 수행이 가능한 내용들을 교수할 수 있어야 한다.

둘째, 상담관련 학교들은 공통교과목을 협의하여 가르쳐야 한다.

상담관련 하여 전공을 둔 학교들은 전문상담사를 양성하기 위하여 전공별로 공통교과목을 개설하여 운영해야 한다. 즉, 같은 전공자들은 공부한 학교는 다르지만 공통과목을 이수함으로써, 상담자로서 일정한 전문성과 자질을 갖출 수 있도록 해야 한다. 더 나아가서는 공통과목의 내용까지도 통일성이 있어야 한다. 즉, 공통과목을 가르칠 때에 강의 하는 교수에 따라 어느 한 이론에 치우치는 것을 방지하기 위하여 보편적인 이론 및 기법에 대해 공통으로 가르치는 것이 필요하다.

셋째 전문상담사가 되기 위한 기준안이 마련되어야 한다.

상담사 자격급수를 1급, 2급으로 구분한다면, 실제적인 기준안이 마련되어야 한다. 자격기준안은 크게 교과목과 임상수련으로 구분되어야 한다. 즉, 2급 수준에서의 교과목과 임상수련 과정, 1급 수준에서의 교과목과 임상수련과정에 대한 기준안을 각 대학들이 협의하여 공통적으로 마련해야만 한다.

넷째, 상담관련 전공교수 확보가 시급하다.

일부 대학에서는 상담전공교수를 충분히 확보하지 않는 상태에서 상담전공을 개설하여 학생을 입학시키고 있다. 그에 따른 문제는 상담사를 육성하는데 전문성을 보장 받을 수 없다는 점이다. 즉, 상담에 관련된 유사 전공자가 강의 하거나 때로는 전혀 관련이 없는 전공자에게 강의가 맡겨지는 경우도 있다. 이와 같은 현실은 전문상담사의 전문을 확보할 수 없다. 따라서 각 대학에서는 전공 관련 전문교수 확보가 우선되어야 한다.

다섯째, 상담관련 임상수련 기관을 설치로 실질적인 수퍼비전을 위

한 시스템 구축이 되어야 한다.

　　대부분의 대학들이 상담관련 석·박사과정의 전공자들을 육성하면서 그에 준하는 임상수련 실습을 할 수 있는 기관 및 상담실 또는 전문 인력을 확보하지 못하고 있다. 학생들은 비싼 등록금을 지불 했음에도 불구하고 질 좋은 임상훈련을 받지 못하고 있는 실정이다. 따라서 각 대학에서는 전문상담사 육성을 위해서 임상수련 기관을 학교 내에 마련해야 한다. 단 학교 자체적으로 여건이 허락지 않을 경우에는 외부 전문기관과 협약을 하여 학생들이 임상수련을 받을 수 있도록 해야 한다. 임상수련을 실시 해 줄 수 있는 전공별 수퍼바이저 확보도 우선되어야 한다. 수퍼자이저 역시 대학 자체적으로 해결할 수 없다면 외부 기관에 전문가들과 협약하여 실시해야 한다는 점이다.

2. 학회·협회·협의회의 양성과정의 개선

　　전문상담사의 복지와 질적 향상을 위해서 학회 및 협회가 준비하고 노력해야 할 부분이 있다. 현재 상담과 관련하여 각종 학회와 협회가 난립해 있는 것이 사실이다. 대부분의 상담관련 단체들이 전문상담사를 양성하기 위한 표준 기준안이 미비하고 적절한 질적 서비스를 제공할 수 있는 시스템도 없는 상태에서 자격증을 남발하는 경우가 있다. 그런가 하면, 나름대로 인정받고 있는 학회와 협회에서는 전공지식과 인력의 성장 및 사회적 합의 없이 그저 사회적 이슈에 맞추어 준비 없는 분과 학회를 만들어 가는 경우도 있다. 나아가 매우 심오한 전문 지식과 경험이 필요한 심리적 문제에 정통한 상담학회가 필요함에도 불구하고 편의적으로 상담 대상별로만 구분한 학회에 치중하는 것도 문제가 되고 있다. 이를 해소하기 위한 발전방안을 제시하면 다음과 같다.

첫째, 기존 학회와 협회가 큰 틀 안에서 협조하고 통합해야 한다.

지금 현존하는 학회들 간의 협조와 통합이 조속히 이루어져야 한다. 왜냐하면, 상담 전문가가 되려면 다양한 학회와 협회로부터 질 좋은 서비스를 통합적으로 받아야 하기 때문이다. 현재 학회와 협회 간에 교류와 협의의 부족으로 인하여 한 학회에서 훈련 및 수련을 받은 것이 다른 학회나 협회에서는 인정을 받지 못하고 있다. 이로 인하여 상담 전문가 훈련과정에 있는 사람들은 막대한 경제적 비용을 이중삼중으로 지불해야 하는 경우가 있다. 따라서 학회와 협회 간의 협의를 하여 표준 기준안을 마련하고 어느 기관에서 훈련을 받았든지 간에 서로 인정을 하는 가운데 그 학회 특성에 따른 임상 훈련만 실시하여 자격을 취득 할 수 있도록 협의하는 일이 필요하다.

둘째. 문제별 이론 중심의 학회가 활성화 되어 전문적인 서비스가 필요하다.

기존 상담관련 기관들은 대부분 상담 대상별 학회와 협회가 주류를 이루고 있다. 결과적으로 특정 대상에 대한 광의적 상담 전략 및 특성 이해도는 높으나, 협의적 문제 대응이나 구체적 전략에서는 충분한 전문성을 갖추지 못하고 있을 수 있다. 이는 상담 전문가가 전문성을 확보하는데 방해요인이 될 수 있고, 결국 질좋은 상담서비스를 제공하는 데에는 한계가 있을 수 있다.

이제 학회와 협회는 구체적인 문제별로 전문성을 확보하고 효과적인 서비스를 제공하기 위해서 문제별 학회와 협회를 설립될 필요가 있다. 이를 통하여 자폐증, 학습장애, 우울증, 학교폭력 등과 같은 특정 문제에 대하여 다양한 관점에 대한 이론을 배우고 훈련할 수 있는 기회를 제공한다면 상담자의 전문적 역량을 강화하는 데 크게 기여할 것으로 생각된다.

셋째 상담 전문가가 되기 위한 훈련 프로그램의 모델에 대한 전문가들의 합의가 필요하다.

상담 전문가 양성을 위해서는 학회가 규정한 급수에 따라 역량 모델이 구축되어야 한다. 예를 들어 2급 상담사에게 필요한 전문지식, 태도, 상담기술은 무엇 무엇이 있으며 이를 어느 수준까지 달성해야 하는지 그리고 검증은 어떻게 해야 하는지 등에 대한 학회 및 협회 차원의 역량 모델이 필요하다는 것이다. 이는 양적인 수치로 표시될 수 있어야 하고 개념적 수준이 아니라 상담 현장에서 필요한 기술 수준에서 논의되어야 한다. 따라서 각 학회와 협회가 협의하여 합의된 훈련 프로그램을 개발하고 공동으로 평가하며 지속적인 개편을 통하여 상담자의 전문성 강화 및 서비스의 질적 제고를 도모해야 할 것이다.

넷째, 학회와 협회는 자격증 취득에 대한 기회의 폭을 넓혀야 한다.

현재 각 학회와 협회는 교육 및 훈련비용에 대해 임의적으로 책정하고 있다. 이 경우 다수의 회원들이 대학생 혹은 대학원생임을 고려하면 상담 전문가가 되기 위하여 과도한 비용을 사용하게 되고 심지어 경제적으로 부담이 되는 경우도 있다. 이제 각 학회와 협회는 현재의 교육 및 훈련 비용에 대해 서비스 제공자의 기준에서 정하지 말고 서비스 수요자의 입장에서 재고해야 한다. 시중에서는 모학회의 자격증을 취득하려면 박사과정을 하는 것만큼이나 소요된다는 말이 나올 정도이다. 따라서 현재의 교육 훈련비용은 적절한 수준에서 책정하는 것이 시급하다. 특히, 국가자격증으로 제도화하는 것을 고려한다면 현재의 비용은 대폭 조정이 되어야만 한다.

경제적 기회와 더불어 학력에 따른 자격검증 또한 문제의 소지가 많다. 현재 대부분의 학회 및 협회는 학력 중심으로 응시자격을 규정하고 있다. 박사 이상이면 어떤 등급, 석사학위 이상이면 어떤 등급으로 응시할 수 있다고 규정하고 있다. 비록 하위 등급의 상담자가 상위 등급으로 승급하고자 하는 경우 학력이 낮은 사람도 시도는 할 수 있지만 부과된 훈련시간 정도, 과외 훈련시간의 요구 등으로 제한을 가하고 있으며 2급, 1급 전문가 등으로 구분하여 과다한 위계조직을 만들고 있다. 상담자들이 권위적 조직을 만들게 되면 수평적 상담을 하는 것은 어려울 것으로 생각된다. 따라서 급수의 폭을 줄이고 기본 학력만 인정되면 개인이 노력하여 취득할 수 있도록 자격과정을 운영하여야 한다.

여섯째, 학회와 협회는 전문적인 상담실습 기관 및 기구의 확충이 시급하다.

현재 학회와 협회는 전문적인 임상수련 기관이 미흡한 것으로 보여 진다. 임상수련기관이 있다고 하더라고 수도권 지역에 편중되어 있어 지방의 경우 임상훈련을 받으려는 수련생들이 시간과 경제적인 비용을 많이 지출하고 있다. 또한 대학 교수들이 개인 연구소를 설치하여 자기 대학의 학생들을 수련생으로 모집하고 부적절한 훈련을 제공하는 경우도 있다. 이 경우 상담윤리 문제와 수련의 적절성-교수 대비 과도한 수련생, 훈련 여부와 관계없는 수련인증 절차 등-문제가 야기된다.

또한, 상담 실습기관이 있다고 하더라도 상담 실습 기구가 충분히 확보되지 않은 경우가 많다. 사례 슈퍼비전을 위한 일방경, 녹음실, 흡음장치, 양방향 스피커 등이 설치되지 않아 효과적으로 임상실습을 제공하거나 받을 수 없는 경우가 대부분이다. 예를 들어 실시간 상담 슈퍼비전을 받을 수 있는 장비가 갖추어져 있지 않다면 실제 상담현장에서 즉각적으로 상담자 반응을 수정하고 그 결과가 어떻게 나타나는지를 체험해 볼 수 없게 될 것이다. 따라서 각 학회와 협회는 이러 문제에 대한 해결책을 조속히 마련하여 수준 높은 교육훈련을 제공해야 할 것이다.

3. 상담 전문가 양성을 위한 국가자격증 제도 도입

국민의 건강한 정신건강 서비스를 위해서는 올바른 상담 전문가의 육성이 시급하다. 상담 전문가 육성은 국가자격증 제도 마련으로 근본적인 해결을 할 수 있다. 위에서 논의한 바와 같이 현재 대학교와 학회 및 협회의 시스템으로는 상담 전문가를 효과적으로 육성하는데에는 어려움이 있다.

또한 시대적 사회적으로 상담 전문가가 지속적으로 요구되고 있는 현 시점에서 국가적 차원에서 자격 제도를 마련하지 않는다면 여러 가지 문제가 나타날 수 있다. 첫째, 일부 학회와 협회가 장삿속으로 이용할 소지가 있다. 둘째, 결과적으로 전문 지식이 없는 무분별한 상담사가 양성될 수 있다. 상담사에 대한 국가 기준이 없는 경우 몇주간의 훈련을 받고서도 전문 상담사라고 하는 사람들이 양산될 것이다. 이 경우 전문적 훈련 및 임상 배경과 관계없이 똑 같은 상담자이기 때문에 동등한 대우를 해달라는 요구를 거절한 명분이 부족하게 된다. 마지막으로 국민에게 제공되는 상담 서비스의 질을 보장할 수 없다.

국민의 심리 건강 문제는 국가 안전 및 안보와 밀접한 연관을 가지고
있고 최고의 전문가들이 조력 서비스를 제공해야 함에도 불구하고 국
가 자격증 제도의 미비는 누구에게 어떤 상담 서비스를 받는지 알 수
없게 만들고 이는 상담 관련 정책의 혼선을 야기할 수 있다. 예를 들
어 학교폭력을 예방하기 위하여 지역사회에서 상담 서비스를 개시하
였을 경우 상담자 변인에 따라 그 효과의 편차가 크다면 그 다음 상
담 정책을 어떻게 진행해야 할 것인지가 모호할 것이다. 따라서 조속
히 국가자격증 제도를 도입하여 국민의 정신건강을 위한 질 좋은 서
비스를 제공해야 한다.

4. 학교상담의 법제화

현재 학교상담은 위기 학생에 대한 진단, 상담, 치유 등으로 초중
등교육법, 학교폭력예방 및 대책에 관한 법률 등에서 일부 제시하고
있지만 학생 생활 전반에 걸쳐 제도화되어 있지는 않다. 이로 인하여
학생은 자신의 심리 내적 혹은 외적 문제가 발생하였을 때 적절한 심
리적 조력이나 자문 등을 받을 수 없는 실정이다. 게다가 교과 교육
과정의 중요성과 비교해보면 심리적 또는 인성 등의 문제는 상대적으
로 개인의 문제 혹은 개인의 책임이라는 인식이 지배적이었다. 결과적
으로 학교상담은 논의는 많았으나 학교생활 전 범위에 걸쳐 제공되는
서비스로 자리매김하지 못하고 있다.

이제는 학교상담이 법제화되어 학생의 전인적 발달과 학교폭력의
예방, 건전한 학교문화의 형성, 미래인재의 육성에 상담이 기여할 수
있도록 해야 한다. 예를 들어 장래의 직업을 탐색하는 진로상담, 효율
적인 공부를 위한 학습상담, 인지 정서 장애를 극복하기 위한 정서 행

동 상담, 대인관계 문제 등을 해결하기 위한 사회적 기술 훈련, 개인의 건강한 성장을 위한 집단상담, 학교폭력에 따른 문제를 해결하기 위한 외상 후 스트레스 장애(Post Trauma Stress Disorder: PTSD) 상담, 문제예방을 위한 성상담 및 교육, 가족 위기에 따른 가족상담, 학교부적응 행동 등 모든 분야에서 학생이 자연스럽게 도움을 받을 수 있도록 해야 한다. 학교상담이 법제화 되는 경우 이와 같은 주제에 대해서 모든 학생들이 전문적 심리 서비스를 받을 수 있고 결과적으로 학교가 당면한 제반 문제-학교 폭력 및 왕따, 자살, 문제학생, 자퇴 및 학업중단 등-을 예방할 수 있을 것으로 판단된다. 따라서 현재 19대 국회에 제출되어 논의되고 있는 학교상담 관련 법안이 조속하게 통과되어야 할 것이다.

5. 대국민 상담서비스 강화

현재 상담 서비스를 필요로 하는 국민은 대부분 지역에 있는 개인 상담소를 찾아 상담을 받고 있다. 여기에는 몇 가지 문제가 있는 바, 첫째, 상담인력에 대한 정보가 전무하고 둘째, 상담소가 제한된 숫자만 있으며 셋째, 상담료가 비싸다는 것이다. 최근 국가에서 여러 형태의 바우처 사업을 시행함에 따라 상담 서비스를 받고 싶어도 위에 언급한 이유로 인하여 상담 서비스를 받지 못한 내담자들이 다양한 심리 조력 서비스를 받고 있는 실정이다. 따라서 대국민 상담 서비스를 강화하기 위해서는 이런 사업을 확대 적용할 필요가 있다. 보다 근본적인 방안으로 고려해 볼 수 있는 것은 상담 전문가 자격증을 제도화한 이후 이들이 제공하는 상담 서비스를 의료보험 혜택에 포함시키는 것이다. 현재 국가는 의료보험의 혜택에 대해서 점차적으로 확대하고 있는 중이다. 이제는 현대 실정에 맞게 국민들의 정신건강이 개인과

가정, 더 나아가서 사회와 국가의 건강이라고 볼 때에 상담료 의료보험 혜택을 현실화하는 방안을 검토해 볼만한 시기이다.

건전한 대국민 서비스 차원에서 살펴볼 또 하나의 과제는 상담 전문가의 보험가입 의무화이다. 이는 상담 전문가들로 하여금 상해보험 가입을 의무화하자는 것이다. 현재 상담 현장에서 상담윤리와 관련하여 문제가 발생하고, 상담자와 내담자 사이에 법적인 시비도 간간히 일어나고 있다. 또한 상담사들의 업무 과다로 인하여 정신적 육체적 건강에 문제도 대두되고 있는 실정이다. 이에 대한 대안으로 상담사 보험가입 의무화가 절실히 요구된다.

6. 상담 전문가 자격기준 표준안 제시

앞에서 논의한 바와 같이 상담 관련 기관들이 명확한 상담 양성 기준 없이 상담인력들을 육성하고 있다. 이제는 상담 전문가의 질적 및 양적 수준을 명확하게 규정하고 어떤 서비스를 제공할 수 있는지 명확한 가이드라인을 제공해야 할 시점이다. 상담의 책무성이 담보되지 않는다면 상담 서비스의 양적 확장은 기대할 수 없기 때문이다.

상담 서비스의 책무성을 확보하는 방안은 각종 상담 관련 기관이 협의하여 공통된 자격기준을 제시하는 일이다. 예를 들어 상담 전문가 1급과 2급이 있다고 할 경우 내담자가 각각의 상담자에게서 어떤 도움을 받을 수 있는지를 명확하게 알 수 있도록 자격기준을 제시하면 내담자의 필요에 맞는 상담자를 선택할 수 있을 것이다. 만약 그렇지 않다면 무조건 1급 상담사에게 도움을 받는 것이 더 효과적이라는 비합리적 믿음을 만들게 된다.

그렇다면 상담 서비스의 책무성을 강화하기 위하여 상담 전문가 1

급과 2급의 차이점, 훈련 배경, 상담 영역, 문제의 심각성, 전문지식 등에 대한 자격기준 표준안을 제시하는 것이 필요하다. 1급 상담사와 2급 상담사를 구분하는 예시를 들면 다음 <표50>와 같다.

<표50> 전문상담사 자격기준안

1급	2급
1. 내담자의 삶의 의미를 발견 할 수 있도록 도움을 준다. 2. 내담자가 삶의 희망을 가질 수 있도록 도움을 준다. 3. 새로운 차원의 생활이 가능 하도록 도울 수 있다. 4. 내담자가 근원적 자기 탐색을 할 수 있도록 돕는다.	1. 내담자와 기본적인 신뢰관계를 형성할 수 있다. 2. 내담자의 일상적인 관계에서 나 타나는 문제를 해결할 수 있다. 3. 내담자의 심각한 문제에 대해서 위로 할 수 있다. 4. 내담자의 현 심리상태를 분석할 수 있다. 5. 내담자의 진로 방향 설정을 도 울 수 있다. 6. 일상적인 의사결정을 도울 수 있다. 7. 기본적인 심리검사 및 해석을 할 수 있다.

위의 표에서 나타난 바와 같이 1급 상담사와 2급 상담사 가운데 내담자가 누구와 상담을 해야 하는지에 대한 문제는 상담자가 결정하는 것이 아니라 내담자가 받고 싶은 상담 서비스 수준에 따라 결정할 수 있다.

* 참고문헌 *

American Counseling Association "Code of Ethics"
American Psychological Association "Principles of Psychologists and
       Code of Conduct"
Corey, Gerald. Marianne Schneider Corey, Patrick Calanan. *Issues and
       Ethics In the Helping Professions*. 서경현 , 정성진 옮김 『상담 및
       심리치료 윤리』 서울: Cengage Learning, 2008.
Kenneth S. / Vasquez, Melba J. T. *Ethics in Psychotherapy and
       Counseling : A Practical Guide*. 박균열, 『심리치료와 상담의
       윤리학』 서울: 철학과 현실사, 2010.
강진령. 이종연, 유형근, 손현동. 『상담자 윤리』 서울: 학지사, 2009.
공윤정. 『상담자 윤리』 -상담자 전문성개발 영역 2- 서울: 학지사, 2008.
교육과학기술부 (2008). 『학교안전통합시스템구축 운영계획안』.
교육과학기술부 (2009). 『위기학생 실태조사 및 지원방안 연구』.
교육과학기술부 (2010). 『Wee프로젝트 추진 계획(안).
교육과학기술부 (2011). 『Wee프로젝트 개선방안(안)』.
교육부 내부자료. "2013년 전문상담사 채용 운영 기본계획", 2012.
교육부 내부자료. "전문상담교사 배치 및 운영 계획", 2012.
한국군상담학회. 『군상담의 이론과 실제』 한국군상담학회, 2009.
김종철. 『교육행정학신강』 한국학술정보, 2002
보건복지부 내부자료, '정신보건 사업 안내" 2008.
업무관리시스템 사용자 매뉴얼, 교육과학기술부, 2011.
여성가족부 내부자료, "여성·청소년 사업안내" 2012.
위기 청소년 지원모델 개발 연구, 청소년위원회, 2005.
위기청소년통합지원체제 구축운영 방안 연구. 청소년위원회, 2005.
인성교육비전, 인성교육범국민실천연합, 2012.
이기학 외, 『전문상담교사 운영 및 활동 매뉴얼』 교육과학기술부 2008.
정태범. 『교육정책분석론』 서울: 원미사, 1999.
최상근. 금명자, 정진 (2011). Wee프로젝트 운영 모델 개발. 한국교육개발원.
최상근. 김동민, 오인수, 신을진, 김인규, 이일화, 이석영, 최보미 (2011). Wee프
       로젝트 운영 성과분석 및 발전계획 수립 연구. 한국교육개발원.
최상근. 양수경, 남기곤, 권경림, 연보라(2010). 학업중단위기 학생의 실태와 지원
       방안연구. 한국교육개발원.
최원호. 『상담윤리의 이론과 실제』 서울: 학지사, 2008.
최해림. 이수용, 금명자, 유영권, 안현의. 『전문적 상담 현장의 윤리』 서울: 학지
       사, 2010.
충청남도천안교육지원청 (2007). 돌볼학생통합지원센터구축포럼 자료.
충청남도천안교육지원청 (2008). Wee 센터 운영 매뉴얼.
학교회계시스템 길라잡이, 교육과학기술부, 2011.
한국교육개발원 (2010). 2010년도 Wee 프로젝트 운영기관합동워크숍 자료집.
한국교육개발원. "Wee프로젝트 사업 중장기 발전방안 연구", 2011.
한국교육정책연구소 (2006). 전문상담교사제도의 구축과 정착방안.
한국상담심리학회 "윤리강령"
한국상담학회 "윤리강령"
한국심리학회 "윤리강령"
한공우·임창원. 『교육행정 및 교육경영』 태영출판사. 2008.

Theory & Practice of Counseling Administration

상담행정의 이론과 실제

초판인쇄 2014년 2월 20일

저 자 차명호 김상인 김태환 한길자 공저
펴낸곳 **만남과 치유** (등록번호 215-23-36244)

주 소 서울시 송파구 위례성대로12길 34, 201(방이동,2층)
       전화 070-7132-1080 Fax 02) 420-0676

정 가 15,000원
ISBN 978-89-967463-1-7 93370